# Jorge Andrade: Um Dramaturgo no Espaço-Tempo

Coleção Estudos
Dirigida por J. Guinsburg

Equipe de realização – Edição de texto: Carol Gama; Revisão: Marcio Honorio de Godoy; Produção: Ricardo W. Neves, Sergio Kon, Lia Marques, Luiz Henrique Soares e Elen Durando.

**Carlos Antônio Rahal**

**JORGE ANDRADE:
UM DRAMATURGO NO
ESPAÇO-TEMPO**

CIP-Brasil. Catalogação na Publicação
Sindicato Nacional dos Editores de Livros, RJ

R129

Rahal, Carlos Antônio
    Jorge Andrade : um dramaturgo no espaço-tempo / Carlos
Antônio Rahal. - 1. ed. - São Paulo : Perspectiva, 2015.
    224 p. ; 23 cm. (Estudos ; 336)

    Inclui bibliografia
    ISBN 978-85-273-1041-3

    1. Andrade, Jorge, 1922-1984 - Crítica e interpretação. 2.
Teatro brasileiro - História e crítica. 3. Metalinguagem I. Título.
II. Série.

15-26489                                              CDD: 869.92
                                            CDU: 821.134.3(81)-2

16/09/2015    18/09/2015

Direitos reservados à
EDITORA PERSPECTIVA S.A.

Av. Brigadeiro Luís Antônio, 3025
01401-000 São Paulo SP Brasil
Telefax: (011) 3885-8388
www.editoraperspectiva.com.br

2015

# Sumário

Teatro: Espaço, Tempo e Espaço-Tempo .................. 1

Bons Tempos Aqueles...: "O Telescópio" e "A Moratória".. 33

Duas Tragédias: "Pedreira das Almas" e "Vereda da Salvação".......................................... 61

Arquitetura da Nostalgia: "A Escada", "Os Ossos do Barão" e "Senhora na Boca do Lixo".................... 95

Uma Autobiografia: "Rasto Atrás" ....................125

Fim do ciclo: "As Confrarias" e "O Sumidouro" ..........157

Universos Paralelos................................ 187

Bibliografia......................................... 203

*Sabe muito pouco
quem só sabe o necessário.*

MAX VON LAUE,
prêmio Nobel de Física de 1914

# Teatro:
# Espaço, Tempo e Espaço-Tempo

Aristóteles, entre outras coisas, escreveu acerca da unidade de ação:

> tal como é necessário que nas demais artes miméticas una seja a imitação, quando o seja de um objeto uno, assim também o mito, porque é imitação de ações, deve imitar as que sejam unas e completas, e todos os acontecimentos se devem suceder em conexão tal que, uma vez suprimido ou deslocado um deles, também se confunda ou mude a ordem do todo. Pois não faz parte de um todo o que, quer seja quer não seja, não altera esse todo[1].

Nos 24 séculos seguintes, poetas e dramaturgos trataram de, aos poucos, subverter esse preceito aristotélico, não sem encontrarem forte resistência. Até pelo menos a chamada "crise do drama"[2], em fins do século XIX e início do XX, muitas das tentativas de quebrar a unidade de ação – agora subdividida em unidades de ação, tempo e lugar – foram rechaçadas por teóricos e práticos do teatro. Mesmo ao longo do século XX e da primeira década do XXI, o que se viu foi, se não uma supremacia,

1  *Poética*, p. 248.
2  P. Szondi, *Teoria do Drama Moderno (1880-1950)*, p. 35s.

pelo menos uma alta incidência de peças bem-feitas[3] no teatro ocidental, Brasil incluído, claro. E não vai aqui qualquer crítica ao modelo adotado nem às preferências do público. Todavia, para que o teatro avance como arte e como forma de comunicação, pesquisas formais foram empreendidas por dramaturgos e encenadores, em especial ao longo do século XX. As vanguardas históricas (c. 1890-c. 1940) contribuíram enormemente para tais experimentos, assim como também o fez a contracultura dos anos 1960-1970.

O que se viu e o que se vê nos palcos e no papel, como fruto desse experimentalismo, é uma fragmentação da narrativa: a disposição da ação deixou de ser "lógica", usando o termo de Patrice Pavis, para evoluir ao sabor das idiossincrasias do dramaturgo – e do encenador, obviamente. Depois que Friedrich Nietzsche matou Deus e que Sigmund Freud publicou sua obra, o sujeito fragmentado passou a dominar as manifestações artísticas. Com o teatro, não poderia ser diferente. O homem dividido se reconhece facilmente no palco. Do contrário, peças como *Rumo a Damasco*, de August Strindberg, *Seis Personagens à Procura de um Autor*, de Luigi Pirandello, e *Vestido de Noiva*, de Nelson Rodrigues (com a inestimável contribuição de Zbigniew Ziembinski), talvez não recebessem tão boa acolhida.

Reconheçamos, porém, que o homem ocidental ainda é aristotélico. A contribuição do mundo grego para o nosso pensamento está por demais arraigada para abandonarmos completamente essa lógica herdada. Textos como *4:48 Psicose*, de Sarah Kane, ou *Suíte 1*, de Philippe Minyana, são indigestos para uma grande parte dos espectadores de teatro. Ainda assim, dramaturgos do mesmo naipe investem em peças que lidam com questões da mente e da memória (no caso de *Suíte 1*, nem isso é possível afirmar), que acabam por se tornar universais à medida que a maioria dos seres humanos enfrenta tais problemas cotidianamente – a loucura, a depressão, o desemprego, o desamparo, a falta de amor. Problemas que, não é errado

---

3  Segundo P. Pavis: "Nome dado, no século XIX, a certo tipo de peça que se caracteriza pela perfeita disposição lógica de sua ação. [...] a peça bem-feita descreve um protótipo de dramaturgia pós-aristotélica que leva o drama de volta à estrutura fechada [...] os acontecimentos são ajustados de acordo com a aplicação mecânica de um esquema tomado de um modelo clássico caduco." *Dicionário de Teatro*, p. 281-282.

TEATRO: ESPAÇO, TEMPO E ESPAÇO-TEMPO

afirmar, o drama burguês, que antecedia a crise da virada do século XIX para o XX, jamais daria conta.

Mas essas questões sempre estiveram presentes historicamente; o teatro apenas as tratava como públicas. Do casal Macbeth, a vilania e a sede de poder atingiram o Estado, assim como o ciúme de Otelo e a inveja de Iago puseram a perder uma brilhante carreira de general. *Romeu e Julieta* não fala de amor, mas de ódio, e o comportamento do tio de Hamlet, Claudio, acaba por entregar a Dinamarca ao exército do príncipe norueguês Fortinbras. Abandonando Shakespeare, encontraremos muitos outros exemplos de dramas privados que ganham a esfera pública por causa da notoriedade de seus protagonistas. Então, onde está o homem comum? Não padece ele de paixões avassaladoras? O medo, a inveja e o ódio não conduzem suas ações? Não pode ser mesquinho ou altivo? Alguns tentaram resolver esse impasse, entre os quais Ibsen, Tchékhov, Strindberg, Hauptmann, Maeterlinck e Shaw. Antes de Brecht, seus textos introduziram elementos epicizantes na narrativa, objetivando resolver as contradições do homem que começava a se estilhaçar. E mesmo esses dramaturgos serviram-se da peça bem-feita para dar conta da tarefa[4]. Romper a unidade de ação ou, ao menos, a sequência lógica dos acontecimentos ainda estava fora de seu alcance.

No Brasil, as vanguardas históricas também se manifestaram. Eudinyr Fraga, por exemplo, em *O Simbolismo no Teatro Brasileiro*, nos dá conta de uma extensa produção simbolista no teatro brasileiro. De Coelho Neto a Roberto Gomes, passando por Oswald de Andrade, João do Rio, Emiliano Perneta e outros, o autor identificou em suas obras os postulados do simbolismo. O mesmo pesquisador já havia analisado o teatro de Qorpo-Santo (1829-1883) e, no prefácio ao livro que resultou desse estudo, Sábato Magaldi lembra que a obra do dramaturgo gaúcho foi rotulada pela crítica como precursora de Beckett, Ionesco e Pinter, por associação ao termo "teatro do absurdo"[5]. Se não dá para dizer que tais manifestações constituem a ponta de lança do modernismo no Brasil, pode-se pelo menos identificá-las como elementos dos alicerces que sustentarão a Semana

---

4    Ibidem, p. 282.
5    S. Magaldi, Revisão Lúcida, em E. Fraga, *Qorpo-Santo*, p. 13.

4 JORGE ANDRADE: UM DRAMATURGO NO ESPAÇO-TEMPO

de Arte Moderna de 1922 (ainda que, nela, a participação do teatro tenha sido pífia).

Todavia, por muito tempo se considerou – e ainda há quem considere – *Vestido de Noiva*, de Nelson Rodrigues, o marco fundador do moderno teatro brasileiro. A famosa montagem expressionista dirigida por Ziembinski em 1943, com Os Comediantes, no Teatro Municipal do Rio de Janeiro, respondeu, em grande medida, por esse epíteto. Quinze anos depois, Décio de Almeida Prado, então crítico de *O Estado de S. Paulo*, ao resenhar o *Vestido de Noiva* de Sérgio Cardoso, no Teatro Bela Vista (SP), inseriu o ator e diretor na "segunda geração do teatro moderno brasileiro"[6]. A rigor, cremos que, pelo menos na dramaturgia, o teatro brasileiro flertava com o modernismo já no século XIX.

Não se pode negar, porém, o impacto da peça de Nelson Rodrigues, robustecida pela direção inovadora (para os palcos brasileiros) de Ziembinski. A ação, transcorrida nos planos da memória, da alucinação e da realidade, chegava ao espectador de maneira distorcida, como que atravessando um véu, graças ao desempenho (gestos, movimentos, inflexões) dos atores. As cenas eram representadas em locais diferentes do palco, de acordo com o plano ao qual pertenciam.

Já a montagem da mesma peça pelo grupo Tapa, no Teatro Aliança Francesa (SP) – a qual assisti em 25 de julho de 1996 –, apresentava uma novidade: tudo o que ocorria na mesa de operações em que Alaíde estava sendo operada após o acidente tinha lugar sob o palco. Só era possível ver o que lá acontecia por meio de um grande espelho inclinado sobre o palco, que refletia o porão visto através de um alçapão aberto. O plano da realidade subjazia aos planos da memória e da alucinação, como era de interesse do autor.

Atenção para isto: *Vestido de Noiva* exibia ações simultâneas em tempos diferentes, em três planos também diferentes (realidade, memória e alucinação). O plano da realidade marcava a sequência cronológica dos acontecimentos enquanto a mente decomposta de Alaíde transitava entre os planos da memória e da alucinação. Uma construção que avançava no caminho aberto anos antes pelo expressionismo.

6 D.A. Prado, *Teatro em Progresso*, p. 76.

## O OBJETO

Em 1951, pouco tempo depois desses marcantes acontecimentos no teatro brasileiro, um jovem ator, formado pela Escola de Arte Dramática de Alfredo Mesquita, em São Paulo, começou a escrever peças que, em sua maioria, constituíam uma (quase) autobiografia. Para não soar impreciso, digamos que suas peças eram recheadas de recordações de sua infância e juventude, passadas no interior de São Paulo, e também de referências históricas da formação da sociedade paulista, desde a chegada da caravela de Martim Afonso de Souza até a industrialização dos anos 1950-1960, passando pelos ciclos do ouro e do café. Acontece que a história da sua família e a da família da sua futura esposa se confundem com a da formação da sociedade paulista: são famílias de barões, de fundadores de cidades, de latifundiários, de quatrocentões. Esse jovem ator acabaria por escrever quase duas dezenas de peças de teatro, um romance e diversas reportagens para revistas de atualidades, em especial para a revista *Realidade*. Dez de suas peças foram reunidas em um ciclo importante para o teatro brasileiro, chamado "Marta, a Árvore e o Relógio"[7]. Seu autor: Aluízio Jorge Andrade Franco ou apenas Jorge Andrade.

Este livro estuda as peças do ciclo "Marta, a Árvore e o Relógio" sob o seguinte ponto de vista: a maneira como Jorge Andrade manipula o tempo e o espaço para contar mais de trezentos anos de história, colocando no palco, simultaneamente, personagens e acontecimentos muito distantes entre si, por qualquer parâmetro que se empregue. Tentarei mostrar que os recursos teatrais empregados por Jorge Andrade acabam por "alterar" o *espaço-tempo*, conceito definido por Hermann Minkowski[8]. Irão auxiliar, nessa jornada, Albert Einstein, alguns outros físicos que avançaram no estudo da Teoria da Relatividade e da mecânica quântica e também Henri Bergson, que toma o conceito minkowskiano por seu lado filosófico.

Neste texto introdutório, o conceito de espaço-tempo é apresentado nos seus dois aspectos (físico e filosófico). O objetivo é

---

7  Publicado em um livro homônimo, em 1970.
8  Matemático de origem alemã, nascido em Aleksotas, atual Lituânia. Foi professor de Albert Einstein na Escola Politécnica de Zurique.

que, ao final, o leitor tenha compreendido o que ele significa sem necessitar conhecer a complexa matemática que o acompanha (aliás, não se trata de uma matemática tão complicada, apenas seus termos não nos são apresentados cotidianamente).

Os cinco capítulos seguintes são de análise dramatúrgica do ciclo "Marta, a Árvore e o Relógio". Cada capítulo analisa um conjunto de peças. Elas foram agrupadas sob os seguintes critérios elucidados a seguir.

Em "Bons Tempos Aqueles...: *O Telescópio* e *A Moratória*", como indica o título estão as duas primeiras peças escritas por Jorge Andrade. Ambas já trazem os procedimentos expressivos que Jorge aprofundará nos anos seguintes e fazem referência a um tempo em que as famílias protagonistas entram em decadência.

"Duas Tragédias: *Pedreira das Almas* e *Vereda da Salvação*" dá destaque para esses dois trabalhos. Há elementos trágicos em diversas peças do ciclo, mas apenas essas duas o são, de fato.

Em "Arquitetura da Nostalgia: *A Escada*, *Os Ossos do Barão* e *Senhora na Boca do Lixo*", estão as peças urbanas do ciclo, as que abrigam maior quantidade de elementos cômicos. Do ponto de vista dramatúrgico, são convencionais, mas nelas Jorge Andrade consegue transportar suas personagens nos interstícios do espaço-tempo mesmo sem deslocá-las fisicamente. Nessas três peças, a cenografia tem papel crucial na "viagem".

O capítulo seguinte, "Uma Autobiografia: *Rasto Atrás*", aborda somente essa peça. Trata-se do texto que mais se aproxima de uma autobiografia de Jorge Andrade. É o único com esse caráter e, por isso, ocupa um capítulo inteiro deste trabalho. Quanto aos recursos teatrais, só perde para as duas últimas, anteriores a essa, já que as idas e vindas no tempo e no espaço são constantes: é a memória da personagem Vicente, *alter ego* de Jorge, trabalhando.

Em "Fim do Ciclo: *As Confrarias* e *O Sumidouro*", examinamos peças com dificuldades técnicas tais que não se tem notícia, no Brasil, de uma montagem profissional de nenhuma delas. Junto com *Rasto Atrás*, essas peças históricas representam o ápice da criação de Jorge Andrade, pois a manipulação do espaço-tempo é total: as várias camadas (ou planos, ou fatias do espaço-tempo) se desenrolam sem aparente comunicação;

TEATRO: ESPAÇO, TEMPO E ESPAÇO-TEMPO    7

porém, umas comentam as outras, em um interessante jogo épico (e com elevada carga emocional).

"Universos Paralelos" mostra como, desde o princípio, o autor paulista desenvolveu sua capacidade de jogar suas personagens de um lugar para o outro, de um tempo para outro, sem, contudo, ferir de morte o preceito aristotélico da unidade de ação.

## METODOLOGIA

Essencialmente, o presente livro é uma revisão bibliográfica. O objeto da obra é o ciclo de peças "Marta, a Árvore e o Relógio", citado anteriormente. O livro homônimo inclui também resenhas e ensaios de críticos como Anatol Rosenfeld, Lourival G. Machado, Décio de Almeida Prado, Antonio Candido, Delmiro Gonçalves, Sábato Magaldi, Richard Morse, Osman Lins e Jacó Guinsburg. O volume estudado pertence à segunda edição, de 1986, revista e ampliada em relação à primeira, de 1970[9]. Como Jorge Andrade faleceu em 1984, o livro contém a versão definitiva das peças, e sobre elas fiz minhas análises.

Não pesquisei os manuscritos nem as versões anteriores das peças do ciclo porque o conceito que me interessava na obra de Jorge Andrade, o espaço-tempo, não é algo que evolua à medida que o dramaturgo amadurece – ele está dado de partida. Poder-se-ia argumentar que o escritor mais experiente domina melhor os recursos teatrais, de modo a melhor empregá-los na manipulação desse espaço-tempo, e que por isso fosse conveniente acompanhar essa evolução do autor paulista. O argumento é válido, mas creio ser de pouca utilidade para o estudo do ciclo: pesquisadoras muito competentes, como Elizabeth Azevedo e Catarina Sant'Anna, realizaram estudos copiosos da obra de Jorge Andrade, incluindo neles até mesmo as peças jamais publicadas, as que estavam apenas em esboços, as que ele tinha intenção de escrever, mas jamais começou. Durante minha pesquisa, li a tese de doutoramento de Elizabeth

---

9   Todos os trechos citados das peças de Jorge Andrade foram retirados dessa publicação. Doravante, as referências a eles serão identificadas no corpo do texto apenas.

8 JORGE ANDRADE: UM DRAMATURGO NO ESPAÇO-TEMPO

Azevedo, *Recursos Estilísticos na Dramaturgia de Jorge Andrade*, e acredito que, do ponto de vista dos mencionados recursos, a pesquisadora praticamente esgota o assunto. Também li *Metalinguagem e Teatro: A Obra de Jorge Andrade*, livro resultante da tese de doutoramento de Catarina Sant'Anna, em que a autora detalha todas as versões de cada uma das peças de Jorge em busca dos aspectos metalinguísticos. Não bastasse esses extensos trabalhos, ainda há, à disposição de quem se interessa pelo dramaturgo paulista, o livro de Mário Guidarini, sobre a trajetória de Jorge Andrade, *Jorge Andrade na Contramão da História*, e as dissertações de mestrado *Em Busca dos Velhos de Jorge Andrade no Ciclo Marta*, de Nelson Albissu, acerca das personagens idosas no ciclo "Marta, a Árvore e o Relógio", *Teatro da Memória*, de Luiz Humberto Martins Arantes, que trata da memória e da história em quatro peças do ciclo, e *Jorge Andrade*, de Juvenal de Souza Neto, que fala sobre a busca de si mesmo empreendida por Jorge Andrade. Por fim, há diversos artigos e resenhas de montagens das peças do ciclo disponíveis em antologias e nos arquivos dos jornais. Nenhum desses materiais é mais valioso para a questão que pretendia estudar do que a reunião das versões definitivas das peças do ciclo.

Além da análise dramatúrgica das peças, pelo menos três conjuntos de trabalhos foram importantes para esta obra. A principal tem como carro-chefe um livrinho chamado *A Teoria da Relatividade Especial e Geral*, escrito por Albert Einstein em 1916 para explicar sua teoria: "àqueles que, de um ponto de vista geral e filosófico, se interessam pela teoria mas não dominam o aparato matemático da física teórica"[10]. A despeito da boa intenção do gênio alemão, a leitura do livro é difícil em algumas passagens. Correram em meu socorro e no dos leitores deste livro alguns físicos cujo linguajar e didática favorecem o entendimento dos conceitos aqui utilizados. Entre eles, estão Brian Greene, hoje professor da Universidade Columbia, com dois trabalhos aqui considerados, *O Tecido do Cosmo* e *O Universo Elegante*, e Freeman Dyson, professor emérito do Instituto de Estudos Avançados de Princeton, autor de *Infinito em Todas as Direções*.

10 A. Einstein, *A Teoria da Relatividade Especial e Geral*, p. 7.

TEATRO: ESPAÇO, TEMPO E ESPAÇO-TEMPO

Outro pensador que mergulhou no espaço-tempo e de cuja obra tomarei certos pontos é Henri Bergson. Seus livros, *Matéria e Memória* e *Duração e Simultaneidade*, abordam os aspectos filosóficos do espaço-tempo – aspectos, aliás, que Einstein menciona em seu pequeno livro.

Há ainda os estudos do Prêmio Nobel de Fisiologia e Medicina de 1972, Gerald Edelman, que nos oferece os livros *Bright Air, Brilliant Fire* e *A Universe of Consciousness*, este em parceria com Giulio Tononi. Edelman e colaboradores pesquisaram o funcionamento do cérebro e, para o que nos interessa, desvendaram uma série de mecanismos de reconhecimento e memória. Ora, o teatro de Jorge Andrade é um teatro de memória e a sua memória, às vezes transportada para a personagem Vicente, é que provoca as alterações/deformações do espaço-tempo nas peças do ciclo. Os dois livros de Edelman aqui utilizados jogaram alguma luz sobre os aspectos da memória, mas não constituem alicerce fundamental para a pesquisa.

Esse aparato teórico é o ponto de partida para a compreensão do funcionamento dos recursos teatrais empregados por Jorge Andrade no ciclo – *flashbacks*, justaposição de planos narrativos, saltos no espaço-tempo, projeções de filmes e *slides* etc. Observação importante: em *nenhum* momento avento a possibilidade de que Jorge Andrade tenha operado esses recursos inspirado por Einstein ou Bergson. Por motivos óbvios, não é possível entrevistá-lo e em nenhuma exegese de sua obra, empreendida por críticos que lhe foram muito próximos, verificamos qualquer referência a conceitos desses dois pensadores. É possível que, ao final desta leitura, o leitor encontre um modelo de análise dramatúrgica de peças que obedeçam o fluxo de pensamento de seus protagonistas (peças "psicológicas"), como as já mencionadas *Vestido de Noiva* e *4:48 Psicose*.

## O ÉTER

Comecemos com um pouco de história. Em meados do século XIX, o escocês James Maxwell previu teoricamente as ondas eletromagnéticas, cuja velocidade de propagação seria igual à da luz (300.000 km/s). Em 1888, o alemão Heinrich Hertz não apenas produziu-as em laboratório como também comprovou que a luz tem natureza ondulatória, ou seja, é uma onda eletromagnética. Vem daí um problema: segundo Isaac Newton, onda é produto da vibração de um meio material. Assim, a luz, por ser onda, precisa de um algo que preencha o espaço para se propagar; do contrário, a luz solar não chegaria à Terra e aos demais planetas, por exemplo. A essa substância deu-se o nome de "éter".

Em fins do século XIX, diversos cientistas buscaram, então, demonstrar a existência do éter, tornado, por meio de observações da luz das estrelas, um referencial absoluto, dado o seu permanente repouso. Seria então possível calcular a velocidade da Terra em relação ao éter desde que se conseguisse medir a velocidade da luz em circunstâncias diferentes. Acontece que há uma grande diferença entre medir a velocidade da luz e velocidades muitíssimo mais baixas que ela.

Por exemplo, se você sair nadando ao encontro de uma onda que se aproxima, o encontro se dará mais rapidamente; se você nadar afastando-se da onda, o encontro demorará mais tempo para ocorrer. Do mesmo modo, se você se mover através do suposto éter ao encontro de uma onda de luz ou afastando-se dela, de acordo com o mesmo raciocínio, a aproximação da luz deveria dar-se a uma velocidade maior ou menor do que 1,08 bilhão de quilômetros por hora [300.000 km/s].[11]

Em 1887, os físicos Albert Michelson e Edward Morley constataram que não é bem isso o que acontece. Partindo da suposição de que o éter existisse, o movimento de translação da Terra através dele, segundo a mecânica de Galileu e Newton, resultaria em uma espécie de "vento" (assim como um caminhão em movimento provoca o deslocamento do ar). Portanto, a luz emitida por uma lâmpada seria mais veloz se propagada na mesma direção do "vento" e mais lenta em sentido contrário. Mas Michelson e Morley, quando mediram a velocidade da luz, obtiveram repetidamente o mesmo resultado – 1,08 bilhão km/h – *independentemente do movimento deles próprios ou do da fonte de luz*.[12] Estava criado o impasse: a mecânica clássica

11 B. Greene, *O Tecido do Cosmo*, p. 63.
12 Ibidem.

TEATRO: ESPAÇO, TEMPO E ESPAÇO-TEMPO

entrava em contradição com um novo campo da Física: a Eletrodinâmica de Maxwell. E será Einstein a desatar o nó. Mas, antes, precisamos voltar a Galileu.

## A RELATIVIDADE DE GALILEU

Na Mecânica de Galileu e Newton, valia o princípio da relatividade de Galileu, enunciado em 1632 pela personagem Salviati, que representa o cientista italiano:

Fechai-vos com algum amigo no maior compartimento existente sob a coberta de algum grande navio, e fazei que aí existam moscas, borboletas e semelhantes animaizinhos voadores; seja também colocado aí um grande recipiente com água, contendo pequenos peixes; suspenda-se ainda um balde, que gota a gota verse água em outro recipiente de boca estreita, que esteja colocado por baixo: e, estando em repouso o navio, observai diligentemente como aqueles animaizinhos voadores com igual velocidade vão para todas as partes do ambiente; ver-se-ão os peixes nadar indiferentemente para todos os lados; as gotas cadentes entrarem todas no vaso posto embaixo; e vós, lançando alguma coisa para o amigo, não a deveis lançar com mais força para esta que para aquela parte, quando as distâncias sejam iguais; e saltando, como se diz, com os pés juntos, transporíeis espaços iguais para todas as partes. Assegurai-vos de ter diligentemente todas essas coisas, ainda que não exista dúvida alguma de que enquanto o navio esteja parado as coisas devem acontecer assim, e fazei mover o navio com quanta velocidade desejardes; porque (sempre que o movimento seja uniforme e não flutuante de cá para lá) não reconhecereis uma mínima mudança em todos os mencionados efeitos, nem de nenhum deles podereis compreender se o navio caminha ou está parado [...][13]

O navio constitui um referencial galileano ou inercial, isto é, um sistema de referência que pode estar em repouso ou em movimento retilíneo uniforme em relação a outro sistema, a Terra. Na Mecânica Clássica, conhecido o movimento de um sistema de referência em relação a outro, era possível expressar o que acontece em um sistema em termos do que acontece no outro pela aplicação de três equações matemáticas, as transformações de

13   G. Galilei. *Diálogo Sobre os Dois Máximos Sistemas do Mundo Ptolomaico e Copernicano*, p. 268.

Galileu, válidas para velocidades desprezíveis em relação à velocidade da luz. Elas não eram aplicáveis, contudo, aos fenômenos eletromagnéticos. É aí que Einstein começa a trabalhar.

O físico alemão começou por estender o princípio da relatividade de Galileu à eletrodinâmica dos corpos em movimento, isto é, determinou que é impossível, por meio de qualquer experimento (mecânico ou eletromagnético) realizado dentro de um referencial inercial, definir o estado de repouso ou de movimento retilíneo uniforme. As leis da natureza passam a ser universais. Einstein estabelecia assim o Princípio da Relatividade Restrita e o Princípio da Constância da Velocidade da Luz: "A velocidade da luz, no espaço vazio, tem um valor constante c, independente do movimento da fonte e do movimento do observador."

Em palavras mais simples: esses princípios acabam por validar a experiência de Michelson-Morley e negam a existência do éter. Se não existe um éter de referência para o movimento dos corpos, só se pode falar em movimento de um corpo em relação a outro corpo: a velocidade é um conceito relativo.

## A RELATIVIDADE DE EINSTEIN

A Teoria da Relatividade de Einstein modifica os conceitos de tempo e tamanho dos corpos, já que, de acordo com o referencial adotado para medir essas grandezas, o tempo se dilata e o comprimento diminui, contrariando os princípios da física newtoniana. Ao publicar seu famoso artigo "Sobre a Eletrodinâmica dos Corpos em Movimento", em 1905, Einstein esclarece um importante conceito para a definição do espaço-tempo: a simultaneidade. Para explicá-la, recorro ao mesmo exemplo que ele empregou[14], tentando simplificá-lo.

Imaginemos um trem que se desloca em velocidade constante e em linha reta. Dois raios atingem suas extremidades e marcam o solo. Dois indivíduos observam o fenômeno: um dentro do trem, exatamente na metade dele, e outro fora, bem no meio do trecho entre as duas marcas, a uma distância

14   A. Einstein, op. cit, p. 24-29.

suficiente para que ele veja os dois raios. Se o observador em terra disser que os dois raios caíram simultaneamente, o observador no trem dirá que os raios caíram sucessivamente. Isso acontece porque o observador no trem se desloca ao encontro do raio que cai na frente do trem e, ao mesmo tempo, se afasta do que cai na traseira. A luz deste raio percorre uma distância maior até ser percebida pelo observador no trem. Claro que a velocidade do trem deve ser considerável para que essa diferença seja de fato perceptível, já que a luz viaja sempre a 300.000 km/s. Conclusão desse experimento hipotético: o intervalo de tempo entre dois acontecimentos, medidos em um determinado referencial, se dilata quando medido a partir de outro referencial, móvel em relação ao primeiro: cada um percebe o tempo do outro se dilatar, ou melhor, fluir mais lentamente. Em outras palavras: a simultaneidade dos dois eventos é relativa, pois depende do referencial.

Ocorre o mesmo com o tamanho do trem. Se o comprimento é a distância entre os dois pontos da linha ocupados simultaneamente pelas extremidades do trem, não se pode falar em comprimento absoluto[15], pois a simultaneidade é relativa, como visto anteriormente.

## O ESPAÇO-TEMPO

Nosso trem hipotético servirá agora para esclarecer o conceito de espaço-tempo. Imaginemos os mesmos observadores, um dentro do trem e o outro, fora. O primeiro encontra-se agora dentro do vagão-restaurante, a observar um passageiro. Esse passageiro come o prato principal e, em seguida, a sobremesa, sentado à mesma mesa. Portanto, ele executou as duas ações *no mesmo local* para o observador no trem. Porém, para o observador que está no solo, o passageiro comeu os dois pratos *em pontos diferentes da ferrovia*, separados por vários quilômetros. Em resumo, fatos que ocorrem no mesmo local, mas em tempos diferentes, em um referencial galileano, ocorrem em locais diferentes, observados de *outro* referencial galileano.

15  Ibidem, p. 29-30.

Ora, sobre a simultaneidade dos relâmpagos, vimos que acontecimentos que ocorrem ao mesmo tempo, em locais diferentes, em um referencial galileano, ocorrem em tempos diferentes, quando observados de outro referencial galileano. Por conseguinte, as duas afirmações são equivalentes: basta substituir a palavra "local" pela palavra "tempo" para uma obter a outra. Assim, espaço e tempo são iguais.

Os conceitos de espaço e tempo foram fundidos em um só – o espaço-tempo – pelo matemático teuto-lituano Hermann Minkowski, professor de Einstein na Universidade de Zurique. Resumidamente, o espaço-tempo – cuja representação em Matemática é chamada de espaço de Minkowski – é constituído pelas três dimensões espaciais de um corpo qualquer mais o tempo que flui através dele, a quarta dimensão. Um ponto nesse espaço quadridimensional é chamado de acontecimento ou evento e pode ser determinado por quatro números, três para o espaço (comprimento, largura e altura) e um para o tempo transcorrido desde o início da contagem.

A variável temporal no espaço-tempo é multiplicada pela velocidade da luz ($c$), de 300.000 km/s, que é a velocidade com que um observador se move no tempo. Isso significa que eventos separados por apenas um segundo no tempo estão a 300.000 km um do outro no espaço-tempo.

Nas velocidades a que estamos habituados no dia a dia, a diferença entre o espaço-tempo e um espaço tridimensional parametrizado pelo tempo (galileano) é irrelevante, mas não para ambientes no universo (buracos negros, por exemplo) ou mesmo em laboratórios de física nos quais se estuda o comportamento das partículas subatômicas. Todavia, veremos adiante que o conceito de espaço-tempo é interessante para analisar certas construções dramatúrgicas, entre as quais a de Jorge Andrade.

## REPRESENTAÇÃO DO ESPAÇO-TEMPO

Para facilitar a visualização do espaço-tempo, vamos representá-lo como um pão de forma finamente fatiado, em que cada fatia é uma "fatia do tempo" que mostra o que aconteceu em uma região do espaço em determinado momento.

## TEATRO: ESPAÇO, TEMPO E ESPAÇO-TEMPO

Para fins de terminologia, uma região do espaço considerada durante um intervalo de tempo denomina-se uma região do espaço-tempo. Pode-se conceber uma região do espaço-tempo como um registro de tudo o que acontece em uma determinada região do espaço durante determinado período de tempo.[16]

Escolhamos determinado intervalo de tempo. O bloco contínuo que contém todos os eventos ocorridos nesse intervalo é um pedaço do nosso pão de forma. Imaginemos que as fatias do pão são totalmente transparentes, de modo que, ao olhar para ele, possamos vislumbrar todos os acontecimentos lá ocorridos. Assim, as fatias, tal como estão ordenadas, constituem um modo conveniente de organizar os eventos no espaço-tempo. Einstein percebeu que há maneiras diferentes e também válidas de dividir uma região do espaço-tempo. Até 1905,

pensava-se que todos experimentamos a passagem do tempo de maneira idêntica, que todos concordamos sobre quais são os eventos que ocorrem em determinado momento e que, portanto, concordaríamos também sobre o que estaria em certa página de um bloco do espaço-tempo[17].

Mas, se lembrarmos da experiência hipotética dos raios que caem nas extremidades do trem, explicada anteriormente, veremos que isso não é mais verdade. Os observadores em movimento relativo (um no solo, outro no trem) marcam o tempo de modo diferente; seus relógios perdem a sincronização e produzem, portanto, diferentes noções de simultaneidade. Por isso, cada fatia do espaço-tempo

representa o ponto de vista de apenas um observador dos eventos espaciais que ocorrem em dado momento do tempo, tal como experimentado por ele. Outro observador, se estiver em movimento com relação ao primeiro, declarará que os eventos que aparecem em uma mesma página *não* acontecem ao mesmo tempo[18].

A isso se dá o nome de "relatividade da simultaneidade". Observações diferentes produzem conclusões diferentes, mas todas válidas, acerca de quais eventos acontecem ao mesmo

---

16 B. Greene, op. cit., p. 74.
17 Ibidem, p. 75.
18 Ibidem.

tempo. Como consequência disso, observadores que se movem um em relação ao outro não concordarão quanto à maneira de organizar as fatias do espaço-tempo, de modo que cada página contenha todos os eventos que ocorram em certo momento. A discrepância depende da velocidade relativa entre os observadores. O observador no trem, por exemplo, está em rotação em relação ao observador em terra. Se o trem estiver em grande velocidade, a discrepância entre as observações (a diferença de tempo entre a queda dos raios) será grande também.

O mesmo raciocínio vale para o "fatiamento" do espaço-tempo. O observador em movimento relativo pode fatiar o espaço-tempo segundo diferentes ângulos – se pensarmos no teatro, basta imaginar a posição de alguém que fica em uma cadeira central, na primeira fileira, e a de outro espectador, que se senta na mesma primeira fileira, mas na última cadeira à direita ou à esquerda. Se ele fatiou o espaço-tempo em um ângulo de, digamos, 15°, poderá ver os mesmos acontecimentos que outro espectador que fatiou o espaço-tempo em um ângulo de 30°, mas terá outra percepção.

Atentando-se à questão, pode-se comentar: um observador externo, colocado a uma gigantesca distância do bloco do espaço-tempo que ele observa, enxergará um passado ocorrido há milhares de anos. Para um observador colocado *dentro* daquele bloco, o mesmo momento passado acabou de ocorrer. Isso nos leva à pergunta:

## O TEMPO PASSA?

O que agora claramente transparece é que nem há tempos futuros nem pretéritos. É impróprio afirmar que os tempos são três: pretérito, presente e futuro. Mas talvez fosse próprio dizer que os tempos são três: presente das coisas passadas, presente das presentes, presente das futuras. Existem, pois, estes três tempos na minha mente que não vejo em outra parte: lembrança presente das coisas passadas, visão presente das coisas presentes e esperança presente das coisas futuras. [...] Quem [...] se atreve a negar que as coisas futuras *ainda* não existem? Não está já no espírito a expectação das coisas futuras? Quem pode negar que as coisas pretéritas já não existem? Mas está ainda na alma a memória das coisas passadas. E quem contesta que o presente carece de espaço,

TEATRO: ESPAÇO, TEMPO E ESPAÇO-TEMPO          17

porque passa num momento? Contudo, a atenção perdura, e por meio dela continua a retirar-se o que era presente.[19]

Escritas no ano 400, as *Confissões*, de Santo Agostinho, mais precisamente as do livro XI, já exibiam uma preocupação com a medição e a passagem do tempo. Naquele último ano do século IV, nem Agostinho nem qualquer outro pensador dominava ciência suficiente para esclarecer questões relativas ao tempo. Por isso, àquela época e por muitos séculos ainda, a experiência humana da temporalidade era regida por uma referência interna, que independia do movimento dos corpos no espaço – este fato impedia, ou ao menos dificultava, a medição do tempo. O escoamento constante do tempo anularia sua duração "espacial", isto é, não seria possível marcar dois instantes em um eixo e medir um em função do outro. Mas ninguém até hoje encontrou, nas leis da Física, uma comprovação da sensação intuitiva da passagem do tempo. Ao contrário: revisando a Teoria da Relatividade Restrita de Einstein, encontramos evidências de que o tempo não passa. Vejamos, resumidamente, o porquê.

Voltemos ao pão de forma do espaço-tempo. As fatias, é bom lembrar, são os agoras de um determinado observador e, colocadas juntas, compõem uma região do espaço-tempo. Se incluirmos todas as fatias possíveis, do passado mais remoto até o futuro distante, o pão compreenderá todo o universo durante todo o tempo.

Nesse conjunto do espaço-tempo, *todos* os acontecimentos estão representados em algum ponto do pão. Um observador colocado fora do pão poderia ver tudo o que aconteceu e acontecerá no espaço-tempo. Claro, trata-se de um ponto de vista fictício, já que todos nós estamos *dentro* do espaço-tempo e não poderíamos ter a visão a partir de um lugar onde não existe nem tempo nem espaço. Todavia, embora essa perspectiva seja imaginária,

existem evidências convincentes de que o pão do espaço-tempo – a totalidade do espaço-tempo, e não a sua visão fatia por fatia – é real. Uma implicação não muito apreciada da obra de Einstein é a de que a realidade da relatividade especial [restrita] trata todos os tempos em pé

19   S. Agostinho, *Confissões / De magistro*, p. 222, 228-229.

de igualdade. Embora a noção de *agora* tenha um papel fundamental na nossa visão de mundo, a relatividade subverte nossa intuição uma vez mais e declara que o universo é igualitário e que nele cada momento é tão real quanto qualquer outro[20].

Para compreender isso, basta lembrarmos que

dois observadores em movimento relativo têm *agoras* – momentos individuais do tempo, a partir da perspectiva de cada um – que são diferentes entre si: os seus agoras cortam o tempo em fatias que têm diferentes ângulos [...] Os observadores que estão em movimento relativo entre si têm concepções diferentes a respeito do que existe em um momento dado e, por conseguinte, têm concepções diferentes da realidade.[21]

Para as velocidades às quais estamos acostumados, o ângulo das fatias de dois observadores é pequeno demais para que percebamos grande discrepância entre a nossa definição de agora e a de outra pessoa. Mas um pequeno incremento na velocidade e na distância dos observadores pode, sim, causar discrepâncias sensíveis entre as observações. Exemplo: imaginemos que, no GP Brasil de Fórmula 1, um carro se acidenta a 300 km/h na reta dos boxes por conta de um problema mecânico. Um espectador sentado bem à frente do acidente se horroriza com a fatalidade do acidente; um outro espectador, que está na arquibancada oposta (a uns 300 m de distância), que tinha ido comprar pipoca e que, no momento do acidente, voltava para o seu lugar caminhando no sentido oposto ao movimento do carro acidentado, pode achar que o piloto cometeu algum erro e, assim, culpá-lo pela batida, já que sua percepção de velocidade será diferente. Ele dirá: "Puxa, bateu em uma reta e nem estava tão rápido."

## DURAÇÃO

Henri Bergson propõe explicações para tais diferenças de percepção. Como não era físico, Bergson encara a Teoria da Relatividade pelo que ela tem de filosófico. Superando Aristóteles,

20  B. Greene, op. cit., p. 160.
21  Ibidem, p. 162.

TEATRO: ESPAÇO, TEMPO E ESPAÇO-TEMPO

Descartes, Locke, Leibniz e Kant, Bergson separa duração do tempo mensurável pela ciência – este, "uma sucessão de instantes idênticos". Para o francês, a duração (tempo real) é dada pela consciência e é invocada como memória:

Não há dúvida de que o tempo, para nós, confunde-se inicialmente com a continuidade de nossa vida interior. O que é essa continuidade? A de um escoamento ou de uma passagem, mas de um escoamento e de uma passagem que se bastam a si mesmos, uma vez que o escoamento não implica uma coisa que se escoa e a passagem não pressupõe estados pelos quais se passa: a *coisa* e o *estado* não são mais que instantâneos da transição artificialmente captados; e essa transição, a única que é naturalmente experimentada, é a duração. Ela é memória, mas não memória pessoal, exterior àquilo que ela retém, distinta de um passado cuja conservação ela garantiria; é uma memória interior à própria mudança, memória que prolonga o antes no depois e os impede de serem puros instantâneos que aparecem e desaparecem num presente que renasceria incessantemente.[22]

Mas há um tempo exterior à consciência, o tempo das coisas. Como chegar a ele?

Percebemos o mundo material e essa percepção nos parece, com ou sem razão, estar concomitantemente em nós e fora de nós [...] A cada momento de nossa vida interior corresponde assim um momento de nosso corpo e de toda a matéria circundante [...] estendemos essa duração ao conjunto do mundo material [...] o universo nos parece formar um único todo [...] Nasce, desse modo, a ideia de uma duração do universo, isto é, de uma consciência impessoal que seria o traço-de--união entre todas as consciências individuais, assim como entre essas consciências e o resto da natureza. Tal consciência captaria numa única percepção, instantânea, acontecimentos múltiplos situados em pontos diversos do espaço; a simultaneidade seria precisamente a possibilidade que dois ou mais acontecimentos teriam de entrar numa percepção única e instantânea.[23]

A partir desse ponto, Bergson discorrerá sobre tempo e movimento e, mais à frente, quando mencionar a reciprocidade do movimento (do trem em relação à ferrovia e da ferrovia em relação ao trem), dirá que essa ideia não é mais física, mas filosófica. Utilizando o mesmo exemplo de Einstein (o do trem), Bergson fala de uma

22 Cf. H. Bergson, *Matéria e Memória*; idem, *Duração e Simultaneidade*, p. 51.
23 Idem, *Duração e Simultaneidade*, p. 52-53.

20    JORGE ANDRADE: UM DRAMATURGO NO ESPAÇO-TEMPO

multiplicidade de tempos que estariam todos no mesmo plano, seriam todos reais por conseguinte se um deles for real. Mas a verdade é que este difere radicalmente dos outros. É real porque é realmente vivido pelo físico. Os outros, simplesmente pensados, são tempos auxiliares, matemáticos, simbólicos[24].

Resumidamente, o que o filósofo francês diz é que somente as medições que o próprio cientista executa situar-se-iam no plano da realidade, já que o tempo vivido pelo cientista é real, pertence ao seu sistema de referência. Toda medição feita fora de seu sistema de referência, por indução científica, é uma abstração e não pertenceria ao plano da realidade, mas sim ao plano simbólico. Veremos mais adiante como essa questão se resolve na dramaturgia de Jorge Andrade. Antes disso, contudo, precisamos saber o que Bergson tem a dizer sobre o espaço-tempo.

## O REAL E O VIRTUAL

Quando aborda o espaço-tempo, Bergson faz algumas afirmações que, se não simplificam, ao menos jogam outra luz sobre o conceito[25]. Reproduzirei aqui tais afirmações, suprimindo as equações e deduções físico-matemáticas empregadas pelo pensador francês (o leitor com inclinação para a Matemática as tem à disposição no livro *Duração e Simultaneidade*, já mencionado). Tentarei conduzir o raciocínio utilizando apenas o que Bergson considera filosófico no conceito do espaço-tempo de Minkowski. É importante salientar que ele jamais se afasta da Física propriamente dita; ao contrário, especula, tal qual um físico o faria, acerca de como seria um universo com formato diferente do nosso – plano – e do que um cientista deduziria do movimento de um corpo nesse plano. A primeira afirmação digna de nota é: "o que está dado como movimento num espaço de um número qualquer de dimensões pode ser representado como forma num espaço com uma dimensão a mais"[26]. O que isso significa? Imaginemos um espaço bidimensional

24    Ibidem, p. 117.
25    Ibidem, p. 157-199.
26    Ibidem, p. 171.

TEATRO: ESPAÇO, TEMPO E ESPAÇO-TEMPO 21

$P$ (plano), onde um corpo $M$ de dimensões mínimas (infinitesimais) percorre um círculo. Um cientista, pertencendo ao plano, observará que o movimento de $M$ é circular e ponto final. Porém, esse movimento embute uma forma, que surgirá quando introduzirmos uma terceira dimensão. Tracemos, a partir do ponto central do círculo, uma reta ortogonal (perpendicular) ao plano – está dada uma terceira dimensão. Considerando que o corpo $M$ está na extremidade de um segmento de reta cuja origem é o centro do círculo e que o corpo $M$ passa a descrever uma curva helicoidal (hélice) para fora do plano $P$, teremos uma *forma* que escapa ao plano $P$. Para Bergson:

> É fácil ver que essa curva traçada no espaço de três dimensões nos revela todas as particularidades temporais da mudança ocorrida no espaço de duas dimensões $P$. A distância de um ponto qualquer da hélice ao plano $P$ nos indica com efeito o momento do tempo com que estamos lidando, e a tangente à curva desse ponto nos dá, por sua inclinação sobre o plano $P$, a velocidade do corpo móvel nesse momento. Assim, dirão, a "curva de duas dimensões" [curva plana, ou círculo] desenha somente uma parte da realidade constatada no plano $P$, porque ela é apenas espaço, no sentido que os habitantes de $P$ dão a essa palavra. A "curva de três dimensões" [curva reversa, ou hélice], ao contrário, contém essa realidade inteira: tem três dimensões de *espaço* para nós; seria Espaço-e-Tempo de três dimensões para um matemático de duas dimensões que habitasse o plano $P$ [...][27]

Resumidamente, "a forma da curva de três dimensões informa-nos aqui tanto sobre a trajetória plana como sobre as particularidades temporais de um movimento que se efetua num espaço de duas dimensões".[28]

Explica-se, assim, a primeira frase extraída do livro de Bergson. Porém, para o francês, talvez essa representação não seja realmente adequada. Afinal, o devir, o futuro, foi eliminado: a ciência só se interessa pelo resultado já obtido, isto é, a curva já traçada. Se se concebem todos os resultados verificados em todos os momentos, tem-se o mesmo sucesso de uma criança, já alfabetizada, que reconhece uma palavra sem ter que soletrá-la. É o que acontece com o círculo e a hélice, que se correspondem ponto a ponto. Mas

27 Ibidem, p. 170.
28 Ibidem, p. 171.

essa correspondência só tem significação porque nosso *espírito* percorre a curva e ocupa *sucessivamente* pontos dela. Se pudermos substituir a sucessão por uma justaposição, o tempo real por um tempo espacializado, o *tornando-se* pelo *já tendo se tornado*, é porque conservamos em nós o devir, a duração real: quando, de repente, a criança lê efetivamente a palavra, soletra virtualmente letra por letra. Não imaginemos, portanto, que nossa curva de três dimensões forneça, cristalizados por assim dizer, o movimento pelo qual a curva plana se traça e a própria curva plana. Simplesmente extraiu do devir o que interessa à ciência, e a ciência, aliás, só poderá utilizar esse extrato porque nosso espírito restabelecerá o devir eliminado ou se sentirá capaz de fazê-lo. [...] a curva de $n + 1$ dimensões *já traçada*, que seria o equivalente da curva de $n$ dimensões *traçando-se*, representa realmente menos do que pretende representar[29].

Por outro lado – e este é um aspecto que interessa particularmente ao teatro e às artes de modo geral –, a hélice esconde outros processos e, assim, a representação exposta anteriormente é mais uma vez inadequada. Vejamos a razão.

Configuramos nossa hélice a partir de um procedimento bem definido, mas a figura já traçada não implica, necessariamente, esse modo específico de geração. Poderíamos ter gerado a mesma hélice a partir de outra reta, outro plano, outra velocidade, outros tempos e outra figura geométrica que não o círculo. Dessa maneira, pode-se descobrir na hélice um sem-número de outras figuras planas completadas por uma quantidade também incontável de outros movimentos. Isso ocorre porque

ao acrescentar uma dimensão ao espaço em que nos encontramos, pode-se sem dúvida figurar por meio de uma *coisa*, nesse novo Espaço, um *processo* ou um devir constatado no antigo. Mas como substituímos o que percebemos *fazendo-se* por algo *já feito*, por um lado eliminamos o devir inerente ao tempo e, por outro, introduzimos a possibilidade de uma infinidade de outros processos por meio dos quais a coisa também poderia ter sido construída. Ao longo do tempo em que se constatava a gênese progressiva dessa coisa, havia um modo de geração bem determinado; mas, no novo espaço, acrescido de uma dimensão, onde a coisa se esparrama de um só golpe pela adjunção do tempo ao espaço antigo, tem-se a liberdade de imaginar uma infinidade de modos de geração igualmente possíveis; e aquele que foi efetivamente constatado, embora seja o único real, não aparece mais como privilegiado: será posto – equivocadamente – na mesma linha dos outros[30].

29  Ibidem, p. 172.
30  Ibidem, p. 173-174.

TEATRO: ESPAÇO, TEMPO E ESPAÇO-TEMPO

A tentação de enveredar por Deleuze[31] e Lévy[32] é grande. Afinal, as respectivas definições de caos e virtualidade não apenas coincidem como derivam de Bergson – e dialogam com o trecho anteriormente reproduzido. Porém, o desvio conceitual seria de tal magnitude que este texto introdutório estender-se--ia além do razoável. Fica o registro para o leitor interessado em se aprofundar filosoficamente nesse aspecto.

Voltando a Bergson, veremos que começam a ser levantadas questões acerca da inclusão de uma nova dimensão – o tempo – ao espaço, seja ele bi ou tridimensional:

Pode-se desde já perceber o duplo perigo a que nos expomos quando simbolizamos o tempo por meio de uma quarta dimensão do espaço. Por um lado, corre-se o risco de tomar o desenrolar de toda a história passada, presente e futura do universo por um simples percurso de nossa consciência ao longo dessa história dada de repente na eternidade: os acontecimentos não desfilariam mais diante de nós, seríamos nós que passaríamos diante do alinhamento deles. E, por outro lado, no Espaço-e-Tempo ou Espaço-Tempo que assim tivermos constituído, acreditaremos ter a liberdade de escolher entre uma infinidade de distribuições possíveis do Espaço e do Tempo. No entanto, esse Espaço--Tempo tinha sido construído com um Espaço bem determinado, com um Tempo bem determinado: só uma certa distribuição particular em Espaço e Tempo era real. Mas não se faz distinção entre ela e todas as outras distribuições possíveis: ou antes, vê-se somente uma infinidade de distribuições possíveis, a distribuição real não sendo mais que uma delas. Em suma, esquece-se que, sendo o tempo mensurável necessariamente simbolizado por espaço, há concomitantemente mais e menos na dimensão de espaço tomada por símbolo do que no próprio tempo. [...] dizer que o movimento gerador do bloco não é mais que um movimento qualquer dos movimentos possíveis é desconsiderar o segundo ponto sobre o qual acabo de chamar a sua atenção: no bloco *já feito*, isento da duração na qual *se fazia*, o resultado uma vez obtido e destacado não traz mais a marca expressa do trabalho pelo qual foi obtido. Milhares de operações diversas, realizadas pelo pensamento, poderiam igualmente recompô-lo idealmente, embora tenha sido efetivamente composto de uma certa e única maneira. Quando a casa estiver construída, nossa imaginação poderá percorrê-la em todas as direções e reconstruí-la igualmente colocando primeiro o teto para em seguida ir pendurando nele um por um todos os andares. Quem poria

31  Para mais informações sobre a acepção deleuzeana de "caos", ver G. Deleuze, F. Guattari, *O Que É a Filosofia?*. Ver também G. Deleuze, C. Parnet, *Diálogos*.
32  Para "virtualidade", ver P. Lévy, *O Que É o Virtual?*

esse método no mesmo nível que o do arquiteto e o teria por equivalente? Examinando com atenção, veríamos que o método do arquiteto é o único meio efetivo de compor o todo, isto é, de fazê-lo; os outros, a despeito da aparência, não passam de meios de decompô-lo, isto é, em suma, de desfazê-lo; portanto, existem tantos quantos se queira. O que só podia ser construído numa certa ordem pode ser destruído não importa como.[33]

Esses dois longos trechos extraídos de *Duração e Simultaneidade* guardam semelhança com o preceito aristotélico de unidade de ação – Bergson acrescentou-lhe o modo de fazer. E antes de abordar o Espaço-Tempo de Minkowski e Einstein, o francês alerta para dois pontos destacados pelos teóricos da Teoria da Relatividade Restrita, que, ao abandonarem por um momento a ciência pura para revelar a realidade metafísica embutida na matemática da teoria, admitiam, de partida e de maneira implícita, que a quarta dimensão tinha *pelo menos* os atributos das três outras.

Os dois pontos do espaço-tempo destacados pelos teóricos e mencionados – e criticados – por Bergson são os seguintes:

1º. todas as distribuições que nele possam ser feitas em espaço e em tempo devem ser postas no mesmo nível; [...] 2º. nossa experiência de acontecimentos sucessivos nada mais faz que iluminar um por um os pontos de uma linha dada de um só golpe. – Parecem não ter levado em conta o fato de que a expressão matemática do tempo, ao lhe comunicar necessariamente as características do espaço e ao exigir que a quarta dimensão, sejam quais forem suas qualidades próprias, tenha primeiro as das outras três, pecará por falta e por excesso concomitantemente, como acabamos de mostrar. Aquele que não introduzir aqui um duplo corretivo correrá o risco de se enganar sobre a significação filosófica da Teoria da Relatividade e erigir uma representação matemática em realidade transcendente.[34]

Prossegue Bergson na afirmação de que, "contrariando o senso comum e a tradição filosófica, que se pronunciam a favor de um Tempo único"[35], a Teoria da Relatividade parecera, de início, afirmar a pluralidade dos tempos – pois sistemas diferentes,

---

33 H. Bergson, op. cit., p. 174, 183.
34 Ibidem, p. 184.
35 Ibidem.

ainda que muito semelhantes, jamais ocupam o mesmo lugar com relação ao sistema de referência. Relembrando o que foi dito, o único tempo real é o do cientista que realiza os experimentos e, portanto, mede o tempo. Os outros são tempos virtuais, ficcionais, "medidos" por observadores também fictícios. Se um desses observadores fantasmas "ganha vida" e se instala na duração real do verdadeiro observador, este passa a ser fictício, bem como o seu tempo. Assim, a concepção do tempo real permanece, pois um único tempo real continua a existir.

Desse modo

caso se entenda por Espaço-Tempo de quatro dimensões um meio real onde evoluem seres e objetos reais, o Espaço-Tempo da Teoria da Relatividade é o de todo o mundo, pois todos nós esboçamos o gesto de postular um Espaço-Tempo de quatro dimensões sempre que espacializamos o tempo, e não podemos medir o tempo, não podemos nem mesmo falar dele sem espacializá-lo. Mas, nesse Espaço-Tempo, o Tempo e o Espaço permaneceriam distintos: nem o Espaço poderia despejar Tempo, nem o Tempo restituir Espaço. Se eles avançam um sobre o outro e em proporções variáveis segundo a velocidade do sistema (é o que fazem no Espaço-Tempo de Einstein), então trata-se apenas de um Espaço-Tempo virtual, o de um físico imaginado experimentando e não mais do físico que experimenta. Pois este último Espaço-Tempo está em repouso, e num Espaço-Tempo que está em repouso o Tempo e o Espaço permanecem distintos um do outro; só se mesclam [...] na fusão operada pelo movimento do sistema; mas o sistema só está em movimento se o físico que nele se encontrava o abandonar. Ora, não poderia abandoná-lo sem se instalar em um outro sistema: este, que está então em repouso, terá um Espaço e um Tempo nitidamente distintos como os nossos. De modo que um espaço que ingurgite Tempo, um Tempo que absorva por sua vez Espaço, são um Tempo ou um Espaço sempre virtuais e simplesmente pensados, nunca atuais e realizados[36].

De maneira mais simples, segundo Bergson, o espaço e o tempo reais e distintos dizem respeito a um sistema estacionário ou de referência. Quando esse sistema começa a se movimentar, deixa de ser referencial. O físico que nele estava, se quiser continuar suas medições, deverá se alojar em outro sistema, que passará a ser o de referência. Naquele primeiro sistema, que passou a se movimentar, o espaço e o tempo se mesclam,

36  Ibidem, p. 186-187.

## 26 JORGE ANDRADE: UM DRAMATURGO NO ESPAÇO-TEMPO

formando o espaço-tempo de Minkowski e Einstein. Mas esse sistema que ora se move deixou de ser real, posto que o físico que nele se havia instalado já não está mais lá. Em resumo, o espaço-tempo de Minkowski e Einstein, de acordo com Bergson, se aplica a sistemas fictícios, pois

a essência da Teoria da Relatividade é pôr no mesmo plano a visão real e a visão virtual. [...] Matemáticos e físicos têm decerto o direito de se exprimir assim. Mas o filósofo, que deve distinguir o real do simbólico, falará de outro modo. [...] um movimento imprimido pelo pensamento ao sistema [estacionário] faz com que o Espaço primitivamente considerado pareça inflar-se de Tempo [...] Somos portanto reconduzidos a nossas conclusões anteriores. Mostravam-nos que dois acontecimentos, simultâneos para a personagem que os observa no interior de seu sistema, seriam sucessivos para aquele que se representasse, de fora, o sistema em movimento. Concordamos, mas notamos que o intervalo entre os dois acontecimentos que se tornaram sucessivos, ainda que fosse chamado tempo, não poderia conter nenhum acontecimento: trata-se, dizíamos, de "nada dilatado". [...] Quando a realidade [...] transforma-se na virtualidade [...], o zero de tempo real expande-se em um tempo virtual [...]. Mas esse intervalo de tempo virtual não é mais que o nada de tempo primitivo [...] O pensamento não conseguiria alojar nele um acontecimento, por mais curto que fosse, assim como não se empurraria um móvel para o salão percebido no fundo de um espelho[37].

## O TEATRO E O ESPAÇO-TEMPO

Tudo o que foi dito até aqui refere-se apenas à Teoria da Relatividade Restrita, aquela que não inclui a gravidade. Caso nos aprofundássemos e incluíssemos a gravidade, deveríamos falar da Teoria da Relatividade Geral. Contudo, seus complicados conceitos e a matemática envolvida em nada colaboram para esta obra, pois a ideia de espaço-tempo já está suficientemente explorada e explicada. Vamos inserir agora o espaço-tempo no teatro, tomando como base, preferencialmente, a dramaturgia. O leitor verificará que a presente obra não privilegia a abordagem físico-matemática nem a abordagem filosófica do conceito de Minkowski e Einstein, pois ambas contêm ferramentas úteis para a análise dramatúrgica aqui proposta.

37 Ibidem, p. 190-191.

TEATRO: ESPAÇO, TEMPO E ESPAÇO-TEMPO

Ao sugerir que o mito "deve imitar as [ações] que sejam unas e completas, e todos os acontecimentos se devem suceder em conexão tal que, uma vez suprimido ou deslocado um deles, também se confunda ou mude a ordem do todo"[38], Aristóteles assume que há uma única maneira de relatar um mito. A elisão de fatos ou sua apresentação em uma ordem diferente da cronológica alteram o mito. Se não o alteram, os fatos suprimidos, adiantados ou postergados, não pertencem ao mito. Assim, como bloco de espaço-tempo, o mito seria, na visão de Aristóteles, imutável: a perspectiva de um observador seria a mesma de todos os demais observadores que sobre ele se debruçassem, não importa quando nem onde isso acontecesse. Veremos adiante que a unidade de ação pode ser preservada mesmo que o dramaturgo não siga o preceito aristotélico.

Onde o espaço-tempo se insere no teatro? Tomemos como exemplo a peça *Seis Personagens à Procura de um Autor*, de Pirandello. Durante o ensaio de uma peça, a companhia teatral – diretor, atores, atrizes, assistente, ponto, maquinista, contra-regra, porteiro etc. – recebe a visita de uma família – Pai, Mãe, Filho, Enteada, Rapazinho e Menina, os três últimos filhos da Mãe, mas não do Pai. Essas seis pessoas, mais uma tal Madame Pace, que surgirá em uma determinada cena, não são reais: são personagens de um drama próprio – uma tragédia, talvez, já que há incesto, abandono, morte acidental da Menina, suicídio do Rapazinho – que gostariam de ver representado no palco. Ante a estupefação do diretor e dos atores, as personagens imploram que a companhia aceite representar seu drama – que, ao cabo, se desenrola naquele palco, por ação das próprias personagens. Na sequência final, ao ver a irmãzinha afogada por acidente na fonte, o Rapazinho suicida-se com um tiro de revólver. A essa altura, as demais personagens, exceto o Pai, saíram pelo fundo do palco, por trás de um telão branco. As últimas falas da companhia são as seguintes:

A PRIMEIRA ATRIZ (*entrando pela direita, penalizada*): Morreu! Pobre menino! Morreu! Oh! Que coisa, meu Deus!...

O PRIMEIRO ATOR (*entrando pela esquerda, rindo*): Morto o quê! Ficção, ficção! Não acredite!...

38 Aristóteles, op. cit., p. 248.

28 JORGE ANDRADE: UM DRAMATURGO NO ESPAÇO-TEMPO

OUTROS ATORES (*pela direita*): Ficção? Realidade! Realidade! Está morto!

OUTROS ATORES (*pela esquerda*): Não! Ficção! Ficção!...

O PAI (*levantando-se e gritando entre eles*): Mas que ficção! Realidade, realidade, senhores! Realidade!... (*E sairá também, desesperadamente, por trás do telão.*)

O DIRETOR (*não podendo conter-se*): Ficção, realidade! Vão todos para o diabo que os carregue! Luz! Luz! Luz!

(*De repente, todo o palco e toda a sala do teatro resplandecem, inundados por vivíssima luz. O Diretor respira, como libertado de um pesadelo, e todos se olham nos olhos, atônitos e confusos.*)[39]

Último a sair, o Diretor, pede ao eletricista que apague tudo, mas deixe uma luz para que ele, Diretor, possa enxergar a saída. Então:

De repente, por trás do telão branco, como por erro de ligação, acende-se um refletor verde, que projeta, grandes e destacadas, as sombras das Personagens, excetuadas as do Rapazinho e a da Menina. O Diretor, ao vê-las, foge do palco, espavorido. Ao mesmo tempo, apaga-se o refletor por trás do telão branco, e o palco volta a iluminar-se com o azul noturno de antes.

Lentamente, pelo lado direito do telão, adiantam-se, primeiro, o Filho, seguido pela Mãe, com os braços estendidos para ele; logo, o Pai, pelo lado esquerdo. Detêm-se no meio do palco, como formas de alucinações. Vem, por último, a Enteada, pela esquerda, correndo em direção de uma das escadinhas, para um momento no primeiro degrau, a olhar os outros três, e solta uma gargalhada estridente, descendo logo, apressadamente. Corre através do corredor. Detém-se, mais uma vez, e torna a rir, olhando os três que ficaram lá em cima. Desaparece da sala e torna a rir ainda, ouvindo, desde o foyer, a sua risada. Pouco depois desce o pano.[40]

Tanto o embate entre os atores (realidade x ficção) como a cena final mostram que os universos aos quais pertencem a companhia e as seis personagens são diversos. Trazendo para a linguagem que estamos empregando neste livro, pertencem a blocos do espaço-tempo diferentes. O espectador que assiste a essa peça é o observador fora do espaço e do tempo, que vê os blocos se misturando. As personagens foram criadas por um autor que, segundo o Pai, não quis ou não pôde metê-las no

39  L. Pirandello, *Seis Personagens à Procura de um Autor*, p. 141.
40  Ibidem, p. 142-143.

TEATRO: ESPAÇO, TEMPO E ESPAÇO-TEMPO 29

mundo da arte. E elas, personagens vivas, não morrerão jamais, ainda que seu criador, o escritor, desapareça.

Costuma-se dizer que Pirandello encarava a vida como uma farsa; os homens a levam alimentando-se de ilusões. Em outras palavras, para o autor siciliano, a vida tem tão pouco sentido que o homem elege uma mentira e uma falsa aparência para se convencer e aos outros de que não é um medíocre[41]. Daí suas personagens, por pertencerem ao mundo da arte (simbólico) e não da vida, representam seus papéis com verossimilhança e com uma consistência que a realidade nunca terá. A vida, segundo Pirandello, é menos real que a arte.

Por que precisamos de um conceito alienígena, extraído da Física, para analisar uma peça de teatro? Por que não podemos ficar com as categorias do real e do simbólico para essa tarefa? A resposta é: não precisamos desse conceito. Ao sugerir uma análise dramatúrgica que inclua o espaço-tempo de Minkowski e Einstein, pretendo mostrar que, em uma peça como *Seis Personagens à Procura de um Autor*, o espaço e o tempo passam a ser abstrações que dialogam fisicamente, e não apenas simbolicamente. O espaço e o tempo que a mente do dramaturgo cria ganham representação física.

Voltemos à peça de Pirandello. A última manifestação da Enteada dá-se no *foyer* do teatro. Considerando que esse é o local de espera do público e não constitui espaço de representação, a presença da Enteada nessa sala ressignifica-a: ela é personagem da peça dentro da peça e vai para um local não mítico, que faz parte da realidade dos espectadores (que, claro, ainda não estão lá, pois a peça não terminou). Ou seja: o *foyer* passa a ser um espaço de representação não da peça em si, mas da tal farsa que é a vida para Pirandello. Lá, o tempo agora é outro – é o da Enteada, que sobreviveu ao seu criador (Pirandello). O tempo e o espaço da Enteada penetraram no tempo do homem real, como já haviam feito no tempo da companhia, também uma criação artística.

A peça mais famosa de Pirandello ainda contém outros exemplos, mas este livro não tem como tema central o texto italiano. O tema é o ciclo "Marta, a Árvore e o Relógio". Porém,

41  Ibidem, p. V.

30  JORGE ANDRADE: UM DRAMATURGO NO ESPAÇO-TEMPO

antes de iniciar a análise dramatúrgica das dez peças do ciclo, alguns dados biográficos de Jorge Andrade e certos comentários sobre sua obra são pertinentes.

## CARACTERÍSTICAS DO TEATRO DE JORGE ANDRADE

Jorge Andrade nasceu em Barretos (SP), a 21 de maio de 1922, e morreu em São Paulo (SP), em 13 de março de 1984. Foi dramaturgo, professor e jornalista. Durante dez anos, trabalhou na fazenda do pai, fiscalizando a produção de café. Desse período, guardou muitas memórias que iria utilizar na escrita das suas peças, principalmente em *Vereda da Salvação*, *A Moratória* e *O Telescópio*. Formou-se na Escola de Arte Dramática (EAD) em 1954. Delmiro Gonçalves faz uma referência a *Rasto Atrás* que pode ser estendida a praticamente toda a obra de Jorge Andrade – em especial, ao ciclo: "onde transpôs em termos artísticos todo o drama que o levou à descoberta do meio em que nasceu e cresceu, até a compreensão de si mesmo, do pai e do grupo social a que pertencia"[42].

Sobre a obra andradiana, diz Anatol Rosenfeld:

Debruçado sobre a realidade paulista e brasileira, [...] o autor tende na recriação e interpretação deste mundo a variadas formas de realismo, desde o psicológico até o poético [...]. É um realismo maleável, capaz de assimilar recursos expressionistas e simbólicos e abrir-se a processos do teatro épico e antiilusionista. [...] Apesar da multiplicidade de recursos dramático-cênicos empregados, as peças de Jorge Andrade não são o resultado de experiências formais gratuitas. A amplitude e variedade de seu realismo, que não teme a inovação ousada, chegando por vezes a romper todos os cânones tradicionais, corresponde exatamente aos problemas dramatúrgicos propostos pela temática e pela experiência a ser comunicada. [...] Com frequência, transforma o palco em "espaço interno" da mente de personagens. [...] os processos usados para evocar cenicamente as imagens da memória, embora inteiramente pessoais e de grande originalidade, são expressionistas provenientes de Strindberg [...]. O uso de formas épico-narrativas [...] corresponde às inovações da cena brechtiana, aliás amalgamadas com certo caráter lírico-épico

---

42  D. Gonçalves, Introdução, em J. Andrade, *Marta, a Árvore e o Relógio*, p. 11.

TEATRO: ESPAÇO, TEMPO E ESPAÇO-TEMPO

de feitio expressionista, aquelas bem adequadas às indagações sociais e históricas e este, às sondagens psicológicas.[43]

Em poucas frases, Rosenfeld radiografou o ciclo "Marta, a Árvore e o Relógio". Há, nesses excertos, informações relevantes para este livro. A primeira delas é a de que Jorge Andrade interpretou o "mundo" paulista sob diversas formas de realismo. Rosenfeld, certamente, não se refere aqui à corrente estética que remonta a meados do século XIX, mas a uma técnica capaz de esboçar objetivamente a realidade psicológica e social do homem. Daí a sua maleabilidade, que admite o emprego de recursos expressionistas, simbólicos, épicos e antiilusionistas. Algumas personagens, como José, de *As Confrarias*, e Vicente, de *Rasto Atrás*, são eminentemente expressionistas: eles se fragmentam e exibem suas diversas facetas. A mata fechada em torno dos casebres em *Vereda da Salvação* emula a cidade que sufoca o homem no expressionismo alemão. Além desses poucos exemplos, vemos em todas as peças do ciclo procedimentos épicos que aprofundam o próprio drama, em vez de criar o efeito de estranhamento (*Verfremdungseffekt*) tão caro ao teatro épico. Veremos, na análise das peças, que a simples passagem das personagens de uma época a outra em *A Moratória*, apresentadas em dois cenários distintos, provocará grandes emoções nas personagens e em uma eventual plateia. E parecerá muito natural ao espectador que uma personagem saia de uma época (plano) por uma porta e imediatamente reapareça entrando na outra época.

Outro dado importante do texto de Rosenfeld diz respeito à transformação do palco em espaço interno da mente das personagens. Aqui, interessa menos saber que tais procedimentos provêm de Strindberg do que verificar sua originalidade, mencionada pelo próprio crítico. Nas últimas peças, por exemplo, Jorge Andrade insere projeções de filmes e *slides*, ora sobre o palco e sobre os atores, ora em telas, para apresentar lembranças e referências biográficas das personagens. O recurso não é novo: Piscator[44] já o empregava nos anos 20 do século passado. Mas Jorge Andrade, com um pequeno artifício, muda o significado da projeção: quando, por exemplo, em *O Sumidouro*,

---

43 A. Rosenfeld, Visão do Ciclo, em J. Andrade, op. cit., p. 600-601.
44 Cf. E. Piscator, *Teatro Político*.

32    JORGE ANDRADE: UM DRAMATURGO NO ESPAÇO-TEMPO

sugere que a projeção de filmes e *slides* abarque *toda a plateia*, se possível, a inclusão do espectador no espaço de representação altera a *recepção* da obra.

Ainda há que considerar o trecho final do excerto de Anatol Rosenfeld. Para o crítico, as inovações brechtianas, amalgamadas ao expressionismo, dão conta tanto das "indagações sociais e históricas" quanto das "sondagens psicológicas" no ciclo "Marta, a Árvore e o Relógio". Era uma necessidade: vimos que a história familiar de Jorge Andrade, da qual ele retira vasto material para suas peças, se confunde com a formação do povo paulista. Nesse ponto, o processo histórico mescla-se às questões íntimas do autor; para resolver o imperativo categórico de compreender seu passado e passar a limpo questões que o atormentavam, ele precisou revisar as duas histórias – a de sua família e a de São Paulo. Sob esse prisma, Jorge Andrade talvez seja único na dramaturgia brasileira. Seus paralelos: Eugene O'Neill, Arthur Miller e Anton Tchékhov.

Na análise que se segue, surgem vasculhadas, desbastadas, as dez peças do ciclo. Ao longo da análise, refiro-me às "fatias" do espaço-tempo com diferentes termos. O termo que mais se faz presente é "plano". Por "plano", entendo um espaço e um tempo (uma fatia do espaço-tempo) em que ocorrem determinados acontecimentos. Esse plano pode pertencer ao presente narrado da peça, à memória de alguma personagem (protagonista ou não) ou ao passado histórico, evocado pelo condutor da narrativa (que não surge, no ciclo, como um narrador épico *stricto-sensu*). A intersecção – melhor dizendo, o desenvolvimento simultâneo – de planos é um recurso muito frequente. Constantemente, isso se dá pelo uso de *flashbacks*, de evocações das personagens de cenas passadas. A maneira como são apresentadas essas cenas indica a existência de um passado no presente: tal como o observador hipoteticamente colocado fora do conjunto do espaço-tempo, o espectador ou o leitor de uma peça do ciclo vê passado e presente concomitantes (às vezes, simbolicamente, pelo cenário; às vezes, na ação teatral). Com frequência, um plano comenta o outro; isto não modifica o desfecho da ação ou da cena, mas contribui para a compreensão do espectador e aprofunda o drama. Mas estou antecipando parte das conclusões, que estarão na última parte do livro. Vamos à análise das peças.

# Bons Tempos Aqueles...:
## O Telescópio **e** A Moratória

As duas primeiras peças de Jorge Andrade já trazem os procedimentos expressivos que ele utilizará ao longo de toda a sua obra e que têm o papel de trazer o passado vivo para a cena. À moda de Ibsen, o passado em Jorge determina as ações presentes, mas, diferentemente do gênio norueguês, o autor paulista não faz de suas peças dramas analíticos[1]. Jorge coloca suas personagens em ação em planos diferentes e, ao trazer o passado em *flashback*, ele o torna presente, isto é, as ações passadas e presentes ocorrem simultaneamente. Enquanto em Ibsen as personagens tentam enterrar o passado, fugir dele, esquecê-lo, em Jorge Andrade elas se agarram a ele, procuram reviver os "bons tempos", acreditam mesmo que seus melhores dias não terminaram ou, pelo menos, ainda estão por vir. Os homens e mulheres do autor norueguês são atormentados pelo que já aconteceu e, por isso, não podem viver o presente em sua plenitude. As personagens andradianas

---

1   "Técnica dramatúrgica que consiste em introduzir na ação presente o relato de fatos que ocorreram antes do início da peça e que são expostos, depois de ocorridos, na peça. [...] A análise das razões que levaram à catástrofe torna--se o único objeto da peça, o que, eliminando toda tensão e todo suspense, favorece o surgimento de elementos épicos"; P. Pavis, *Dicionário de Teatro*, p. 14-15. Veremos mais adiante como Jorge Andrade emprega procedimentos épicos nas suas peças, em especial os *flashbacks*.

não têm melhor sorte: presas a um passado de glória e de fausto, lidam muito mal com a realidade, que teima em dizer-lhes: "acordem, vocês não são mais nada".

## "O TELESCÓPIO"

*O Telescópio* traz essa atmosfera. Resumidamente, a peça tem o seguinte enredo: em uma fazenda está reunida a família de Francisco, cujos cinco filhos (três mulheres e dois homens) apresentam diferentes interesses com relação aos negócios do pai. Leila, casada com Luís, falida e morando em uma cidade grande, visita os pais com o objetivo de se mudar para a fazenda, para uma área chamada Vista Alegre, objeto de interesse dos irmãos Ada e Bié (este, um caipira que só sabe caçar com seu amigo Vaqueiro).

Os demais irmãos não têm muita relevância nessa disputa. Geni, a caçula, é uma deslumbrada: coquete, só pensa na cidade grande, onde vive Leila, interessa-se por maquiagem, moda e outros assuntos da modernidade urbana. O outro filho é Sebastião, que passa os dias entre mulheres e bebida; ele surge apenas no final da peça, mas sua única ação é capital para a compreensão do texto.

O outro núcleo de *O Telescópio* é formado por Francisco, sua mulher Rita, e um casal de velhos amigos de Francisco, os também fazendeiros Antenor e Alzira. São velhos que sempre viveram em suas fazendas, herdadas de pais, avós e bisavós; ou seja, estão no campo há séculos. Francisco tem um *hobby*: olhar o céu em um telescópio. Enquanto ele admira os astros, imutáveis no céu na escala de tempo humana, seus filhos desprezam o divertimento do pai, interessando-se apenas por questões muito imediatas (herança, dinheiro, o mundo da cidade, roupas, caçadas etc.).

### Dentro x Fora

A ação transcorre na sede da fazenda. O cenário estabelece a separação entre passado e presente, mundo rural e mundo urbano, atraso e modernidade. São dois os planos de ação: a sala da casa e o alpendre (há ainda uma varanda, onde ocorrem poucas cenas). Em um trecho determinante da peça, os velhos ficarão no alpendre (o mundo rural, antigo) e os jovens, na sala (o mundo urbano, moderno, atual). Jorge Andrade, com essa simples disposição cênica, opõe as duas visões de mundo, e isto constitui o cerne do drama. O interesse dos filhos pela partilha da fazenda, com os pais ainda vivos, escandaliza os velhos: eles nunca conceberam que uma disputa de tal ordem pudesse acontecer, já que há décadas a família se estabeleceu naquele pedaço de terra e de lá jamais sairia. O que é importante nesse cenário é que ele coloca no palco, simultaneamente, passado e presente se desenrolando e em oposição.

A rubrica inicial, que define o cenário, embute essa oposição:

CENÁRIO: *Sala de jantar de uma velha sede de fazenda. Móveis esparramados desordenadamente.* [...] *No primeiro plano, ao longo da sala, alpendre de entrada; uma rede à direita e dois ou três caixões de abelhas à esquerda. No forro do alpendre e da varanda, algumas caixas de marimbondo. Pendurada no beiral do alpendre, tábua larga com ninho de "joão-de-barro". Encostados à parede do alpendre, de cada lado da porta, bancos compridos.* (p. 193)

A descrição minuciosa do ambiente do alpendre mostra a preocupação de Francisco – e do autor – com o lado de fora da sede. Afinal, Francisco é um fazendeiro, bastante ativo e cioso da sua propriedade: ele pouco tem a fazer dentro de casa. Por isso, os móveis da sala estão "esparramados desordenadamente". Na leitura da peça, veremos que quem mais ocupa a sala são os jovens, pouco interessados nos negócios da fazenda, e é válido supor que os móveis estão desarrumados porque os filhos de Francisco e Rita os utilizam e não os colocam no lugar.

Mais à frente, em um diálogo entre Leila e os pais acerca de um velho relógio de parede, os móveis voltam a assumir um papel representativo. Quando Rita manifesta sua vontade de trocar os móveis, a filha reage:

LEILA: Não faça isso! São lindíssimos. A senhora pensa? Na capital há gente que paga um dinheirão por isto... (*Ferina*) e fala que sempre pertenceu à família.

RITA (*satisfeita*): Estão velhos demais, minha filha.

LEILA: Depois, não se esqueça: a senhora deu para mim. Faço questão de ficar com eles. (p. 195-196)

O interesse de Leila é óbvio: ela não quer ficar com os móveis, quer vendê-los. Rita mostra-se "satisfeita" com o "elogio" de Leila, sem perceber as reais intenções da filha. Os móveis – a cenografia – representam o passado do qual Leila quer rapidamente se desfazer, transformar em dinheiro. Francisco percebe a manobra e diz: "Ninguém vai carregar meus móveis. E o relógio, muito menos." (p. 196)

O recurso cenográfico mais importante para definir o drama de O *Telescópio* é mesmo a divisão de cenário em dois planos (alpendre e sala). E ela começa a ficar mais evidente logo após uma breve e dura discussão entre Luís e Leila. É a primeira vez que vemos Alzira e Antenor, fazendeiros amigos de Francisco e Rita, e é também a primeira vez que o telescópio é utilizado para ver as estrelas. Os velhos permanecem no alpendre, enquanto os jovens, na sala, entabulam um jogo de cartas. Todas as falas dos fazendeiros referem-se a aspectos do mundo exterior: "Como a noite está estrelada!"; "Parece que vamos ter chuva. Vento rio acima"; "Pena não ter lua"; "Queria ver a lua minguante"; "Vou ver o jardim"; "Boa colheita, compadre?"; "É. Não chove mais na época certa." (p. 212-213)

Os dois planos são absolutamente divididos, quase estanques, mas, nos raros momentos em que se comunicam, um plano "comenta" o outro. Por exemplo:

BIÉ (*alpendre*): Mãe! A Leila num sabe o que é monjolo!

[...]

BIÉ (*alpendre*): Mãe!

RITA (*alpendre*): Não amole, meu filho.

BIÉ (*alpendre*): Mais, mãe, aqui em casa sempre teve monjolo! (p. 213)

Bié está no alpendre, mas vem da sala, onde ele, Ada e Geni escarneceram de Leila por ela fingir não saber o que é um monjolo. Mais à frente, é o plano da sala (mundo urbano) que comenta o plano do alpendre (mundo rural), quando Antenor, olhando pelo visor do telescópio, diz:

> ANTENOR (*alpendre*): Não estou vendo nada, compadre.
> FRANCISCO (*alpendre*): Pudera! Fechou justamente o olho que é para abrir.
>
> (*Gargalhadas na sala*)
>
> ANTENOR (*alpendre*): Mas, gente! Onde estou com a cabeça?
> RITA (*alpendre. Olha, aborrecida, para a sala*) (p. 215)

Considerando que as pessoas da sala estão entretidas com o jogo de cartas, as gargalhadas devem pertencer apenas ao contexto daquele plano. Mas a leitura mais óbvia é a seguinte: os jovens riem da ignorância de Antenor, que não sabe como usar um simples telescópio. Logo depois das risadas, os planos novamente se comunicam:

> BIÉ (*sala. Grita*): Mãe! Óia o modo da Leila embaraiá.
> RITA (*indo à porta*): Não amole, meu filho. E não fale tanto errado!
> (p. 215)

Daí até o final da peça, as cenas acontecem nos dois planos, simultaneamente. As interferências de um plano no outro se darão, agora, por meio das falas e das ações das personagens.

## Mundo Estático

O uso da linguagem em *O Telescópio* é outro recurso que Jorge Andrade emprega para tornar mais evidente a "luta" do campo contra a Capital. Mais que a própria linguagem, os temas das conversas das personagens assumem esse papel – que é preponderante nessa primeira peça do dramaturgo paulista.

Jorge Andrade estabelece essa "luta" tanto nos diálogos como nas rubricas. Já no início da peça temos dois desses recursos teatrais.

(Leila entra pela porta da cozinha. A roupa muito moderna de Leila e a maquilagem carregada fazem um contraste flagrante com a simplicidade de Rita. Atrás da vivacidade de Leila, percebe-se uma mulher cansada.) (p. 194)

Essa rubrica revela não apenas uma diferença entre os modos de se vestir (óbvia, em se tratando de uma moradora do campo e outra, da cidade), mas também atitudes diferentes. Leila, saberemos adiante, está falida: seu marido perdeu muito dinheiro e ela já não pode levar a vida de luxos e festas à qual estava acostumada. Mas não quer perder a pose nem demonstrar a atual condição financeira. Por outro lado, sua mãe Rita é uma rica fazendeira, que, contudo, não ostenta sua fortuna. O diálogo que segue é emblemático da oposição mundo rural/mundo urbano:

> LEILA: Mamãe! Não acho uma faca... Que é isso?
> RITA: Um telescópio.
> LEILA: Telescópio?
> RITA (*embaraçada*): Nunca olhou num telescópio, Leila?
> LEILA (*displicente*): Não. Nunca olhei.
> FRANCISCO (*irritado*): Não sei para que foram ao colégio!
> LEILA: Li qualquer coisa sobre o telescópio do Monte Palomar. É o maior que...
> FRANCISCO (*corta, saindo*): Prefiro o meu. (p. 194)

A referência ao grande telescópio instalado pelo Instituto Tecnológico da Califórnia em Pasadena, à época o maior do mundo, não é gratuita. É lícito imaginar que Leila tenha tido a intenção de provocar os pais. Mas, ainda que o tenha feito sem querer, a menção ao então novíssimo equipamento do Caltech fere um homem que não compreende um mundo que não é o seu, que não está ao alcance do seu telescópio. Assim, já na segunda página da peça, Jorge Andrade coloca em campos opostos os fazendeiros e uma de suas filhas. Mas os conflitos estão apenas começando.

Mais à frente, um diálogo entre Rita e Ada, a filha do meio, que mora na fazenda, aprofunda a divisão:

> ADA: Onde estão Leila e Geni? A casa não é só minha. Aliás, é minha somente na hora do batente.
> RITA (*entra na sala*): A casa é de todos, e todos devem ajudar.
> ADA: Sei! A baronesa chegou da Capital com as mãos finas demais para o serviço, não é? (p. 198)

O termo "baronesa" determina um comportamento de classe que Jorge Andrade critica em todo o ciclo "Marta, a

Árvore e o Relógio": uma certa soberba, que impede a antiga aristocracia rural de enxergar o futuro e o seu aniquilamento como classe. Barões e condes proliferaram no meio rural até o *crack* de 1929, mas, mesmo depois de quebrados, os proprietários de títulos nobiliárquicos procuraram manter as aparências. Curiosamente, Ada refere-se assim à irmã mais velha (Leila), que, na peça, vem da Capital, da modernidade, de um mundo que mal reconhece títulos de nobreza. Reconhece-se aqui um tema caro a Jorge Andrade: o saudosismo de uma época de ouro, expresso por outras personagens do ciclo com a frase "nós ainda somos o que fomos".

Quanto à irmã mais nova, Geni, esta parece ser a personagem que mais reflete a dicotomia cidade/campo. Geni é central nos seguintes diálogos:

> GENI: O dia, hoje, está absolutamente blue! (*Enfática, tentando imitar Leila.*) Tem razão, Leila. Este sol estraga a pele da gente. Estou parecendo uma cabocla.
> FRANCISCO (*incisivo*): É o que você é.
> ADA (*consigo mesma*): "... tipatia!"
> GENI: Vou passar um pouco de nata.
> FRANCISCO: É favor não mexer nas minhas vasilhas de leite. Não estou para comer leite magro.
> GENI: Não posso ficar com a pele estragada, papai!
> RITA (*conciliadora*): Passe leite de mamão com fubá, minha filha.
> GENI (*superior*): Essa mamãe tem cada uma.
> RITA: Usei tanto e era tão bom.
> LEILA: Leite! É uma das coisas de que mais sinto falta na Capital. Também! Leite de torneira!
> ADA: Você sente falta de tanta coisa, Leila, que é melhor voltar para a fazenda, não acha?
> LEILA: Nem penso nisto! Em todo caso, Ada, não é ideia para se desprezar.
> FRANCISCO (*consigo mesmo*): Já vi tudo.
> ADA: Sei! O Argemiro vai à cidade, Geni. Não quer nada?
> GENI: Creio que não. (*Falsa indignação.*) No Interior não se encontra nada! (p. 200)

Esses diálogos expõem as diferenças entre os habitantes do campo e da cidade e também a contaminação de Geni pelos valores e hábitos urbanos. A filha caçula está dividida: gosta da fazenda, mas sonha com a Capital, mesmo sem conhecê-la (é o que se depreende de suas falas). Há muitos elementos de teatralidade aqui. O primeiro deles está no contraste entre os termos *blue* (azul) e "cabocla", usados por Geni. A palavra inglesa aproxima Geni da modernidade; a segunda palavra afasta-a. A frase toda, seguida pela fala de Francisco ("É o que você é"), classifica os habitantes da fazenda e estabelece definitivamente a distância ideológica, social e física entre os dois mundos (rural e urbano). É sempre apropriado lembrar que Jorge Andrade, filho de fazendeiros falidos, percebeu claramente que a queda foi causada pela miopia não apenas da sua família, mas de toda a sua classe.

Mais uma vez, os hábitos rurais aparecem em contraposição aos urbanos nas falas de Rita ("Passe leite de mamão com fubá, minha filha.") e de Leila ("Leite! É uma das coisas de que mais sinto falta na Capital. Também! Leite de torneira!"). Leila se queixa do leite pasteurizado vendido nas cidades, usado aqui para simbolizar a industrialização de São Paulo (o processo de pasteurização foi criado em 1864 por Louis Pasteur). Portanto, até mesmo a moderna Leila guarda alguma saudade do campo. O suficiente para acusar o golpe desferido por Ada ("Você sente falta de tanta coisa, Leila, que é melhor voltar para a fazenda, não acha?"). A resposta da irmã mais velha é a expressão da dúvida de parte de uma classe que deseja aderir ao modelo industrial, todavia ainda resiste. Este sentimento reaparece duas falas adiante, pela boca de Geni ("No Interior não se encontra nada!"). Jorge Andrade teve o cuidado de rubricar esta fala com uma falsa indignação. É clara, aqui, a tentativa de expor as contradições de uma parte da sociedade dividida entre ficar onde está e pegar o trem da história.

Nesse ponto, vemos uma conexão com a dramaturgia de Tchékhov. O russo, que soube tão bem analisar seus conterrâneos e concluir que a vida deles era miserável, captou o momento de transição daquela sociedade e o transcreveu em suas peças mais conhecidas. Vejamos o que diz Raymond Williams sobre Tchékhov:

[Em *As Três Irmãs*] a quebra de sentido é agora tão completa que mesmo a aspiração a um sentido parece cômica. Aquilo que prende à realidade é tão tênue que qualquer "fato", por mais incidental que seja [...], fornece a ilusão de um controle temporário. Ainda assim, numa

BONS TEMPOS AQUELES...

tensão trágica, a memória deficiente de que houve uma significação surge como algo pungente, porque mesmo a memória deficiente de um passado que significou alguma coisa implica uma condição diversa do presente, e isso pode se converter numa fragmentada esperança com relação ao futuro [...] O caminho para o futuro é visto, de modo consistente, no trabalho.[2]

Em *As Três Irmãs*, fica evidente a aporia das personagens. Macha, Irina, Olga e seu irmão Andrei sonham com Moscou, mas vivem paralisados em uma capital de província.

Essa aporia fica clara nas falas dos irmãos (e das demais personagens, de modo geral): *As Três Irmãs* se constitui de extensos monólogos imbricados uns nos outros. Esse é o recurso epicizante empregado por Tchékhov em suas grandes peças, bastante evidente nessa. As personagens de *O Telescópio* não estão, digamos, paralisadas, mas, *grosso modo*, "em dúvida" entre a cidade e o campo. E o recurso épico utilizado por Jorge Andrade para expor essa transição reside nos diálogos dúbios e nas suas respectivas rubricas.

Se em Tchékhov o recurso épico da incomunicabilidade acentua o drama das personagens – que Raymond Williams vê como tragédia –, em Jorge Andrade a dúvida é que faz esse papel. Entre adotar o modelo urbano, como fez Leila, e permanecer na fazenda, como fazem Ada, Bié e seus pais, Geni exibe um comportamento dúbio. Mesmo Leila, que provou os confortos e divertimentos da cidade, agora, que não pode tê-los, volta-se para a fazenda. E Ada, cujos interesses parecem resumir-se ao pedaço mais belo da fazenda, a Vista Alegre, acaba por seduzir Luís, marido de Leila, o único representante de fato do mundo urbano. O que, em Luís, atrai Ada? Talvez, paradoxalmente, o fato de ele ser um habitante da cidade, pois ela diz gostar de "gente queimada, suja de terra e não de pó de arroz. Por isso mesmo, quero me casar com um dos primos" (p. 202).

Pouco depois da metade da peça, inicia-se uma ação que se estende até quase seu final e simboliza o congelamento do mundo rural: no alpendre, Francisco e Antenor começam a observar as estrelas pelo telescópio. Olhar as estrelas significa se voltar para o passado: a luz que vemos hoje foi emitida pelos

2  *Tragédia Moderna*, p. 189.

astros há milhares, milhões de anos. Alguns deles talvez sequer existam, já que podem ter explodido, no processo natural de morte estelar. Novamente, Jorge Andrade toma a ciência para indicar o atraso do campo: um equipamento com alguma tecnologia embutida – ainda que muito mais rudimentar que seu congênere do Monte Palomar – parece um avanço nas mãos de velhos fazendeiros, mas eles só o utilizam para olhar "para trás", para o passado.

Curiosamente, até mesmo os jovens revelam sua face ignorante. Quando Rita comenta, no alpendre, que a constelação da Borboleta "é linda", suas filhas Ada e Geni desdenham:

> ADA (*sala*): Imagine! Borboleta no céu!
> GENI (*sala*): E feita de estrelas!
> [...]
> ADA (*sala*): De estrelas e constelações, bastam as aulas chatas da Madre Conceição. (p. 219)

Quando os velhos se referem às estrelas, aos cometas, às estrelas cadentes, fazem uma correlação com as coisas do campo e com valores familiares:

> FRANCISCO [sobre as estrelas cadentes]: São diferentes das estrelas, que não fazem tanto barulho, mas estão sempre em seu lugar.
> ANTENOR: Imaginem se mudassem! O que não seria!
> FRANCISCO: Desordem! Desordem completa.
> [...]
> FRANCISCO: [...] E os antigos sabiam!
> ANTENOR: Se sabiam! Eles é que sabiam. Hoje, o pessoal fala demais, mas qual.
> FRANCISCO: Não trabalham e querem que a terra produza. Vovô Gabriel dizia: terra é como dinheiro, não aceita desaforo de ninguém.
> [...]
> ANTENOR: E o suor do rosto, compadre. O suor do rosto que não se vê mais.
> [...]
> (*Os quatro se perdem nas rememorações. Rita, amargurada, olha Francisco.*)
> [...]
> FRANCISCO (*como se voltasse de um sonho*): Era um mato cerrado quando viemos para cá, lembra-se, Rita?

BONS TEMPOS AQUELES... 43

RITA (*sorri, carinhosa*): Foi uma luta!
FRANCISCO (*olha, ligeiramente, a sala*): Fizemos nossa obrigação.
ANTENOR: O povo parece que anda desanimado. Meu pai arreava cavalo com luz de lampião.
FRANCISCO (*sorri*): Quando o sol saía, o serviço já estava todo determinado.
ANTENOR: O dia era bem aproveitado. (p. 220-221)

Depreende-se desses excertos que, para as personagens rurais de Jorge Andrade, quanto mais estático o mundo do campo, quanto mais paralisado, melhor. Só que os velhos não podem ficar contentes, pois mesmo esse panorama idílico está ameaçado pela agitação da cidade: na sala, os filhos, entregues ao jogo de cartas, falam amenidades e discutem sobre o jogo. Assim, camuflam seus interesses em relação à parte da fazenda chamada "Vista Alegre". O "olho comprido" dos filhos não escapa a Francisco:

ANTENOR (*penalizado*): Não sabem jogar sem brigar, hein, comadre?
FRANCISCO (*retesado*): Aqui é assim. Precisa ver quando começam a dividir a fazenda.
RITA: Um dia será deles, Francisco!
FRANCISCO: Qualquer manhã dessas, acordo e dou com cerca de arame na beirada da cama. E de arame farpado. As divisas! Já dividiram tudo.
ANTENOR: O melhor é dar em vida, compadre. Evita sair briga.
FRANCISCO (*amargo*): Ando desconfiado de que, depois da minha morte, a empresa funerária vai ter trabalho durante uma semana. Vão se matar! (p. 221)

O clima de melancolia se aprofunda no alpendre, como se percebe pelas seguintes ações, descritas em rubricas:

(*Rita, disfarçadamente, olha para a mesa de jogo. Francisco percebe e bate a mão em seu joelho, fazendo um carinho. Rita, para evitar as lágrimas, levanta-se e vai olhar no telescópio.*)
[...]
ALZIRA (*abraça Antenor*): Mesmo assim, a vida foi boa.
FRANCISCO (*tenta brincar*): Os velhos, hoje, estão melosos.
RITA (*falsa alegria*): Efeito das estrelas. (p. 222-223)

44    JORGE ANDRADE: UM DRAMATURGO NO ESPAÇO-TEMPO

Na penúltima cena, Jorge Andrade faz finalmente explodir o mundo pacato de Francisco e Rita. Como em um choque de galáxias, irrompe violentamente uma briga entre as irmãs Ada e Leila, secundadas por Bié e Geni, por causa da Vista Alegre. O mal-estar subjacente desde o início da peça enfim se transforma em algo palpável: Francisco percebe que ele e sua mulher já não têm a menor importância para os filhos. Logo após a briga, ele diz: "Disputam o que é nosso como se fôssemos cartas fora do baralho." (p. 226)

Recordando o passado de sua família, Francisco recobra o ânimo e conta a Rita seus planos para o plantio de café na Vista Alegre. Ela também se anima; todavia, é sobre a velha que todo o drama da última cena – e da peça – recairá. Nessa cena, Sebastião, o filho mais velho, chega bêbado à sede. Vê o telescópio e dirige-se a ele, tentando pegá-lo. Tropeça, cai e arrebenta o equipamento. Enquanto ocorre esse acidente, Luís e Ada, que estavam na varanda, beijam-se e se acariciam, desaparecendo no escuro. Rita aparece, provavelmente atraída pelo ruído. Vê o telescópio quebrado e abafa um grito. Caminha para o telescópio, abraça-se a Sebastião que, ao cair, adormeceu, e diz: "Sebastião. Meu filho… (*À medida que se ajoelha, começa a soluçar*) Meu Deus… tenha piedade…!" (p. 227)

A destruição do telescópio simboliza a destruição do mundo rural de Francisco e Rita. O medo de Francisco se concretiza: Sebastião, o filho que "só pensa em mulher à toa", nas palavras de Leila, vindo de uma farra na cidade, provoca a maior das perturbações, inimaginável para o velho fazendeiro. Sebastião é um deus ex-machina "ao contrário" – ele não soluciona o conflito, ele traz a tragédia para aquela casa.

"A MORATÓRIA"

No âmbito da teatralidade, *A Moratória* é uma peça mais sofisticada que *O Telescópio*. Segunda peça do ciclo a ser escrita (e quarta de Jorge, depois de *O Faqueiro de Prata*, de 1951, As *Colunas do Templo*, de 1952, e de *O Telescópio*), *A Moratória* traz uma série de avanços em relação aos textos anteriores e mostra o autor com maior domínio sobre os recursos teatrais de espaço, tempo, diálogos e ações das personagens. Se em *O Telescópio* Jorge simbolizou as divergências entre as gerações por meio da fala e do comportamento das personagens, agora ele emprega, simultaneamente, dois planos e dois períodos para exacerbar essas divergências. O tema de *A Moratória* é semelhante ao da peça anterior: um casal de velhos fazendeiros, apegados à sua propriedade, percebem que o patrimônio acumulado por gerações corre o risco de perder-se. Mas em *O Telescópio* a ameaça vinha dos próprios filhos (que mal podiam esperar para colocar as mãos na herança); agora, o perigo vem de fora: a quebra da bolsa de Nova York e a queda abrupta dos preços do café. Efetivamente, Joaquim e Helena perdem sua fazenda. Quando a peça se inicia, estamos em 1932, em uma pequena cidade onde a família foi morar e tentar, quem sabe, reaver a propriedade. Ao invés de contar, pela boca das personagens, os acontecimentos passados até aquela data, Jorge Andrade preferiu mostrá-los em ato. Vejamos como.

## Dois Planos

O cenário está dividido em dois planos: o primeiro ou da direita abriga parte das dependências de uma casa na cidade, em 1932; o segundo ou da esquerda representa a sede de uma fazenda de café, em 1929. Somente essa data é especificada em rubrica e sabemos que a ação no primeiro plano ocorre em 1932 porque é indicado que a ação do primeiro plano ocorre "mais ou menos três anos depois". Para entendermos a disposição dos elementos, é necessário reproduzir parte da rubrica:

CENÁRIO: *Dois planos dividem o palco mais ou menos em diagonal. Primeiro plano ou plano da direita: Sala modestamente mobiliada. [...] À esquerda, mesa comprida de refeições e de costura; junto a ela, em primeiro plano, máquina de costura. [...] Na mesma parede, bem em cima do banco, dois quadros: Coração de Jesus e Coração de Maria. Acima dos quadros, relógio grande de parede. No corte da parede imaginária que divide os dois planos, preso à parede como se fosse um enfeite, um galho seco de jabuticabeira.*

*Segundo plano ou plano da esquerda: elevado mais ou menos uns trinta ou quarenta centímetros acima do piso do palco. Sala espaçosa, de uma antiga e tradicional fazenda de café. [...] Bem no centro da parede do fundo, o mesmo relógio do primeiro plano. Na parede entre a porta do quarto de Joaquim e a porta em arco, os mesmos quadros do primeiro plano.*

*Observação: As salas são iluminadas normalmente, como se fossem uma única, não podendo haver jogos de luz, além daquele previsto no texto. A diminuição de luz no plano da direita ou primeiro plano, na cena final da peça, embora determinada pelo texto, não precisa ser rigorosamente seguida.* (p. 121)

Essa disposição cênica inicial já indica o jogo entre os planos que ocorrerá durante toda a peça. O galho seco de jabuticabeira, por exemplo, é uma espécie de amuleto de Joaquim, mas também simboliza a passagem do tempo e, mais do que isso, a decadência de toda uma classe (a dos fazendeiros). Veremos mais adiante em que circunstâncias esse galho surge e que papel ele representa.

Os objetos que se repetem nos dois planos servem para conectá-los e, ao mesmo tempo, para estabelecer a distância entre eles. Os quadros de Jesus e Maria, por exemplo, são emblemáticos do comportamento de Helena, mulher de Joaquim. Logo no início da peça, em um diálogo no primeiro plano (1932) entre Joaquim e sua filha Lucília, temos o seguinte:

JOAQUIM (*pausa*): Onde está sua mãe?
LUCÍLIA: O senhor sabe que ela foi à igreja!

(*Na palavra "igreja", o Segundo Plano se ilumina.*)

JOAQUIM: É verdade.

(*Pausa. Joaquim olha para os quadros, no Primeiro Plano. Helena aparece no Segundo Plano, encaminha-se para os quadros, ajoelha-se e começa a rezar.*)

JOAQUIM: Era diante desses quadros que sua mãe costumava rezar lá na fazenda. (*Pausa*) Foram sua igreja durante trinta e cinco anos! (p. 124-125)

Por que Helena não reza mais diante de seus quadros? Porque a sua "igreja" não existe mais. Os quadros só representam de fato sua religiosidade quando nas paredes da sede da fazenda. Uma vez que a propriedade deixou de existir – ou, pelo menos, de lhe pertencer –, é necessário procurar um templo "de verdade" para fazer suas orações. É justo pensar que Helena começou a rezar na fazenda porque a igreja mais próxima deveria ficar muito distante, mas o hábito adquiriu um simbolismo muito forte: o solo de sua fazenda tornou-se sagrado para ela. Perdido esse solo, os quadros perdem a função de "altar". O que pode parecer uma redundância – Helena rezando em um plano enquanto Joaquim descreve essa ação no outro – é um reforço: ainda que Joaquim não partilhe da religiosidade da esposa, ele tem fé na recuperação da fazenda e sua fala, superposta à reza de Helena, traduz também sua esperança e uma certa melancolia.

Resta ainda falar sobre o relógio de parede. Há uma frase recorrente no ciclo "Marta, a Árvore e o Relógio", dita por personagens de peças diferentes e sempre atribuída a um "antigo" (velho): "Não deixe o sol pegar você na cama." A meu ver, o relógio não é apenas um objeto de família que adquiriu valor sentimental e que, portanto, deve seguir com os descendentes. Ele representa um valor e um traço de caráter: os homens da família (pelo menos aqueles de fato ligados à terra) enxergam no trabalho agrícola um valor inestimável, posto que produzem, criam bens tangíveis (café, frutas e outras mercadorias nascidas da terra); ao mesmo tempo, o homem que acorda antes do sol é um trabalhador, não um indolente. Jorge Andrade colocou o relógio nos dois planos de *A Moratória* para mostrar que Joaquim não perdeu nem seu caráter, nem seus valores, mesmo morando na cidade.

Finalmente, a indicação da luz nessa primeira rubrica. Jorge pede que a luz seja a mesma para as duas salas, e que jogos de luz só devem ocorrer quando indicados ao longo do texto. Essa iluminação homogênea tem o efeito de manter os dois planos "vivos", isto é, os acontecimentos de 1929 e 1932 estão ocorrendo agora, à vista do público: não há um *flashback*, não se trata de uma rememoração de uma personagem. O público não pode pensar, como se vê no cinema, que é a memória das personagens que está reconstruindo fatos passados; ao contrário, são fatos passados tornados presentes que contam toda a tragédia da família de Joaquim e Helena.

É a partir da quinta cena da peça (1929) que Jorge radicaliza o jogo entre os planos, fazendo com que as personagens de um plano comentem o que está acontecendo no outro, fazendo, *grosso modo*, o papel de um coro. Essa divisão épica em dois

48 JORGE ANDRADE: UM DRAMATURGO NO ESPAÇO-TEMPO

planos, em que um comenta o outro, acentua o caráter dramático e às vezes trágico de algumas cenas. Na quinta cena, por exemplo, ocorre o seguinte diálogo:

> JOAQUIM (*Primeiro Plano*): Lucília!
> HELENA (*Segundo Plano*): Isto não é hora para dormir.
> LUCÍLIA (*Primeiro Plano*): Senhor.
> MARCELO (*Segundo Plano*): Por que esta aflição?
> JOAQUIM (*Primeiro Plano*): O Olímpio não disse nada na carta?
> LUCÍLIA (*Primeiro Plano*): Não.
> HELENA (*Segundo Plano*): Preciso conversar com sua tia Elvira. Vá chamá-la. (p. 128)

Há aqui dois diálogos: no primeiro plano (1932), Joaquim e Lucília; no segundo (1929), Helena e o filho Marcelo. Quem responde à pergunta de Marcelo é Joaquim, mesmo estando em outra data. Essa interferência vai se repetir ao longo de *A Moratória* e ficará perceptível a "falha" de Joaquim, que se tornará trágica para sua família.

Mas nessa peça Jorge Andrade também empregou o passado como ator, à moda de Ibsen. Lucília não perdoou o pai por ter estragado seu casamento com Olímpio, filho de um inimigo político de Joaquim. Quando Joaquim, falido em 1932, pergunta à filha se não vai marcar o casamento com Olímpio, agora seu advogado, trava-se a seguinte conversa:

> JOAQUIM (*impaciente*): Não admito que você estrague seu futuro. [...]
> LUCÍLIA: Não se pode estragar o que já está estragado.
> HELENA: Minha filha!
> LUCÍLIA: É isso mesmo.
> JOAQUIM (*violento*): Isto é uma censura a mim? (p. 130)

Mais adiante, surge um dos problemas cruciais proposto por Jorge Andrade no ciclo: a substituição da aristocracia rural pela burguesia industrial como motor da economia paulista. O seguinte diálogo, sobre o emprego de Marcelo, faz aflorar essa situação histórica:

> HELENA (*Primeiro Plano*): Antigamente, o trabalho era tão simples! Agora, é preciso fazer tudo com máquinas!
> LUCÍLIA (*Primeiro Plano*): Assim ele aprende a se defender. (p. 133)

Não apenas ficamos sabendo que Marcelo tenta ganhar a vida em um emprego mecanizado (em um frigorífico) como também que ele precisa "se defender" de alguma coisa (provavelmente, de um mundo cada vez mais mecanizado e hostil, diferente do mundo rural, mais bucólico e amigável). Essa substituição é, para o marxista Raymond Williams, trágica:

O sentido da ação trágica, nesta versão, é uma morte e um renascimento cíclicos [...] a morte do antigo é o triunfo do novo. O movimento essencial descrito aqui – o construir de uma nova ordem a partir da morte de uma ordem anterior e a liberação de energia em uma ação envolvendo morte e sofrimento – corresponde com efeito a um sentimento trágico geral, ainda que de modo algum a um sentido absoluto.[3]

Trata-se de um tema importante no ciclo andradiano, que ressurgirá com ainda mais força nas peças ambientadas em uma São Paulo em pleno processo de industrialização. Em *A Moratória*, o processo de substituição da sociedade patriarcal agrícola por outra, mais moderna, apoiada em valores urbanos, constitui uma tragédia apenas para a família de Joaquim. No entanto, como vimos na peça anterior (*O Telescópio*), o microcosmo da família de Joaquim é representativo de toda a sua classe (os fazendeiros Antenor e Alzira, de *O Telescópio*, sofrerão os mesmos problemas, pois pensam da mesma maneira).

Jorge Andrade acentua o contraste entre os mundos urbano e rural no final da cena em que se trava o diálogo entre Helena e Lucília, no primeiro plano (1932) acerca do futuro profissional de Marcelo e em toda a cena seguinte. Atenção para a rubrica:

(Helena sai pelo corredor e Marcelo entra pela porta da cozinha no Segundo Plano. Durante esta cena, o barulho da máquina de costura vai aumentando pouco a pouco. Lucília toca a máquina com incrível rapidez.) (p. 134)

Por contraste, o ruído mecanizado da máquina de costura acentua o caráter patriarcal e agrário da rotina da fazenda, já que toda a cena seguinte, sublinhada pelo ruído da máquina, passa-se na propriedade rural. Também por contraste, radicaliza a dicotomia entre a prática e racional Lucília, capaz de

3    Ibidem, p. 67.

afogar seu amor para sustentar os pais, e o sonhador Marcelo: "Não sei frear meu pensamento." (p. 135)

A oposição entre o pensamento atrasado de Joaquim e a nova ordem industrial que se impõe aparece mais uma vez no diálogo travado entre o fazendeiro e sua mulher, acerca da (des)necessidade do curso de costura que Lucília está fazendo na cidade, em 1929.

Quando Helena pede a Marcelo que vá à cidade, Joaquim manda-o trazer a irmã. A esposa pergunta o porquê dessa ordem, ao que Joaquim responde:

JOAQUIM: Chega de aprender costura.
HELENA: Ela ainda não acabou o curso de dona Marta, Quim!
JOAQUIM (*com desprezo*): Dona Marta! Uma costureirinha. Bastam algumas noções. A Lucília não vai ser costureira.
HELENA: É sempre bom saber fazer as coisas direito. (p. 135)

Durante esse diálogo (e por toda a cena), Lucília trabalha freneticamente na sua máquina de costura – até mesmo se apressa, depois de dar uma olhada no relógio. Nessa mesma cena, no segundo plano, Marcelo sai para a cidade bem-vestido; minutos depois, já na cena seguinte, ele reaparece no primeiro plano, saindo de seu quarto, vestido de maneira simples. Tanto o trabalho de Lucília como as roupas simples de Marcelo contrastam, respectivamente, com a empáfia de Joaquim e a elegância do filho mais novo, três anos antes. E a decadência econômica se reflete até mesmo na degradação das relações afetivas. Marcelo pede a Lucília dinheiro para ir trabalhar; diante da recusa da irmã:

MARCELO: Lembro-me que a mamãe...
LUCÍLIA: Já sei: você dava um abraço, um beijo, chamava de minha namorada, e pronto: o dinheiro saía. Não se esqueça de que não estamos mais na fazenda.
MARCELO: Será que você não pode compreender?
LUCÍLIA: Não, não posso. (p. 139)

A ênfase da decadência recai sobre os filhos de Joaquim. A falta de dinheiro de Marcelo e o controle de Lucília são seus traços mais evidentes, mas Jorge Andrade incluiu falas e acontecimentos que, de maneira sutil, evidenciam os problemas financeiros da família.

BONS TEMPOS AQUELES... 51

Na penúltima cena do primeiro ato, Lucília deixa cair sua caixa de alfinetes no chão. Joaquim faz menção de apanhá-los, mas Lucília não o permite. Joaquim reage com irritação, ao que Lucília responde: "Não tem cabimento, papai, o senhor catar alfinetes no chão!" (p. 141). A filha não quer ver o pai humilhado, ajoelhado no chão. Porém, o caráter trágico da queda de Joaquim ficará mais evidente, a despeito dos cuidados de Lucília, no final dessa mesma cena. Assim que Lucília sai para atender uma cliente, Joaquim se ajoelha para apanhar os alfinetes no chão.

Nesse momento, no segundo plano (1929), Helena, que passou a cena inteira sentada, costurando, levanta-se ao perceber que alguém chega à sede da fazenda. Esse alguém é Elvira, irmã de Joaquim, que surge à porta muito bem-vestida, com joias. Elvira está "com a fisionomia contraída" e tem "qualquer coisa de rígido em sua pose" (p. 142).

Saberemos, na cena seguinte, que ela vem informar que a fazenda do irmão irá a leilão para pagamento de dívidas; daí a tensão. Mas Jorge Andrade incluiu aí um elemento "perverso" de teatralidade: a fim de acentuar a tragicidade da cena, Elvira está em pé e "rígida", enquanto Joaquim está de joelhos, no chão, no plano de 1932. Elvira foi "acusada", na primeira cena, de contribuir para o sustento da família do irmão com "migalhas" – um pouco de café, um latãozinho de leite. Mais tarde, em uma das últimas cenas da peça, Lucília expõe a ferida que sangra a família: Elvira e o marido, com dinheiro suficiente para arrematar a fazenda, deixaram-na ir à praça e, assim, causaram a desgraça de Joaquim. Então, com a consciência pesada, "ajudavam" a família do ex-fazendeiro com café e leite. Mas, na cena final do primeiro ato, o que temos é, ainda, um Joaquim ajoelhado diante da irmã empertigada, separados por três anos. A distância temporal torna a situação ainda mais cruel, conquanto não haja possibilidade de enfrentamento dos dois irmãos.

A cena final do primeiro ato é a mais complexa como construção dramatúrgica e a que mais espelha o caráter trágico de *A Moratória*. Ela se desenrola nos dois planos, simultaneamente. No segundo plano (1929), estão Helena e Elvira; no primeiro (1932), Lucília (que começa a cena no plano de 29) e Joaquim.

Elvira chega com más notícias: tal como um mensageiro de tragédia grega, conta um acontecimento que não pode ser mostrado na cena e que constitui, pelo horror de suas consequências, o fato trágico em si.

> ELVIRA: São muito graves os acontecimentos.
> HELENA: Que acontecimentos?
>
> (*No Primeiro Plano, Joaquim levanta-se subitamente e vem se apoiar sobre a mesa, lendo ainda o jornal.*)
>
> ELVIRA: Vamos atravessar uma grande crise.
> JOAQUIM (*Primeiro Plano*): Lucília!
> HELENA (*Segundo Plano*): Crise?
> ELVIRA (*Segundo Plano*): O café caiu a zero. (p. 144-145)

A partir do momento em que Joaquim começa a ler o jornal em pé, iniciam-se dois movimentos simultâneos e inversos do ponto de vista da dramaticidade: enquanto no segundo plano Helena vai se desesperando à medida que toma pé da situação (crise do café, falência à vista), Joaquim e Lucília, no primeiro plano, se animam até a euforia com a perspectiva de recuperar a propriedade:

> JOAQUIM (*Primeiro Plano*): Não disse que íamos voltar para a fazenda?
> [...]
> JOAQUIM (*Primeiro Plano*): Moratória! Moratória, minha filha!
> [...]
> JOAQUIM (*Primeiro Plano*): Prazo! Prazo de dez anos aos lavradores. (p. 145)

Seguem-se diálogos "didáticos" intercalados: Joaquim explica a Lucília o que é uma moratória; Elvira conta a Helena que Joaquim está endividado com bancos e pessoas físicas, inclusive com ela própria, Elvira. O efeito dessa intercalação de falas é o ápice dos sentimentos opostos: a euforia e o desespero. Vejamos:

> LUCÍLIA (*Primeiro Plano*): E a fazenda vai ser inteiramente nossa?
> HELENA (*Segundo Plano, num desespero crescente*): Nossas terras!
> JOAQUIM (*Primeiro Plano*): Foi sempre nossa!
> HELENA (*Segundo Plano, não se contendo mais*): Nossas terras! Não! Elvira! Será o fim de tudo!

BONS TEMPOS AQUELES... 53

ELVIRA (*Segundo Plano*): Helena! Acalme-se, por favor!
LUCÍLIA (*Primeiro Plano, entregando-se à alegria*): Replantaremos nosso jardim!
HELENA (*Segundo Plano*): Meu marido, meus filhos nasceram aqui...
JOAQUIM (*Primeiro Plano*): Novas jabuticabeiras!
HELENA(*Segundo Plano*): ...não poderão viver! (*Soluça.*)
LUCÍLIA (*Primeiro Plano*): Foi apenas um sonho, um sonho mau!
ELVIRA (*Segundo Plano, temerosa*): Helena! Helena!
JOAQUIM (*Primeiro Plano*): É preciso ter fé! É preciso ter esperança!

(*Helena caminha, desorientada, pela sala; sua voz sai reprimida pela dor.*)

LUCÍLIA (*Primeiro Plano, no auge da alegria*): Papai! Papai! (*Abraça Joaquim.*)
HELENA (*Segundo Plano, no auge do desespero*): Quim! Quim! Quim! (*Elvira abraça Helena.*)

(*Helena começa a soluçar convulsivamente. Joaquim e Lucília continuam abraçados, silenciosos na sua grande alegria.*) (p. 146)

No final da cena, mãe e filha chamam pelo fazendeiro, com emoções opostas, reforçando o papel central de Joaquim na tragédia da família. Nesse conjunto de falas, três delas chamam a atenção pela interpretação que se pode dar a elas, da maneira como Jorge Andrade as dispôs. Quando Helena menciona que tanto seu marido como seus filhos haviam nascido na fazenda, a fala seguinte é de Joaquim: "Novas jabuticabeiras!", ao que Helena responde: "... não poderão viver!". Curioso como Helena vaticina a impossibilidade de sobrevivência das jabuticabeiras, já que, veremos adiante, Joaquim não consegue reaver a fazenda, apesar de seu otimismo na cena final do primeiro ato e no início do segundo.

O início do segundo ato é emblemático desse otimismo. A rubrica do cenário determina o seguinte:

CENÁRIO: *O mesmo do primeiro ato. Cobrindo a máquina de costura, uma toalha mais ou menos vistosa; sobre a máquina, um vaso com flores. A ação do Segundo Plano se passa algum tempo depois e a do Primeiro Plano na mesma semana.* (p. 146)

A máquina de costura parada representa uma pequena vitória da classe dos fazendeiros sobre o processo de industrialização. Mais ainda: é uma vitória momentânea da esperança sobre o racionalismo. Lucília, que desde a perda da fazenda manteve os pés no chão, agora é tomada pelo otimismo pouco fundamentado do pai. Na terceira cena do segundo ato, há uma fala de Helena, ainda na fazenda, simultânea a uma ação de Joaquim na casa da cidade, que torna esse otimismo patético. Ela fala sobre a impossibilidade de Joaquim viver fora das suas terras:

> HELENA: Se seu tio arrematar a fazenda, o Quim poderá continuar, trabalhar, morrer em suas terras. Há homens que não sabem, não podem viver fora de seu meio. Seu pai sempre morou na fazenda. Para nós, o mundo se resume nisto. Toda a nossa vida está aqui. (*Joaquim sai no Primeiro Plano, trazendo um embornal, cartuchos, buzina de chifre, pios de passarinhos etc.*) E não se esqueça, Lucília, de que seu irmão não tem profissão, não estudou. Em que condições iríamos viver? (p. 151)

Quando Joaquim aparece com apetrechos apropriados ao meio rural, sua figura deslocada beira o ridículo. Ele dá como favas contadas a recuperação da fazenda (já o havia feito no início do segundo ato, ao surgir com um pacote de sementes a serem plantadas na propriedade) e, por isso mesmo, o patetismo de seus atos torna-se trágico quando, no final da peça, a fazenda é inexoravelmente perdida.

Mais ou menos no meio do segundo ato, há uma cena entre Joaquim, Marcelo e, depois, Helena. Aqui, Jorge Andrade desloca o protagonismo de toda a peça para Marcelo, ao transformá-lo em uma espécie de corifeu que aponta o dedo para a falha trágica do pai. O tom do filho é acusatório, apesar de ele parecer o elemento mais frágil da cena. Estamos em 1932, o rapaz acaba de se demitir de um frigorífico por não suportar o trabalho. Após uma bebedeira, é acordado e severamente repreendido pelo pai. Joaquim exige que Marcelo limpe seu vômito. Durante a violenta discussão que se segue, Marcelo, em um movimento de avanço e recuo diante dos gritos do pai, sai-se com falas do seguinte jaez:

> MARCELO: Até quando o senhor vai mentir a si mesmo? Não percebe, não vê que não contamos mais para nada. Ninguém mais tem consideração por nós.
> [...]

BONS TEMPOS AQUELES...

MARCELO: Vivemos num mundo diferente, onde o nome não conta mais... E nós só temos nome.

[...]

MARCELO: [...] o senhor mostrou o caminho errado. [...] O senhor não me educou para ser operário.

[...]

MARCELO: Papai! Por que é que ninguém vem à nossa casa? [...] Porque não passamos de uns quebrados sem importância.

[...]

JOAQUIM: Não tive culpa.

MARCELO: Teve. Teve muita culpa. Os maus negócios foram feitos pelo senhor e por ninguém mais.

JOAQUIM: Você se atreve?

MARCELO: Atrevo porque é verdade. Foi o senhor quem vendeu o café a prazo e contraiu dívidas e mais dívidas.

[...]

MARCELO: [...] O senhor que só pensa na sua fazenda, no seu processo, nos seus direitos, no seu nome. Enquanto pensa em si mesmo, na sua honra, não pode sentir o que sinto. O senhor não sai à rua para saber o que os outros pensam de nós. O senhor finge não perceber que não fazemos mais parte de nada, que o nosso mundo está irremediavelmente destruído [...].
(p. 159-160)

Quando Helena aparece e intervém na discussão, ela toma o partido do filho. Ela o vê como uma criança que precisa de apoio, ao passo que o pai exige do rapaz uma atitude que não lhe foi ensinada (Marcelo foi criado solto na fazenda, como se o dinheiro dos pais nunca fosse acabar). Helena também acusa Joaquim:

JOAQUIM: O Marcelo tornou a embebedar-se.

HELENA: Porque não passa de um criançola. É agora que precisa do nosso apoio.

JOAQUIM: Criançola! Na idade dele eu já tomava conta da minha família.

HELENA: Você! Você! Sempre você!

JOAQUIM: Que é isto, Helena?

HELENA: É meu filho. Não posso admitir que ponha fora de casa. Não é assim que se corrige.

JOAQUIM: Tenho lutado para encaminhá-lo, mas é inútil! Não quer reagir, não quer trabalhar, não quer fazer nada!

HELENA: E nós? Que fizemos a nossos filhos? Diga, Quim!

JOAQUIM: Não fizemos nada. São coisas que acontecem.

HELENA: Acontecem, não a todos.

JOAQUIM: Você me acusa, Helena?

HELENA: Defendo, não acuso ninguém. [...]

[...]

HELENA: Não acuso você de nada, Quim. Sempre aceitei o que fazia ou determinava, como sendo o mais certo. Em tudo! Mas você pode afirmar que nunca errou? Pode? (p. 161-162)

Quando Joaquim sai, Marcelo conta à mãe a razão da sua bebedeira: ele ficou sabendo que o pai perdeu o processo que movia para recuperar a fazenda. Joaquim saiu no primeiro plano para encontrar-se com Olímpio e Lucília, em busca de boas notícias sobre o processo. Volta com eles no segundo plano (1929), recusando-se a aceitar o namoro dos jovens e expulsando Olímpio da sua casa (repetindo as palavras que dissera minutos antes ao próprio filho Marcelo). Mas é nesse mesmo plano que Joaquim mostra sua decadência, ao revelar à filha que se humilhou diante do cunhado e acabou brigando com ele, chegando a se ferir.

O movimento do final do primeiro ato volta a ocorrer, agora na cena em que Helena e Marcelo tentam se reanimar, no segundo plano, e, no primeiro plano, Olímpio e Lucília, já sabendo da derrota de Joaquim, enterram de vez qualquer esperança:

HELENA: Sempre tive medo que isto acontecesse.

MARCELO: Mamãe! Ainda podemos salvar a fazenda. Ouvi Olímpio dizer qualquer coisa à Lucília.

(*Lucília entra pelo corredor no Primeiro Plano, acompanhada por Olímpio. Lucília vem rígida até a mesa e senta-se; fica examinando os objetos que estão em cima da mesa.*)

HELENA (*Segundo Plano*): Só Deus sabe.

MARCELO (*Segundo Plano*): É verdade. Eu ouvi. Pergunte a Lucília!

HELENA (*Segundo Plano*): Meu filho! Eu sei me conformar.

MARCELO (*Segundo Plano*): Se tivermos que sair, para onde vamos?

HELENA (*Segundo Plano*): Não sei, ainda. Se tivermos que sair, só peço a Deus que dê confiança ao Quim. Que ele não perca nunca a esperança de voltar.

OLÍMPIO (*Primeiro Plano, chamando*): Lucília!

MARCELO (*Segundo Plano*): Papai não merecia isso.

LUCÍLIA (*Primeiro Plano, como se voltasse a si*): É melhor assim. Não se tem mais esperança e pronto.

BONS TEMPOS AQUELES... 57

HELENA (*Segundo Plano*): Deus sabe o que faz.
MARCELO (*Segundo Plano, falsa alegria*): Mas não importa. Arranjarei um emprego e conquistarei o mundo para você. (p. 169)

É interessante o jogo que Jorge Andrade propõe em torno do signo "esperança". A palavra (significante) aparece apenas duas vezes nesse trecho, mas o signo se repete, sob outras formas, e define o caráter das personagens. Na boca de Marcelo, por exemplo, a esperança surge na sua primeira fala: "Ainda podemos salvar a fazenda."

Mas ele joga a "responsabilidade" pelo salvamento nas costas de Olímpio: "Ouvi Olímpio dizer qualquer coisa à Lucília." Sua última fala revela seu espírito sonhador, pouco afeito à realidade do mundo: ele se imagina arrumando um emprego e salvando a família, mesmo sem nunca ter trabalhado. Todavia, a rubrica "falsa alegria" destrói essa personagem que Marcelo tenta criar.

A religiosa Helena é a mais racional ao mostrar que não acredita na possibilidade de voltar a residir na fazenda. Ela roga a Deus que dê ao marido, a personagem que parece ser mais resistente, a esperança de retornar. Helena sabe que a força de Joaquim vem da terra da fazenda.

Lucília parece sentir-se enganada nesse pequeno trecho. No final do primeiro ato e no início do segundo, ela está contaminada pela animação do pai. Chega mesmo a acreditar que é possível ganhar o processo e voltar à propriedade – tanto que aposenta a máquina de costura. Ao saber da derrota na Justiça, ela volta a si (está na rubrica) e acha "melhor" não ter mais esperança. Percebe-se, então, a ação interior[4] de Lucília: ela sempre culpou o pai pela perda da fazenda, mas, diferentemente de Marcelo, nunca o acusou verbalmente. Suas acusações traduziam-se pelo comportamento: usar um vestido velho quando ela, como costureira, poderia fazer um novo e bonito; recusar convites para festas; adiar seu casamento com Olímpio, alegando ter que trabalhar para os pais.

Daqui até o final da peça, Jorge Andrade repete alguns elementos teatrais usados anteriormente, que acentuam a dramaticidade. A perda inexorável da fazenda, por exemplo, cresce

4   C. Stanislavski, *A Criação de um Papel*, p. 62-65.

como ameaça e se aproxima das personagens em duas rubricas, com ações simultâneas nos dois planos:

(*Olímpio abre a pasta e tira alguns papéis* [*no primeiro plano*]. *Marcelo aparece à porta do quarto de Joaquim, no Segundo Plano; olha longamente a sala. Enquanto Olímpio lê, Marcelo atravessa a sala em direção ao seu quarto, examinando tudo.*)
[...]
(*No Segundo Plano, Marcelo volta-se, angustiado, e corre para o seu quarto. Quando Marcelo corre, Helena aparece à porta de seu quarto e fica olhando Marcelo. Idêntico movimento de Helena, que também examina a sala, angustiada.*) (p. 170)

Na mesma página, Jorge Andrade insiste na oposição entre o mundo atrasado do campo e o mundo da cidade que se industrializa:

(*Olímpio sai. Lucília fica repetindo: "*DIES-DIEI.*" No Segundo Plano, cresce a angústia de Helena. Lucília levanta-se, tira o vaso de flores de cima da máquina e a toalha; depois, abre-a com resolução.*)

HELENA (*Segundo Plano, enquanto Lucília tira o vaso de flores e a toalha, Helena cai ajoelhada na frente dos quadros.*): Ó Maria concebida sem pecados, rogai por nós que recorremos a vós! Tirai nossas terras, mas conservai, conservai, eu vos suplico... (*Olha o quarto de Joaquim e subitamente esconde o rosto nas mãos. Lucília abre a máquina de costura.*) (p. 170)

Na longa primeira cena do terceiro ato, Joaquim e Helena, na fazenda, já sem seus objetos de uso caseiro e com os móveis cobertos, fazem uma digressão dos seus "erros" e revisitam o passado. A conclusão sai pela boca de Helena: "A verdade, Quim, é que não evoluímos" (p. 177). Aqui é interessante recorrermos novamente a Raymond Williams:

Tragédias importantes, ao que tudo indica, não ocorrem nem em períodos de real estabilidade, nem em períodos de conflito aberto e decisivo. O seu cenário histórico mais usual é o período que precede à substancial derrocada e transformação de uma importante cultura. A sua condição é a verdadeira tensão entre o velho e o novo: entre crenças herdadas e incorporadas em instituições e reações, e contradições e possibilidades vivenciadas de forma nova e viva. Se as crenças recebidas desmoronaram, ampla ou inteiramente, a tensão, é óbvio, está ausente.

BONS TEMPOS AQUELES...

[...] Mas crenças podem ser ativa e profundamente contestadas, não tanto por outras crenças como por uma experiência imediata e persistente. Em tais situações, o processo usual de dramatizar e resolver a desordem e o sofrimento se intensifica até o nível que pode ser o mais prontamente reconhecido como tragédia.[5]

Ora, *A Moratória* descreve um período importante da história brasileira (e mundial): a queda do café, consequência do *crash* da bolsa de valores de Nova York, marca o início da depressão e a derrocada da classe rural, logo substituída pela burguesia industrial urbana. Esse processo foi impregnado de muita tensão: como bem mostra Jorge Andrade em *A Moratória* (e em outras peças do ciclo), os fazendeiros resistiram o quanto puderam e sua derrota foi acompanhada por grande sofrimento. Joaquim, assim como Francisco, em *O Telescópio*, desdenharam o progresso, as cidades, as classes trabalhadoras e as novas tecnologias. Não evoluíram, como disse Helena. A punição ao desdém foi a queda.

Na penúltima cena de *A Moratória*, estabelece-se o último diálogo significativo entre os dois planos. Nela, a família está indo embora da fazenda. Joaquim e Helena retiram da parede os quadros e o relógio, enquanto no primeiro plano:

(*Pausa longa. O barulho da máquina de costura vai aumentando pouco a pouco, até atingir o ponto máximo. Lucília movimenta as pernas com incrível rapidez. Joaquim sobe com certa dificuldade na cadeira e tira o relógio; põe o relógio em cima da mesa e fica admirando-o.*)

HELENA: Quim! Os quadros!

(*Tiram os quadros, subindo no móvel; põem também na mesa. Helena acaricia-os; depois voltam-se e olham a parede nua.*) (p. 183)

Dois signos a destacar nesse trecho: o ruído da máquina de costura que aumenta pouco a pouco, indicando que a cidade e a industrialização avançam sobre o bucólico mundo rural; e a agilidade das pernas de Lucília, que contrasta com a dificuldade de Joaquim para subir na cadeira. Percebe-se que Lucília está plenamente adaptada ao ritmo urbano, enquanto o pai terá dificuldade para adaptar-se – talvez jamais o consiga, pelo que se pode perceber por seu comportamento no primeiro plano.

5   Op. cit., p. 79.

# Duas Tragédias:
## Pedreira das Almas **e** Vereda da Salvação

"PEDREIRA DAS ALMAS"

A ação da peça, escrita em 1957, transcorre em cenário inspirado na cidade mineira de São Tomé das Letras, durante a revolução de 1842. Esgotadas as minas de ouro, derrotados os liberais pelas forças imperiais, a empobrecida cidade de Pedreira das Almas corre o risco de desaparecer, já que a população aguarda apenas a volta de um dos filhos da terra, o revoltoso Gabriel, para ser conduzida ao fértil planalto paulista, onde os primeiros plantadores de café começam a se estabelecer. Todavia, Urbana, matriarca da cidade, fará de tudo para impedir o esvaziamento de Pedreira: sob a alegação de que não se pode abandonar os antepassados mortos, ela proíbe sua filha Mariana, noiva de Gabriel, de deixar a cidade. Sem ela, Gabriel reluta em partir.

A chegada de Gabriel a Pedreira precede a invasão do vilarejo pelas tropas federais, comandadas por Vasconcelos. Enquanto Gabriel se esconde sob o silêncio de toda a cidade – inclusive de Urbana –, Vasconcelos pressiona a população a entregar o revoltoso. Para isso, prende os homens (jovens, adultos e velhos, indiscriminadamente), impede a circulação dos demais habitantes e, antes de tudo, exibe seu maior trunfo:

Martiniano, filho adolescente de Urbana, preso durante uma das batalhas. Vasconcelos exige que Urbana informe o paradeiro de Gabriel para soltar Martiniano. A matriarca hesita ante a promessa de silêncio feita a sua filha Mariana; em uma tentativa de fuga de Martiniano, um soldado dispara sua arma, matando o rapaz.

A morte de Martiniano desencadeia uma espiral de terríveis acontecimentos: Urbana fecha-se em seu silêncio, dentro da igreja, com o cadáver do filho ao seu lado; sem comer, sem beber e sem falar durante três dias, Urbana morre dentro da igreja; fora, na praça, os soldados de Vasconcelos temem a presença dos mortos enterrados sob as lápides; toda a população está presa ou impedida de circular livremente; finalmente, após a morte de Urbana, pressionado pelos habitantes de Pedreira e pelos seus próprios soldados, Vasconcelos abandona a cidade, deixando Gabriel livre. A população prepara-se então para partir, conduzida por Gabriel. Exceto Mariana, que, depois dos acontecimentos com sua família, desiste de ir embora: ela permanece guardando os mortos de Pedreira das Almas.

Em "Visão do Ciclo", Anatol Rosenfeld afirma que o antagonismo entre Urbana ("Não se pode cortar o passado. Ele nos acompanha para onde vamos.") e Gabriel ("Ele não existe para mim.") é "um dos motivos fundamentais de todo o ciclo e certamente não será erro dizer que Urbana e Gabriel são projeções de um entrechoque na mente do próprio autor, conflito cuja superação é problema sempre retomado no conjunto da obra"[1]. A despeito de ser *Pedreira das Almas* uma "peça de rigor quase clássico"[2], nas palavras de Rosenfeld, Jorge Andrade deu conta do conflito sobrepondo elementos do presente e do futuro (relacionados à saída dos habitantes de Pedreira) a elementos relacionados ao passado (os mortos, as lápides etc.). É o que veremos a seguir.

O cenário é expressionista. Toda a peça acontece no seguinte ambiente:

CENÁRIO: Largo da igreja de Pedreira das Almas. A fachada da igreja, com suas torres, ocupa quase todo o fundo da cena.

---

1   Em J. Andrade, *Marta, a Árvore e o Relógio*, p. 602.
2   Ibidem.

DUAS TRAGÉDIAS 63

À esquerda e à direita, pontas de rochedo, voltadas na direção da igreja e do céu, formam, praticamente, uma muralha em volta do largo. (p. 75)

Como a ação acontece no largo, as pontas de rochedo oprimem as personagens tal qual a cidade oprime as pessoas nos filmes e nas peças expressionitas. A impressão é reforçada pela presença de uma "árvore retorcida, enfezada", que "descreve uma curva como se procurasse, inutilmente, a direção do céu: é a única coisa de colorido verde que há no cenário" (p. 75). Ao longo da peça, percebe-se como essa opressão influi no comportamento das personagens.

Já na descrição do cenário, Jorge Andrade estabelece uma divisão nos planos alto e baixo (futuro e passado). E o elemento que determina essa divisão é a árvore: é o único elemento colorido (verde) do cenário. Todo o resto é branco, cor de ouro ou cinza. Repitamos o seguinte trecho em que o autor afirma que a árvore "descreve uma curva como se procurasse, inutilmente, a direção do céu" (p. 75). Mas a procura nunca é inútil; as plantas crescem por fototropismo (movimento orientado pela influência da luz solar) e, se a árvore de Pedreira se estabeleceu como tal, é porque ela já cresceu. Contudo, ainda está presa ao chão da cidade. Suas raízes a impedem de "fugir". Daí o fato de a planta simbolizar Gabriel: revoltoso e inconformado ("enfezado"), porque presenciou o massacre de sua família e, prestes a perder o pai moribundo (personagem apenas citada, que morre durante a ação da peça), não tem mais razões para ficar em uma cidade que odeia, exceto um juramento que fez ao pai, de que permaneceria nela.

Ainda na rubrica que descreve o cenário, o autor dá outra informação acerca da divisão entre passado e futuro: "Pressupõe-se que o largo, em todo o primeiro plano, termine à beira de um despenhadeiro. A cidade de Pedreira das Almas está a cavaleiro do vale" (p. 75).

Por esse dado, podemos inferir que a cidade (a população) está na iminência de descer para o vale, rumo a terras férteis e onde um grande futuro a espera. Porém, a expressão "a cavaleiro" conota outra coisa; seu sentido é o de algo que está em lugar elevado, dominante, sobranceiro (que encara as

64  JORGE ANDRADE: UM DRAMATURGO NO ESPAÇO-TEMPO

coisas com superioridade, arrogante, altivo, desdenhoso). Em outras palavras, Pedreira das Almas tem um passado de glórias e, ainda que decadente, desdenha de um eventual futuro promissor que reside no vale ou para além dele. É nesse plano que vive Urbana, quase uma alegoria do rico passado de sua cidade.

## Evocações

*Pedreira das Almas* foi escrita em 1957, antes, portanto, que Jorge Andrade passasse a incluir recursos audiovisuais em suas peças. Daí ele, nessa época, utilizar o espaço para criar deslocamentos temporais (espaço-tempo). Mas o cenário de *Pedreira das Almas* não possibilita esse recurso. O autor recorre, então, a evocações para acentuar e manter sempre vivo o distanciamento entre passado e futuro. O primeiro diálogo, entre Clara e Mariana, faz as vezes de *flashback* e conta como a população da cidade convenceu-se de que era necessário partir:

> MARIANA: Mas foi Marta quem nos convenceu... de que não devíamos continuar aqui. Pedras, lajes, túmulos... (*Olha a igreja*) ... e só uma árvore, nenhuma espiga! Ouro, restou o das imagens e altares.
> CLARA (*evocativa*): Foi numa das viagens de Marta que meu pai ficou em Pedreira.
> MARIANA: Tanto falou, que Gabriel partiu à procura de novas terras.
> CLARA: Pouco a pouco, as visões que ele trouxe também começaram a povoar meus sonhos.
> MARIANA: Nomes estranhos que soavam como bens de um paraíso distante.
> CLARA (*repetem rápidas*): Invernada!
> MARIANA: Cajuru!
> CLARA: Indaiá!
> MARIANA: Monte Belo!
> CLARA: As descrições de Gabriel quase se tornaram orações.
> MARIANA: Repetidas sempre por um número maior de pessoas.
> CLARA (*rememora*): Reino devoluto em sagradas sesmarias!
> MARIANA (*entra no jogo*): Terras em cabeceiras repousadas!
> CLARA: Em eterno e fecundante abraço!
> MARIANA: Ao Rosário acasaladas!
> CLARA: Cada vez que ajoelhávamos na igreja, tantas são as contas dos terços eram as vezes que pensávamos nesse ribeirão do Rosário.

MARIANA: Martiniano costumava dizer que as figueiras centenares, carregadas de ninhos de guachos e debruçadas sobre os rios... eram a sua visão predileta. As figueiras! (*Pausa.*) E agora... (p. 76-77)

Esse trecho constrói um futuro que já existe e está apenas à espera da população de Pedreira. A primeira referência notável é a de Marta: vinda de *As Confrarias*, peça ambientada à época da Inconfidência Mineira (fins do século XVIII), ela como que "salta" por sobre a tradição de Pedreira e, mirando nos jovens (Gabriel, Mariana, Martiniano), os move para fora daquele cenário estagnado (é bem verdade que só Gabriel o fará, mas é o que basta para a ação continuar em e para além de *Pedreira das Almas*). É possível, assim, afirmar que o acontecimento anterior da peça de 1957 (aquele que desencadeia toda a ação) é o encontro de Marta e Gabriel. Para Catarina Sant'Anna, Marta é "personagem citado que, investindo no espaço estagnado de Pedreira, inocula o gérmen da mudança, desestruturando as relações estáveis de poder (encarnado em Urbana), através de um discurso eficaz". Ainda sobre Marta, Sant'Anna lembra que "a força de persuasão de seu discurso, tanto quanto sua mobilidade no espaço físico e social e seu poder de corrosão da ordem estabelecida são empréstimos de *As Confrarias*". Assim, dadas as características de Marta, se acreditarmos que a mulher e o jovem são duas faces de um mesmo futuro, a cidade de Pedreira das Almas está "ensanduichada" pelo plano do futuro, do progresso. Sua queda é, como veremos, inevitável[3].

Logo após a chegada de Gabriel, a missa termina. Conversando e discutindo, o povo sai ao largo e, como em um coro, apresenta a história e a geografia de Pedreira das Almas:

Vamos partir. Não deviam falar.
[...]
Há tempos que as minas esgotaram.
[...]
Haverá minas de ouro?
Terra acabada! O castigo de Deus virá.
Mortos!
[...]
Vamos construir um novo cemitério.
Partiremos todos! (p. 79-80)

3    C. Sant'anna, *Metalinguagem e Teatro*, p. 117-119.

66 JORGE ANDRADE: UM DRAMATURGO NO ESPAÇO-TEMPO

Essas vozes partem de habitantes do lugarejo. São indiscriminadas: representam as opiniões dos que querem abandonar a cidade e dos que desejam permanecer. Para a fatura da peça, são representativas, mas não tanto quanto as vozes de algumas personagens que assumirão papéis um pouco maiores no desenrolar da peça:

> GRACIANA: Não permitirei que ninguém da minha casa abandone Pedreira das Almas.
> ELISAURA: Vocês não têm amor à sua terra?
> GENOVEVA: Queremos viver!
> GRACIANA: Deus castiga quem abandona seus mortos!
> HOMEM: Gabriel é um ímpio!
> HOMEM: Sofreu mais do que você!
> MULHER: Não ama nossa cidade!
> MULHER: Acaba de lutar por ela!
> [...]
> CLARA: E passaremos o resto da vida guardando cemitérios?
> ELISAURA: Cemitérios onde repousam teus antepassados!
> [...]
> CLARA: Não queremos ficar numa cidade onde não há terra nem para os mortos!
> [...]
> HOMEM: Aqui, tudo agoniza!
> HOMEM: Sacrílego!
> HOMEM: Província de injustiças e massacres!
> HOMEM: Para liberais e desordeiros como vocês! (p. 80)

Como dissemos, as disposições cênicas dessa peça não admitem que passado e presente sejam apresentados simultaneamente, como foi feito em *O Telescópio* e em *A Moratória*. Todavia, Jorge Andrade utilizou-se de um recurso não menos engenhoso para localizar a cidade de Pedreira no tempo e no espaço. O coro dos habitantes não apenas expõe as duas ideias correntes entre a população – ficar ou partir – como explica o porquê de cada uma – ficar em respeito ao *passado* e aos mortos, partir porque ali não há perspectiva de *futuro*. Como se vê, novamente aparecem aqui dois planos temporais, opostos, que se materializam na fala e no comportamento das personagens.

Assim que a multidão dispersa, surge Urbana, saindo da igreja, "toda vestida de cinza-escuro, quase da cor das rochas" (p. 80). Aqui, novamente, Jorge Andrade exibe uma rara

DUAS TRAGÉDIAS 67

habilidade na escrita teatral. A rubrica do figurino de Urbana e suas primeiras falas transformam-na em uma Medusa mineira. Vejamos seu primeiro diálogo com o padre Gonçalo:

> URBANA: Devemos começar a construção do cemitério, também. Com as chuvas, a subida da montanha é quase impraticável. Os cargueiros trazem a terra do vale até onde puderem subir; depois, carregamos com balaios. Mandaremos tirar as pedras nas galerias. Assim fez meu pai.
> [...]
> URBANA: Vamos tirar nas galerias ligadas à gruta. Aí nasceu o poderio de Pedreira. Essas pedras lembram feitos de bandeirantes que foram exemplos, padre Gonçalo.
> GONÇALO (*caminha, examinando o adro*): Tudo aqui lembra exemplos que passaram.
> [...]
> URBANA: Que há com o senhor?
> GONÇALO (*como se aceitasse a determinação de uma força superior*): Igreja sem homens é igreja sem Deus!
> URBANA: Como, igreja sem homens, padre Gonçalo?
> GONÇALO: Eles vão partir, Urbana.
> URBANA: Meia dúzia de ímpios! Eu, meus filhos e muitos permanecerão aqui. Vão aqueles que não amam Pedreira. Esses não importam.
> [...]
> URBANA: Enquanto estiver viva, será contra isto que lutarei.
> (p. 81-82)

Duas características de Urbana se depreendem desse diálogo: seu amor pelas pedras da cidade (que simbolizam feitos do passado) e sua obstinação para impedir as pessoas de sair dali ("petrificá-las"). Ambas relacionam a matriarca à figura da Medusa. Mas são as implicações psicológicas simbolizadas pelas górgonas que interessam a esta análise. As deformações monstruosas da psique se devem às forças pervertidas de três pulsões: sociabilidade (Ésteno), sexualidade (Euríale) e espiritualidade (Medusa), esta última pervertida em fútil estagnação[4]. Citando Chevalier e Gheerbrant, Brandão afirma que:

---

4 Lembremos o mito: as irmãs Medusa, Ésteno e Euríale são górgonas, seres impetuosos, terríveis e apavorantes. Mas, a rigor, só Medusa é górgona, posto que mortal. "Estes monstros tinham a cabeça enrolada de serpentes, presas pontiagudas como as do javali, mãos de bronze e asas de ouro, que lhes permitiam voar. Seus olhos eram flamejantes e o olhar tão penetrante, que transformava▶

só se pode combater a culpabilidade oriunda da exaltação frívola dos desejos pelo esforço em realizar a justa medida, a harmonia. [...] Quem olha para a cabeça da Medusa se petrifica. Não seria por que ela reflete a imagem de uma culpabilidade pessoal? O reconhecimento da falta, porém, baseado em um justo conhecimento de si mesmo, pode se perverter em exasperação doentia, em consciência escrupulosa e paralisante. Em resumo, Medusa simboliza a imagem deformada, que petrifica pelo horror, em lugar de esclarecer com equidade[5].

Não é difícil perceber correlações entre o mito grego e a personagem criada por Jorge Andrade. Não há voz em Pedreira das Almas capaz de opor-se a Urbana: não há prefeito e o padre Gonçalo resta impotente ante a vontade férrea da matriarca. Veremos mais adiante que até mesmo o obstinado e intransigente Vasconcelos recua de seu intento de prender Gabriel ao se deparar com a imagem de Urbana e seu filho mortos. Mais ainda: é o silêncio que Urbana impõe a si mesma e a toda a cidade depois da morte de Martiniano que petrifica todos – população e soldados da força imperial. É a "consciência escrupulosa" de Vasconcelos que acaba vítima de Urbana: se ele não sair da cidade sem Gabriel, jamais sairá, porque de Urbana (e de qualquer habitante) não ouvirá uma só palavra sobre o paradeiro do revoltoso.

No final do primeiro quadro, após uma discussão da qual fazem parte o padre Gonçalo, Urbana, Mariana e Gabriel, estes dois últimos ficam a sós, tentando decidir se partem juntos ou não, depois que Urbana não abençoou a união da filha. O casal evoca de novo o futuro idílico no planalto paulista, porém, o tom já não é o mesmo do início da peça:

> GABRIEL: Como poderei viver, lá, sem te ver na varanda, fiando, tecendo, ouvindo o barulho do tear, ou das chaves penduradas no cinto do teu vestido?
>
> MARIANA: Viver e assistir, pouco a pouco, no meio da mata, ao aparecimento do céu!
>
> GABRIEL: Vendo-te, de longe, recortada contra o estaleiro branco de polvilho!

> ▷ em pedra quem as fixasse." J.S. Brandão, *Mitologia Grega*, p. 238-239. Para saber mais sobre o mito de Perseu e Medusa, ver o volume 3 da mesma obra p. 73-88.

5    J. Chevalier, A. Gheerbrant, *Dictionnaire des Symboles*, apud J.S. Brandão, op. cit., p. 239-240.

DUAS TRAGÉDIAS

MARIANA: As pastagens abrindo clareira nas matas!
GABRIEL: O rosto afogueado, à beira das tachas!
MARIANA: Já não sei a quem mais amo: a ti, ou à imagem do teu trabalho no planalto distante! (p. 88)

Aqui, o plano do futuro se apresenta com tintas mais realistas e com uma dúvida inicial de Gabriel quanto a possibilidade de sua concretização. Nesse trecho, há uma clara aproximação de Jorge Andrade com a obra de Tchékhov – e, consequentemente, com os aspectos trágicos do autor russo. Para Raymond Williams, nas peças de Tchékhov,

os indivíduos apresentam variações nas suas atitudes e responsabilidades, mas o sentido de um fracasso geral foi introduzido de maneira decisiva. A estrutura e o método do drama tchekhoviano começam a sofrer alterações que conduziriam à sua verdadeira originalidade – na qual todo um grupo ou toda uma sociedade podem ser vistos como vítimas. Não se trata agora da resolução dramática do destino de um indivíduo isolado, mas de uma orquestração de respostas a um destino comum. [...] Ainda assim, numa tensão trágica, a memória deficiente de que houve uma significação [nos acontecimentos do passado] surge como algo pungente, porque mesmo a memória deficiente de um passado que significou alguma coisa (para as três irmãs, Moscou) implica uma condição diversa do presente, e isto pode se converter numa fragmentada esperança com relação ao futuro [...] O caminho para o futuro é visto, de modo consistente, no trabalho[6].

Não estivesse Raymond Williams escrevendo sobre Tchékhov, poderíamos aplicar esse trecho quase que integralmente a *Pedreira das Almas*. O fracasso da cidade, encerrado o ciclo do ouro, se reflete no destino trágico de toda a população: não há oportunidades de trabalho e o que resta é zelar pela paz dos mortos, esperando pelo fim de tudo. Mas remanescem as pessoas que se lembram e revivem na memória os feitos gloriosos do passado; e essas lembranças só instigam a esperança de viver tempos melhores naqueles que querem partir e trabalhar. O pequeno diálogo entre Mariana e Gabriel no final do primeiro quadro poderia, como vimos, ter sido travado entre personagens de *O Jardim das Cerejeiras* ou de *Três Irmãs*.

6  *Tragédia Moderna*, p. 188-189.

O acontecimento mais importante do segundo quadro é o assassinato de Martiniano por um soldado de Vasconcelos. A essa altura, Gabriel está escondido e a cidade, subjugada pelas forças imperiais. Assim que Martiniano morre, seu corpo é conduzido para dentro da igreja pela população. Urbana, muda, o acompanha e de lá não sairá mais com vida. Aqui é possível traçar semelhanças entre as trágicas histórias de Pedreira das Almas e de Troia. Urbana "reinou" na inexpugnável Pedreira, com seus túneis e grutas, até que os soldados do imperador a invadissem e a dominassem; assim também fez Hécuba, rainha da muralhada e quase invencível Troia, cujas portas resistiram a tudo, menos à astúcia de Ulisses (Odisseu) e seu cavalo de madeira. Urbana teve sua prole masculina eliminada pelos invasores; Hécuba viu seu marido e seus filhos homens serem dizimados pelos gregos. A ambas, restou apenas uma filha mulher: Mariana para Urbana, Cassandra para Hécuba. E as duas filhas profetizaram desgraças para seus algozes: Cassandra profetizou que, levada a Argos para ser concubina de Agamêmnon, enfeitiçaria o rei e causaria sua ruína e a de sua família (como se sabe, não houve tempo para isso: sua mulher, Clitemnestra, e o amante dela, Egisto, deram cabo do rei e de Cassandra assim que chegaram ao palácio); além disso, as visões proféticas também indicam que Ulisses, que recebeu Hécuba como parte do butim, passaria dez anos perdido pelos mares antes de conseguir voltar à sua terra. Mariana fez algo semelhante, dizendo a Vasconcelos:

> MARIANA: Leis! Leis! Não aceito nem o povo de Pedreira das Almas aceitará suas leis.
> VASCONCELOS(*áspero*): Falo com dona Urbana.
> MARIANA: Respondo por ela e por Pedreira. Todas as leis que o senhor representa não nos poderão arrancar nenhuma palavra nem um gesto de acatamento às suas ordens. Abra as portas das prisões, traga os instrumentos de tortura, revolva e destrua a cidade, derrube as torres de nossa igreja...! Mas de nossas bocas jamais sairá uma única palavra de delação! Os mortos sairão das lajes e os impiedosos serão destruídos! (*Os soldados entreolham-se, admirados.*) Que um anátema caia sobre suas cabeças! Que o corpo de meu irmão fique exposto... será uma lembrança viva do seu pecado, da sua indignidade! (p. 97)

DUAS TRAGÉDIAS

Se o final de Vasconcelos não se assemelha ao de Agamêmnon nem ao de Ulisses, pouco importa. Interessa aqui o tom trágico que Jorge Andrade impõe a *Pedreira das Almas*. O autor paulista não apenas bebe em Tchékhov, em O'Neill (os coros andradianos se assemelham bastante aos do dramaturgo norte-americano) e, veremos adiante, em Arthur Miller, como recua 24 séculos até Eurípides. E comparar aspectos de Jorge Andrade com os de Eurípides não é descabido: o grego foi o primeiro dos três grandes trágicos (os outros foram Sófocles e Ésquilo) a colocar em cena pessoas comuns, camponeses, ao lado de nobres e príncipes, dando o mesmo peso aos seus sentimentos; também deu voz aos excluídos (mulheres, velhos, escravos). Em especial, uma semelhança importante entre *Pedreira das Almas* e *As Troianas* é a função das forças invasoras: se, na tragédia grega, a tomada de Troia foi menos o triunfo da justiça e a punição dos culpados que a destruição sacrílega de uma cidade e seus templos[7], na tragédia de Jorge Andrade há a determinação de impor a vontade, da mesma forma sacrílega, de um comandante militar. Não há destruição de templos, mas se atenta da mesma maneira contra Deus: ao interromper a construção do novo cemitério, Vasconcelos impede o enterro cristão de Martiniano (mais tarde, este ato se voltará contra ele).

Há ainda a própria questão do corpo insepulto, que será retomada por Jorge Andrade em *As Confrarias*. Mais uma vez, a remissão aos gregos é inevitável. Em *Antígona*, de Sófocles, o cadáver de Polinice, irmão da personagem-título e filho de Édipo, não poderá ser enterrado por um decreto de Creonte, rei tebano. Polinice havia pegado em armas contra Tebas e tombado em combate. Antígona desafia o poder institucional e, imbuída do seu direito individual de parente do morto, enterra o irmão. Por isso, é condenada à morte. Em virtude desse crime, Tebas e toda a família de Creonte passarão por terríveis desgraças, profetizadas pelo adivinho cego Tirésias. Em *Pedreira das Almas*, é Vasconcelos, representando o poder supremo na cidade, que impede o sepultamento de Martiniano. E Mariana utiliza o cadáver do irmão contra a tirania do militar, causando-lhe a "queda", isto é, a retirada das tropas

7   J.-P. Vernant, P. Vidal-Naquet, *Mito e Tragédia na Grécia Antiga*, p. 24.

72       JORGE ANDRADE: UM DRAMATURGO NO ESPAÇO-TEMPO

da cidade. A atitude de Antígona é um ato de liberdade, der-
rotado pela morte, mas vitorioso na punição de Creonte; o
comportamento de Mariana também embute uma parcela de
derrota, na medida em que ela perde mãe, noivo e futuro, mas
a conquista da liberdade para Gabriel e para a população de
Pedreira é irreversível.

Coro

O primeiro quadro do segundo ato contém uma cena de grande
beleza, expressividade e teatralidade. Cronologicamente, a cena
ocorre três dias depois do final do primeiro ato. É noite de
sábado, os soldados estão reunidos no largo da matriz e travam
o seguinte diálogo:

> 3º SOLDADO: Nem me lembro se na minha [terra] tem cemitério.

> (*Silêncio carregado. Durante um momento, são dominados por seus pensamentos.*)

> 3º SOLDADO: Hoje é sábado?
> 4º SOLDADO (*gesto afirmativo*): E já estamos na quaresma.
> 2º SOLDADO : Quaresma! Tempo das almas!
> 3º SOLDADO: É na quaresma que os encomendadores das almas saem pelas estradas, cantando e rezando.
> 4º SOLDADO: E "elas" acompanham.
> 5º SOLDADO (*olha a igreja*): Que será... anátema? (p. 98)

Este diálogo prepara o redemoinho de acontecimentos que se
segue: Vasconcelos sai de uma casa e percebe a tensão entre seus
homens. Com palavras duras, tenta mantê-los sob controle, mas:

> Durante esta fala de Vasconcelos, Clara e duas mulheres, todas de luto, surgem de dentro da gruta, param e ficam rígidas como estátuas. No primeiro momento, devido à penumbra, os soldados não notam sua presença. Clara carrega uma pequena cesta. (p. 100)

A partir do surgimento dessas três mulheres e do diálogo
entre Vasconcelos e Clara, o largo da matriz transforma-se em
palco de um vigoroso ataque às forças imperiais: de todos os
cantos do largo, vão surgindo mulheres, em grupos de três, de
modo que, a um dado momento, os soldados veem-se cercados

## DUAS TRAGÉDIAS

por elas. Cada pequeno grupo é liderado por uma das personagens nomeadas: Clara, Elisaura, Genoveva e Graciana. Cada uma delas dirige uma súplica a Vasconcelos, que teimosamente condiciona a libertação da cidade à delação de Gabriel por Urbana ou Mariana. Ao que todas elas respondem, no mesmo tom: "Faça Martiniano viver!"

Vasconcelos acha que as mulheres enlouqueceram; ele não compreende que o sentido da frase não é literal, não entende que ela pede um futuro para Pedreira, anteriormente representado pela juventude de Martiniano. A tensão no largo cresce lentamente e, quando uma enlutada e envelhecida Mariana sai de dentro da igreja, Vasconcelos tenta arrancar dela o paradeiro de Gabriel, inclusive amarrando-a, ameaçando destruir a cidade e finalmente prendendo-a. No instante em que Vasconcelos tem Mariana sob seu poder e decide partir de Pedreira:

(*Quando os soldados se movimentam, Clara corre para a saída das rochas e para, subitamente, hirta. Leva as mãos para a frente, virando o rosto como se estivesse apavorada. A este sinal, Graciana, Elisaura e Genoveva correm também, fazendo idêntico movimento de braços e de cabeça.*)

CLARA: Martiniano!

(*Os soldados largam Mariana e recuam.*)

VASCONCELOS: Saiam! Vamos partir de Pedreira!
CLARA (*afasta-se, olhando fixamente a saída das rochas*): Alma de Martiniano desterrada!
VASCONCELOS: Estúpidos supersticiosos!
GRACIANA (*na saída da cidade*): Alma de Martiniano degredada!
ELISAURA (*direita alta*): Alma de Martiniano profanada!
GENOVEVA (*esquerda alta*): Alma de Martiniano aviltada!

(*As mulheres espalham-se para todos os cantos do largo. Algumas rodeiam Mariana, também procurando esconder os rostos. Mariana, imóvel, fica cercada pelas mulheres.*)

CLARA (*olhando para todos os lados*): Nós te requeremos da parte de Deus e da Virgem!

(*Elisaura, Graciana e Genoveva caem ajoelhadas no adro, diante da porta da igreja. Levam as mãos para a frente e suplicam juntas.*)

ELISAURA (*juntas*): Dize o que queres, Martiniano!

(*A este sinal, as mulheres correm pelo largo e, alucinadas, respondem, olhando e apontando para todos os lados. Pouco a pouco, os soldados*

74 JORGE ANDRADE: UM DRAMATURGO NO ESPAÇO-TEMPO

*formam um grupo, no adro, como se procurassem defender-se. Vasconcelos não consegue chegar à escadaria. As falas das mulheres devem ser repetidas quantas vezes o diretor julgar necessário.*)

MULHER (*direita alta*): Pecadores empedernidos! Deixem as almas em paz.

MULHER (*esquerda alta*): Dos fiéis as almas, Divino Senhor, Convosco descansem em paz e amor!

MULHER: Descanse em paz!

VASCONCELOS: Sargento! Entregue-me sua arma!

5º SOLDADO: Sem túmulo as almas não sobem!

MULHER: Orem pelos mortos.

VASCONCELOS: Obedeçam-me! Saiam daí!

MULHER: Orem pelos pecadores!

2º SOLDADO: Ficam vagando!

MULHER: Orem pelos injustiçados da montanha!

3º SOLDADO: Ela... a alma dele está aqui!

SARGENTO: É pecado gravíssimo!

5º SOLDADO: Se não enterrar... Deus castiga!

CLARA (*corre e grita, alucinada*): Onde estás, Martiniano?

MULHER: Nas minas!

MULHER: Orem pelo exposto na laje fria!

MULHER: Nas galerias!

MULHER: Orem pelo preso nas rochas!

GRACIANA (*correndo também*): Onde estás, Martiniano?

MULHER: Nas lajes!

MULHER: Orem pelos perdidos na mata!

MULHER: No adro!

MULHER: Orem pelos desesperançados da montanha!

ELISAURA (*correndo*): Onde estás, Martiniano?

MULHER: Nas velas acesas!

MULHER: Orem pelos condenados!

MULHER: Na igreja!

MULHER: Orem pelos afogados!

GENOVEVA (*correndo*): Onde estás, Martiniano?

MULHER: No cemitério inacabado!

MULHER: Orem pela alma sem túmulo!

MULHER: No ar que respiramos!

MULHER: No largo das Mercês!

CORO: Nas grutas e nos nichos sagrados de Pedreira das Almas!

(*Subitamente, as mulheres estacam, hirtas, como estátuas. Por um momento, há um silêncio profundo. Os soldados, acuados, olham para todos os lados. Vasconcelos observa os soldados, depois caminha até Mariana, parada no meio do largo e cercada pelas mulheres.*) (p. 105-106)

É evidente a semelhança entre essa cena e a cena da histeria no tribunal em *As Feiticeiras de Salem* (*The Crucible*), de Arthur Miller. Todavia, se na peça de Miller as meninas fingiram enxergar o demônio para escapar de uma punição pelas mentiras que vinham pregando, em *Pedreira das Almas* as mulheres simulam ver a alma de Martiniano com intuito mais nobre: libertar a cidade das forças opressoras.

No caso da peça paulista, a teatralidade da cena reside em grande parte na transformação do grupo de mulheres em um coro de Erínias (Fúrias). Vejamos: A. as quatro personagens nomeadas respondem o mesmo à exigência de Vasconcelos pela delação de Gabriel ("Faça Martiniano viver."); B. o tom das falas das mulheres, indicado pelas rubricas, é de uma emoção e uma agressividade crescentes ("suplicante"; "num lamento agressivo"; "tenta segurar Vasconcelos"; "apavorada"; "suplicam juntas"; "corre e grita, alucinada"); C. Vasconcelos e seus soldados sentem-se de fato intimidados pelas mulheres ("irritado"; "elas armam uma ação contra ele"; "escapa ao cerco"; "defender-se"; "os soldados, acuados, olham para todos os lados"); D. há uma coreografia, determinada pelas rubricas, que sempre coloca as mulheres em posição de vantagem sobre os soldados, "espremendo-os" contra a quarta parede ("direita alta"; "esquerda alta"; ".Clara corre para a saída das rochas e para, hirta"; "correndo"); E. o clima de histeria não tem limite, já que o autor determina que "as falas das mulheres devem ser repetidas quantas vezes o diretor achar necessário". Tal qual Orestes, perseguido pelas Erínias após o assassinato da mãe, Clitemnestra, Vasconcelos também resta acuado pelas mulheres (mas ele não tem o templo de Apolo para se proteger).

Mariana permaneceu alheia ao tumulto. Quando Vasconcelos lhe dirige a palavra, ela "acorda" do seu torpor e manda o comandante entrar na igreja para buscar Gabriel, dizendo-lhe que apenas os corpos sem vida de Urbana e Martiniano estão entre ele e seu objetivo. No longo diálogo que se trava entre os dois, surgem novamente os planos do passado e do futuro, personificados nos cadáveres. Mas há, aqui, uma diferença: Urbana continua representando o passado e, agora morta, a Província devastada; e Martiniano, que quando vivo simbolizava as futuras gerações da população de Pedreira, que se estabeleceria no

76    JORGE ANDRADE: UM DRAMATURGO NO ESPAÇO-TEMPO

planalto paulista, agora significa o futuro morto de Mariana. As seguintes falas de Mariana retratam essa condição:

Nós só lhe impomos, para a nossa delação, a sua entrada na igreja. Entre e veja o que suas leis fizeram dos homens, depois de terem feito à Província, empobrecendo a terra com seus tributos e toda sorte de impiedades!
[...] Entre o senhor e Gabriel estão Martiniano e minha mãe. Faça-os viver primeiro, e Gabriel aparecerá. Faça desaparecer todas as injustiças cometidas no vale, e o senhor terá coragem de entrar na igreja!
[...] Gabriel é a única saída deste túmulo imenso que seu Governo fez de Pedreira das Almas. [...] O senhor não terá nunca Gabriel, porque matou Martiniano... e eu... porque deixei Martiniano e minha mãe morrerem! [...] Se o senhor entrar... (*Vacila, fazendo um grande esforço.*)... naquele rosto desfigurado... que era a própria imagem do nosso sonho... verá a que ficou reduzida a Província sob sua justiça! Só aí poderá saber o que Gabriel representa para nós. (p. 108-109)

Vasconcelos chega ao topo da escadaria e, ao se deparar com o terrível quadro, volta-se com uma expressão de horror em seu rosto. Os soldados saem correndo seguidos por seu comandante. Assim termina o primeiro quadro do segundo ato.

Despedida

O segundo quadro do segundo ato marca a dolorosa despedida de Mariana e Gabriel. A cidade já está abandonada e os últimos habitantes estão em retirada. Padre Gonçalo tenta convencer Mariana a partir, mas ela se cala e se recusa. Quando o padre e algumas mulheres descem para o vale, entra Gabriel e inicia-se o último diálogo entre ele e sua noiva. De relevante nesse quadro tem-se a repetição de algumas frases que descrevem o lugar para onde vai a população de Pedreira (o plano do futuro) e uma reviravolta: além da óbvia mudança de plano de Mariana (agora presa aos mortos e ao passado), Gabriel acaba por reconhecer que "o passado é um monstro... que nos acompanha para onde vamos!" (p. 114). Se no início da peça Gabriel negava a existência do passado, agora reconhece estar preso a ele – compreende-se então por que a única árvore de Pedreira das Almas é retorcida e enfezada. Essa frase será dita

DUAS TRAGÉDIAS

também por Vicente, em *A Escada*; a personagem é um *alter ego* de Jorge Andrade e a cena em que ele diz isso também é uma cruel despedida. Então, conclui-se que, de fato, somente Martiniano estava com os pés no futuro. A seguinte fala de Gabriel o ilustra:

> GABRIEL (*caminha até a rocha*): Foi sentado nestas rochas... onde sonhamos tanto... que Martiniano resolveu me acompanhar! Nenhum argumento meu conseguiu demovê-lo! Ele dizia: "Desço para o vale para lutar pelas minhas figueiras!" (p. 114)

Ao que Mariana responde:

> MARIANA: As figueiras! Elas viverão também nestas rochas!
> GABRIEL (*afastando-se*): Foi nestas rochas... ouvindo Marta... que tudo começou a viver!
> MARIANA (*perdida*): E começamos a sonhar com uma terra onde o trabalho seria a lei, o amor, a justiça... e o horizonte, uma porta sempre aberta. (p. 114)

Claramente, nenhuma das duas personagens está conversando com a outra. São evocações tristíssimas (não o eram no começo da peça) que fecham o ciclo iniciado no diálogo entre Clara e Mariana. Algumas palavras chamam a atenção. Quando Mariana diz que as figueiras "viverão *também* nestas rochas", não se apega a recordações nem a imagens que viu: ela tenta como que "ressuscitar" Pedreira com o que Gabriel viu e com o sonho de Martiniano (pouco antes, Mariana dissera ao noivo que nem ela, nem o irmão pertenciam ao planalto). Logo depois, Gabriel lembra que foi Marta quem fez tudo (o sonho, o povo de Pedreira) começar a viver. Se assim é, a única personagem que representa uma evolução é a apenas mencionada Marta; afinal, as figueiras de Martiniano e Gabriel viverão *também* em Pedreira.

O último habitante a sair de Pedreira das Almas é Clara, que se casará com Gabriel (serão os avós de Francisco, d'*O Telescópio*). Ela é acompanhada por um escravo que carrega um grande relógio de parede. Trata-se do relógio que terá um papel relevante em *A Moratória*, *Rasto Atrás* e outras peças do ciclo.

A resolução de Mariana – permanecer em uma cidade quase fantasma – é sua autopunição. Para Raymond Williams, a característica metafísica daquele que está isolado e para quem a vida, de qualquer outro modo que não seja sofrimento, frustração e perda, é impossível. A resolução característica não é nem grega nem freudiana, mas simplesmente a conquista da morte, que, por não haver um Deus, tem de ser auto-infligida, por meio do suicídio ou do total recolhimento[8].

Nesse aspecto, Mariana faz par com Lavinia Mannon, de *Electra Enlutada* (1929-1931), de Eugene O'Neill:

> LAVINIA: Eu sou a última Mannon. E tenho de punir a mim mesma. Viver aqui a sós com os mortos é uma condenação pior do que a morte ou a cadeia. Jamais sairei ou verei qualquer pessoa. Mandarei pregar as venezianas cerradamente, de modo que nenhuma luz consiga entrar. Quero viver a sós com os mortos e guardar seus segredos, e deixar que me persigam, até que a maldição seja paga e o último Mannon possa ser deixado para morrer. (*Com um sorriso de volúpia e regozijo pelos anos de autotortura.*) Eu sei que eles providenciarão para que eu viva uma longa vida! Os Mannon devem punir a si mesmos por terem nascido.[9]

Jorge Andrade aponta, aqui, algo que vai aprofundar em *Vereda da Salvação*: o alívio para os sofrimentos terrenos e para as contradições humanas só existe em um plano transcendente – nos casos de Lavinia Mannon e de Mariana, junto aos antepassados mortos, em uma espécie de expiação mística. O tema é caro a Walter Benjamin e aparecerá de novo na peça seguinte.

## "VEREDA DA SALVAÇÃO"

Recorro a Antonio Candido[10] para resumir os conteúdos dessa peça. Para escrevê-la, Jorge Andrade inspirou-se em um fato ocorrido anos antes na fazenda São João da Mata, em Catulé, município de Malacacheta, nordeste de Minas Gerais. Na Semana Santa, meeiros membros da Igreja Adventista da Promessa mataram quatro crianças que estariam "possuídas pelo demônio". A polícia foi chamada e massacrou os meeiros. Jorge

---

8  Op. cit., p. 159.
9  *Mourning Becomes Electra*, p. 376.
10  A. Candido, Vereda da Salvação, em J. Andrade, op. cit., p. 631-633.

DUAS TRAGÉDIAS

Andrade atribui aos fatos forte carga simbólica. Segundo Antonio Candido:

A intriga é simples e densa. A peça flui do crepúsculo de um dia ao amanhecer do dia seguinte, num pequeno grupo de agregados, adeptos de uma seita em que traços adventistas se misturam a resquícios de catolicismo. Os figurantes estão nervosos, pois a ação começa na véspera de uma reunião anual com líderes vindos de fora, em que todos devem purificar-se a fim de receber a graça de Deus. Para isto, é preciso confessar publicamente as culpas, perdoar e ser perdoado.[11]

Vejamos, agora, a descrição do cenário:

CENÁRIO: *Clareira no meio de uma mata. Árvores frondosas formam uma muralha em volta de um grupo de casebres de pau-a-pique. Os casebres, cobertos com folhas de indaiá, estão dispostos em semicírculo quebrado, sendo que um deles, o da direita, é isolado dos outros, formando uma passagem por onde se avista, mais longe, o tronco das árvores. Tem-se a impressão de que os casebres estão sufocados pela mata exuberante; é como se estivessem no fundo de um poço, tendo como única saída a clareira das copas das árvores.* (p. 233)

Nesses trechos, o autor prendeu-se a duas das unidades aristotélicas – de tempo e de lugar – para criar sua tragédia rural. Veremos adiante que essa decisão foi importante para o desenrolar da ação dramática. Ao determinar que os acontecimentos tenham lugar em uma clareira fechada e "sufocada" pela mata e ocorram em um período de cerca de doze horas, Jorge Andrade condenou irremediavelmente as personagens ao seu destino trágico. Não haveria tempo nem uma saída física que os livrasse da morte. Especificamente quanto ao cenário, outra vez o dramaturgo optou pelo expressionismo. Porém, se em *Pedreira das Almas* as pedras que oprimiam a cidade simbolizavam o poder imperial, que procurava pela força "enterrar" a revolução e os revolucionários, em *Vereda da Salvação* as grandes árvores representam as oligarquias cafeeiras, o capital, que oprimem os trabalhadores rurais sob o manto da miséria e da impossibilidade de progresso por meio do trabalho.

*Vereda da Salvação* se sustenta em duas personagens antagônicas. Para Antonio Candido, são

---

11 Ibidem, p. 631.

dois polos de comportamento, encarnados nas figuras principais da pequena comunidade: Joaquim, moço frágil, alheio ao esforço do trabalho seguido, intimidado ante as mulheres, com um nítido pendor místico; Manoel, homem de meia idade, três vezes viúvo, procriador destemido, empenhado na luta pela vida. De certo modo, é o polo ideal em face do polo real, que aparecem separados, irredutíveis, nesse mundo estático, sem perspectivas de solução[12].

Mais uma vez, Jorge Andrade estabelece dois planos, em jogo de superposição e interrelação. À medida que a peça avança, ora a verdade parece estar com Manoel, sua filha Ana e sua amante Artuliana, ora é o misticismo obsessivo de Joaquim que prevalece. Porém, ainda de acordo com Antonio Candido:

nesse mundo oprimido, a verdade não é tão clara, e a sua ambígua dramaticidade é mostrada pela posição de Dolor, mãe de Joaquim, que percebe claramente as razões do bom senso, isto é, de Manoel; que vê, horrorizada, a marcha da subversão mística; e que, no entanto, movida pelo amor materno, pelo medo de destruir o filho com a verdade real dos fatos, penetra resolutamente, por um ato de vontade, na esfera da utopia messiânica. [...] ela aceita a ficção: seu filho é o Cristo, tornado para redimir os sofredores; ela é Maria, concebida sem pecado[13].

É aí que a ficção

Deixa de ser o delírio dum punhado de fanáticos e se torna a sublimação de um longo sofrimento no mundo. Fechados pelo latifúndio, esmagados pela miséria, privados dos elementos mínimos de realização pessoal, desamparados de qualquer instrumento que lhes permita afirmar-se no universo da propriedade e da espoliação – só resta aos agregados a saída para o transcendente[14].

É impossível deixar de ouvir aqui ecos do pensamento de Walter Benjamin. Para o judeu alemão, as contradições do mundo terreno só se resolveriam em um plano transcendente. E, quando a polícia chega ao povoado:

É o momento de escolher entre a dureza do real e a liberdade fantástica do sonho. Então, [...] o velho e sólido Manoel recusa a voz da razão e acredita na encarnação mística de Cristo em Joaquim. Ele "vê",

12  Ibidem.
13  Ibidem, 631-632.
14  Ibidem, p. 632.

DUAS TRAGÉDIAS

bruscamente, que a única vereda da salvação é a que este aponta: fugir do mundo fechado e opressivo, negá-lo resolutamente pela crença que transfigura e dá realidade à ilusão. Com isso, resolve-se no plano do transe coletivo a oposição dos dois polos [...] Estão todos prontos para voar aos céus; os proprietários chegam com os soldados e o massacre começa, enquanto o pano cai...[15]

Enfim, os dois planos estabelecidos por Jorge Andrade – o da transcendência e o da realidade – acabam por se "fundir", com a entrega de Manoel à crença de que Joaquim é o Cristo. No entanto, veremos que essa adesão é antes uma abdicação da luta do que uma adesão inequívoca ao plano transcendente.

O embate que move a ação dramática de *Vereda da Salvação* começa a ficar claro já na descrição das personagens. Enquanto Manoel é "atarracado sem ser baixo. O rosto é queimado de sol e as mãos calosas e de veias saltadas", Joaquim é magro. "Sua fronte é funda e a face, fina. Uma barba rala toma metade do seu rosto [...] A roupa é limpa, deixando à mostra boa parte do corpo, magro, encordoado como os braços." (p. 234-235) Manoel é um homem que trabalha, mesmo durante a Semana Santa (e por isso é repreendido por Onofre); Joaquim, ao contrário, não tem força nem vontade de trabalhar. Ambos são líderes da pequena comunidade e Joaquim, desde o início, mostra sua desavença para com Manoel: Ana, filha deste, não se converteu à crença adventista e, na véspera da peregrinação ao Tabocal, onde os agregados imaginam poder finalmente entrar na casa de Deus, Joaquim expõe publicamente essa "fragilidade" de Manoel. Conciliador e percebendo a armadilha, Onofre tenta desarmá-la, pondo fim à discussão entre os dois líderes e chamando-lhes a atenção.

A questão religiosa suscita todas as desavenças no povoado. Geraldo, filho de Manoel, briga com sua irmã Ana e cobra de seu pai uma postura mais firme para convertê-la; Ana pede a Manoel que tenha cuidado com Joaquim, que "anda com alguma traição na cabeça" e que "está virando a cabeça de todo mundo"; Francisco e Rita, os donos da fazenda (referência a *O Telescópio*), pensam que os agregados são loucos. E, quando se

15  Ibidem.

pensa em Manoel como um homem racional e realista, lê-se na peça o seguinte trecho:

> MANOEL: É por amor do Cristo. ELE já pode estar penando na terra.
> ANA: O senhor acredita mesmo nisto, pai? Que o Cristo anda escondido por aí?
> MANOEL: Acredito! O Onofre disse que qualquer dia ELE vai aparecer... pobre como nós mesmo, mais sofredor que nós tudo junto. E não vai aparecer como imagem de santo, não!... coberta de ouro e prata! Pode ser até um agregado, escondido em nome de gente do mundo!
> ANA: Isso parece mais doidera, pai! (p. 242)

Assim, o plano da realidade, representado por Ana, Artuliana e Manoel, tem um elo com o plano místico: o próprio Manoel. Quando Ana chama esse comportamento de "doidera", o pai rebate dizendo que a filha é teimosa, que essa teimosia ofende Deus e que ela não entende porque "não sabe dos assunto". Finalmente, manda-a *cuidar da obrigação* e ele mesmo *volta ao trabalho* de consertar cadeiras. É interessante o que Jorge Andrade faz com essa personagem: ele é crente, porém comete o sacrilégio de trabalhar na Semana Santa; precisa estar puro para a peregrinação, mas aparentemente deitou-se com Artuliana também durante os dias de guarda. Vê-se um homem sem saída, cansado de trabalhar sem usufruir o fruto do seu trabalho. Suas boas relações com os fazendeiros, apregoadas mais de uma vez na peça, são apenas comerciais: enquanto ele conseguir braços para trabalhar a terra, será bem-vindo. Por seu caráter prático, acreditamos que também Manoel só consegue enxergar uma saída para os sofrimentos terrenos em um plano transcendente. Contudo, nesse momento da peça, ele ainda vê motivos para lutar. É quando Dolor, mãe de Joaquim, faz sua primeira e importante intervenção, em uma conversa reveladora com seu filho:

> DOLOR: Joaquim! Nós não tinha p'ra onde ir. Foi o Manoel que trouxe a gente. Larga mão da Ana! Devemos muito ao Manoel.
> JOAQUIM: Devemos a Deus. Somente a Deus!
> DOLOR: Eu sei. Mas é o Manoel que é de valença na fazenda. Deu palavra p'ra nós, arranjou terra.
> DURVALINA: P'ra nós também.

DUAS TRAGÉDIAS 83

JOAQUIM: Isso são amizades com gente que tem mando que não presta p'ros crente.

DURVALINA (*suplicante*): Joaquim! Chama o Manoel! Vamos se embora! O sol já está trabalhando às esquerda. Podemos chegar no Tabocal de antes da boca da noite.

JOAQUIM: Que é isso, Durvalina? A peregrinação é amanhã! Por que esse avexamento?

DURVALINA: Você diz que tem pecado escondido. Tenho medo de não chegar no Tabocal.

JOAQUIM: Que que você tem, Durvalina?!

DURVALINA: Nada! Nada, Joaquim. É que o danado é ligeiro... (*Caminha para o seu casebre.*) ... é ligeiro. Artuliana! (*Desaparece no casebre.*) Artuliana!

DOLOR: Joaquim! Que que aconteceu entre você e o Manoel?

JOAQUIM (*entra na sala, fugindo*): Nada.

DOLOR: Uma semana que você vem acusando o Manoel, jogando Geraldo contra o pai. (*Gesto de Joaquim.*) Eu sei! Eu vi! Manoel é bom, meu filho. Por que essa raiva?

JOAQUIM: Tenho raiva coisa nenhuma, mãe. Cuido da crença. É preciso tomar tento com os infiel. Demônio é bicho caviloso!

DOLOR: Se continua assim, perdemos o que sobrou da roça.

JOAQUIM: Nunca mais vamos perder roça, mãe.

DOLOR: A gente não finca pé em lugar nenhum.

JOAQUIM: Agora é diferente, mãe.

DOLOR: Estou cansada, Joaquim. Quero parar. (p. 243-244)

E mais à frente, ainda no mesmo diálogo:

DOLOR: Você sente que tem algum pecado que não sabe?

JOAQUIM (*separa-se de Dolor, irritado*): Não tenho pecado nenhum! Nenhum! (*Controla-se.*) Sou pastor de Deus. É só isto.

DOLOR: Meu filho! Chama o Manoel e leva essa gente p'ro Tabocal. Hoje! Agorinha mesmo.

(*Durvalina e Artuliana aparecem à porta de seu casebre e examinam o terreiro.*)

JOAQUIM (*estranha*): A peregrinação é amanhã.

DOLOR: Leva assim mesmo. Por mim.

JOAQUIM (*meio assustado*): Você também está como a Durvalina, mãe?!

DURVALINA (*fora*): Vai p'ro Tabocal! Espera nós lá!

DOLOR: Tenho medo, Joaquim! (p. 245)

Durvalina sabe que a filha está em pecado: ela carrega um filho de Manoel. Trata-se, portanto, de um problema real, que

84  JORGE ANDRADE: UM DRAMATURGO NO ESPAÇO-TEMPO

pode trazer grande tormento à peregrinação, segundo a crença dos agregados. Dolor desconhece a gravidez de Artuliana, mas sua experiência de vida e uma sensibilidade aguçada, que já começa a aparecer, instala o medo em seu coração. Quando Artuliana desafia Joaquim no terreiro, julgando-o imprestável para o trabalho na roça e para constituir uma família, o rapaz corre para o casebre de Manoel. Inicia-se aí um embate que deflagrará a tragédia dos agregados:

> JOAQUIM: Vim p'ra acabar essa questão.
> MANOEL: Que questão?
> JOAQUIM: Tem mau pensamento entre nós.
> MANOEL: Que pensamento?
> JOAQUIM: Você não tem aceitação de mim.
> MANOEL: Se não tivesse, não tinha dado terra p'ra você.
> JOAQUIM: Isso não basta.
> MANOEL: P'ra mim basta.
> JOAQUIM (*cai de joelhos*): Perdão! Perdão em Deus!
> MANOEL: Não amole com isso, Joaquim!
> JOAQUIM: Você não é diferente dos outro. Não sabe se tem coisa escondida.
> MANOEL: Se tenho coisa escondida, como é que vou saber? Não sou Deus! Desde a semana passada que você vem com esse negócio de coisa escondida, de pedir perdão toda hora. Não pedi e não peço. (p. 248)

Ao negar o perdão a Joaquim, Manoel não apenas mostrou seu pouco apreço pelos aspectos, digamos, "litúrgicos" da seita, como desprezou a "autoridade" religiosa do outro. Mais do que isso, deu a Joaquim a arma que ele precisava para subjugá-lo. Já no terreiro, aos gritos, chama todos os agregados:

> JOAQUIM: Pedi perdão mais uma vez e ele me negou.
> MANOEL: Porque não tenho nada a perdoar, nem do que pedir perdão, já disse.
> [...]
> JOAQUIM: Ele é amigo das possança.
> [...]
> JOAQUIM: Não quer me aceitar como chefe.
> MANOEL: Você não é chefe coisa nenhuma.
> JOAQUIM: Sou o chefe do novo Deus!
> MANOEL: Meu, você não é. (p. 248-249)

DUAS TRAGÉDIAS 85

Essa disputa pelo poder acabará mal, pois Joaquim tem a seu lado a crença dos agregados:

JOAQUIM (*de repente, retesa todo o corpo*): É preciso rezar p'ro Senhor abrandar o coração desse irmão. Sinto uma coisa na goela. Estou ficando leve como as pena!
CONCEIÇÃO: É o selamento!
PEDRO: Batismo do Espírito Santo!
JOAQUIM: É o Espírito Santo! Passou como o ar. Venham, irmãos! É preciso rezar.

(*Os agregados, indecisos entre Joaquim e Manoel, começam a se ajoelhar. Ana, Artuliana e Manoel continuam de pé, ainda acompanhados por alguns agregados. Dolor fica perto de Joaquim, sem saber o que fazer; lentamente ajoelha-se, olhando triste para Manoel. Manoel continua observando Joaquim.*)

[...]
GERMANA: O Espírito Santo desceu!
2º HOMEM: Ele não desce em gente de coração impuro!
CONCEIÇÃO (*subitamente, aponta para o alto*): É ele!
DURVALINA (*aponta na direção da mata*): É ele!
GERMANA (*apontando também*): Como uma bola de ar que é um brilho só!

(*Os agregados, ajoelhados, olham para o alto, como se vissem o Espírito Santo. Alguns se benzem. O resto dos agregados cai ajoelhado.*)
(p. 249-250)

Jorge Andrade repete aqui o que havia feito em *Pedreira das Almas*: cria uma cena de histeria religiosa criada pela malícia de duas personagens. Em *Vereda da Salvação*, porém, a cena tem o mesmo teor deletério da cena do tribunal de *As Feiticeiras de Salem*: as "visões" têm a função de amansar o teimoso Manoel, fazê-lo humilhar-se diante de Joaquim, isto é, obrigá-lo a abrir mão de seu poder na comunidade. O que Manoel não parece compreender – e aí reside a sua "falha trágica" – é que, ainda que peça perdão a Joaquim, o seu *status* entre os agregados não diminuirá. Ao contrário, revelando-se um líder humilde, ele contará com mais apoio ainda – afinal, é "amigo das possança", tem trânsito com os fazendeiros, representa o poder econômico entre os miseráveis meeiros.

ANA: Vem, pai. Vamos se embora. Ligeiro! O senhor volta de madrugada p'ra ir no Tabocal.

86    JORGE ANDRADE: UM DRAMATURGO NO ESPAÇO-TEMPO

DOLOR (*numa súplica*): Vai, Manoel!

(*Manoel liberta-se de Ana. Joaquim levanta-se lentamente, olhando para o alto.*)

GERALDO: Que foi, Joaquim?

JOAQUIM (*impaciente*): Quieto! O Divino Espírito Santo está falando ordem p'ro mundo! (*Depois de uma pausa, sorri.*) Assim será!

DURVALINA (*angustiada*): Que que ele disse?

JOAQUIM: É p'ro Manoel ajoelhar na minha frente e aceitar o ato de humilhação.

Vozes: Pede! Pede perdão, Manoel!

DOLOR (*suplicante*): Pede, Manoel!

MANOEL: Não ofendi Deus, não ofendi ninguém.

DOLOR (*olha os agregados*): É p'ra evitar uma ruindade maior.

MANOEL: A gente pede perdão, Dolor, quando sente culpa de alguma coisa. E pede p'ra quem tem valia. (p. 250)

Claramente, Dolor percebe a farsa. Sua hesitação ao se ajoelhar e a súplica a Manoel, "p'ra evitar uma ruindade maior", são sinais evidentes de que ela pressente a tragédia e vê no fim da querela entre Manoel e seu filho a única possibilidade de evitá-la. Já que o filho é incapaz de deixar a esfera do divino, ela implora àquele que tem conhecimento da vida que ceda. Todavia, Manoel, mesmo pertencendo à seita, não cede ao pedido de Dolor. O terreno está semeado para colher desgraças. Visto que Manoel, mesmo acuado, é um adversário muito forte e quase inquebrantável, Joaquim voltará sua raiva contra Artuliana – e, aí sim, atingirá seu rival. Joaquim abandonará sua retórica proselitista e acusará Artuliana de ter um pecado. Atirou no que viu, acertou no que não viu:

JOAQUIM: Eu profetizo, meus irmão: a viagem no Tabocal não será bem-sucedida.

DURVALINA (*no auge do temor*): Por quê? Por que não, Joaquim?

JOAQUIM: Porque o mundo vai acabar com a falta de ar. O pecado vai empurrar o ar do mundo e o sofrimento vai indicar a vereda por onde a gente chega no Paraíso. Todos os parente do mundo vão converter no adventismo…! (*Para subitamente. Olha à sua volta como se escutasse alguma coisa.*) Artuliana tem um pecado.

ARTULIANA: Tenho nada.

DURVALINA (*olha para Artuliana e recua, apavorada*).

JOAQUIM: Pecado do ciúme.

ARTULIANA: Ciúme?!

DUAS TRAGÉDIAS 87

JOAQUIM: Ciúme de Deus.

ARTULIANA: Eu? Ciúme de Deus?

JOAQUIM: Não posso casar. Sou um iluminado de Deus.

ARTULIANA: Não quero casar com você. Nunca disse isso.

MANOEL (*olha para Artuliana, sem compreender*).

[...]

MANOEL: Eu disse p'ro Onofre que ia e ninguém vai impedir. Todo mundo vai sair daqui na boca do dia.

JOAQUIM: O pecado!... o pecado impede.

2º HOMEM: Dá reparação p'ros seus pecado, Manoel!

GERMANA: Nós tudo botou as ruindade p'ra fora!

DURVALINA (*não se contendo mais*): É por causa nossa! É por causa nossa!

ARTULIANA: Mãe! Não fala mais nada!

DURVALINA (*olha transtornada para Artuliana*): A gente não vai porque o pecado mora no seu corpo.

ARTULIANA: Não tenho pecado nenhum.

DURVALINA: Minha filha não é mais moça donzela! Está prenha! Ela e o Manoel é que impede a viagem. A gente vai ser castigado. (p. 250-251)

Segue-se uma violenta cena, encerrando o primeiro ato, em que Manoel é dominado e amarrado e Artuliana é levada por alguns agregados para fora do terreiro. Eles farão um aborto nela. Durante essa cena, há um bebê que chora. O ato se encerra com sua mãe, Daluz, e com seu pai, recuando diante de um ameaçador Joaquim.

O filho de Dolor consegue vingar-se daqueles que lhe frustram: Manoel, que lhe nega poder, e Artuliana, que lhe nega amor. Para isso, transita pelo plano divino, que dominará o segundo ato. Indicações como *Joaquim caminha como Jesus entre os apóstolos*, *os olhos revelam um profundo e doentio misticismo*, *procissão* evidenciam esse caráter místico. A presença do divino é tão forte que Dolor não consegue contar ao filho o pecado que pensa carregar e que confessou a Artuliana.

Também é nesse ato que ocorre a cena epifânica da troca dos nomes. Depois que os agregados matam a menina Jovina, acusada por Joaquim de carregar o diabo no corpo, sua mãe, Germana, transtornada pela perda da filha, delira e acredita ser quem não é; muda seu nome para Jeremias. Um a um, os agregados vão "revelando" seus nomes celestes, em um frenesi crescente. Somente Dolor resiste e reafirma seu nome, mesmo

88  JORGE ANDRADE: UM DRAMATURGO NO ESPAÇO-TEMPO

quando seu filho a chama de Maria, "rainha pura das roça do mundo, mãe da família de Deus". Quando vê os agregados ajoelhados, saudando Dolor como Nossa Senhora, Artuliana revela o pecado da mulher: o de ter-se deitado com homens e tido oito filhos (Joaquim é o último e único vivo), mesmo sem ser casada. Diante da estupefação dos agregados e do sofrimento de Joaquim perante o que ele sabe ser verdade, Dolor colapsa e nega a "acusação" de Artuliana. Por amor ao filho, assume seu papel de Maria e separa Dolor, mulher do mundo, sofredora como todas as outras, da mulher santificada, intocada. Em duas longas falas, Dolor estabelece a divisão entre os planos da realidade e da transcendência:

> ARTULIANA: Dolor! Seu nome é Dolor.
> DOLOR: Dolor nos papel do mundo. Maria nas agonia das roça, no frio das tapera, na carência de tudo. Nenhum homem tocou no seu corpo. Nunca matinou com essas coisa. Sempre desejou uma casa cheia de gente, com mesa farta. Sofreu e suou... até que um dia, uma mulher que era uma brancura só, entregou você na roça e me disse: ele vai ser o companheiro, marido, filho, pai, irmã, filha... sua família. Ele vai fazer você esquecer as injustiça, aguentar tudo. Vai ser perseguido... você defende ele... porque é suas riqueza. Por isso não paramos em nenhuma fazenda. Eles queriam matar o meu filho... e eu precisava fugir. Vivi debandada pelas estrada. Cada vez que mudava, era como se morresse um filho.
> ARTULIANA: Você morou com Avelino! Não casou porque não tinha os papel!
> DOLOR: Não sou mulher do mundo. Mulher do mundo tem tudo... casa, máquina, lata de flor. Sou limpa. Menti... p'ra esconder meu filho do demônio. (*Dolor puxa Joaquim como se o tirasse de seu corpo. Lentamente, Joaquim ergue-se. Dolor vira-se para os agregados.*) Aqui está o filho de Deus! (*Amarga e evocativa.*) Não brotou no meu corpo... granou e cresceu em um ano que foi uma fartura só. (*Com extrema amargura.*) É verdade, meu filho. Por isso você não casou... não tem pecado. Nunca tocou roça grande. Gente do céu tem querer diferente dos homem. Suas força não está nos braço... mas na palavra certa de Deus! (p. 269)

Dolor refere-se a si própria como outra pessoa. Ela diz "seu corpo", em vez de "meu corpo". Coloca os verbos na terceira pessoa do singular e afirma não pertencer a este mundo. O divino e o mundano estão presentes nestas duas falas de Dolor.

DUAS TRAGÉDIAS

Mas o que a teria feito capitular, esconder a verdade, além do grande amor que devota ao filho?

Encontramos a resposta em Arthur Schopenhauer e na sua crença de que o sentido verdadeiro da tragédia reside na intuição de que o herói expia não os seus próprios pecados individuais, mas sim o pecado original, isto é, o crime da própria existência. Para Schopenhauer, o sofrimento tem origem na natureza do homem; por isso, na tragédia, o que se vê é um lamento da humanidade, o triunfo do mal, o domínio do acaso e a queda dos justos e dos inocentes. Personagens comuns, em circunstâncias comuns, situam-se de tal maneira umas em relação às outras que lhes é impossível não causar grande dano ao outro, conscientemente, sem que nenhuma delas esteja completamente errada. Assim, diz Raymond Williams:

o sentido da tragédia é esse reconhecimento da natureza da vida, e a significação do herói trágico é a sua resignação – renúncia não apenas à vida, mas ao desejo de viver. Os heróis da tragédia são purificados pelo sofrimento, no sentido de que a vontade de viver, que anteriormente era inerente a eles, vem a morrer[16].

Dolor atingiu o limite do sofrimento. Ela sabe que o filho está perdido; se ela confessar a verdade, os agregados não aceitarão a mentira de Joaquim; mantendo a farsa, logo os agregados sofrerão, nas mãos da polícia e dos fazendeiros, a punição pelo assassinato de uma criança. Todavia, na primeira hipótese, o único punido seria Joaquim, e isso ela não suportaria. Morrendo com o filho, cessariam todas as agruras por que passaram.

Assumindo o papel de Maria, Dolor apazigua o terreiro. Joaquim já não sente mais raiva de Manoel e Artuliana – perdoa-os. Manoel quer pedir perdão pelo pecado de ter deitado com Artuliana na Semana Santa, mas esta continua a provocá-lo e a tentar ir embora. Em uma interessante inversão de papéis, Joaquim não apenas deixa o casal partir como muda seu discurso: agora é ele que afirma que "filho não é pecado", que "casamento não é pecado", que os não escolhidos podem sentir "essas alegria" (do casamento). E Manoel, que antes comungava

16  Op. cit., p. 61.

90      JORGE ANDRADE: UM DRAMATURGO NO ESPAÇO-TEMPO

dessas opiniões, agora reluta abandonar uma fé na qual sente-
-se bem, entre irmãos:

(*Manoel, com certo esforço, dá alguns passos, acompanhando Artuliana. Artuliana entra em seu casebre e pega a mala. Manoel volta-se e olha os agregados, que se agrupam em volta de Joaquim. Ana entra correndo, quase sem fôlego.*) (p. 271)

Ana entra para avisar que a polícia está chegando para atirar nos agregados e queimar os casebres. Em desespero, pede que o pai e os outros fujam do povoado, mas os crentes se negam: imaginam que os invasores "serão destruídos pela espada sagrada de Deus" (p. 272). A capitulação do plano da realidade frente ao messianismo se dá quando Manoel ajoelha-se diante de Joaquim e admite que ele, Joaquim, é o Cristo redivivo. Toda a racionalidade está perdida. É aí que Jorge Andrade mostra a vereda da salvação:

(*Joaquim entra em seu quarto. Dolor pega as bíblias, sai para o terreiro e vai colocá-las na beirada do poço. Manoel sai na sala, para e vira-se para Ana.*)

MANOEL: Que é que você quer, Ana? Não vão queimar as casa, plantar capim nas roça, tocar a gente? Contra essa danação ninguém tem valia. É dela que nós vai fugir… dessas possança, desses arame farpado p'ra todo lado. A gente sofre é p'ra aprender alguma coisa. O corpo nosso nem tem mais o prumo das árvore. Vive mais curvado que bambu. Não! A terra virou rancho de demônio… carece escolher. (p. 274)

Ana apela então a Dolor, que também se dá por vencida, como Manoel:

ANA: Dolor! Convence eles p'ra fugir. Salva seu filho! Não se lembra da fazenda Gameleira, Dolor?
DOLOR: Fugir p'ra onde?
[…]
DOLOR: Viver carregando cruz a vida inteira, ou morrer numa, p'ra mim é a mesma coisa. Ver filho agoniar nos cravo da cruz, ou ver filho agoniar em ruindade que a gente não tem sentido, também é a mesma coisa.
[…]
DOLOR: Nunca me deram nada… e tomaram o que era meu […] (*Atormentada*) Foi o que deixei nas fazenda: um filho em cada uma. Mas deixei embaixo da terra, Ana!

DUAS TRAGÉDIAS 91

Ana: Que culpa tem meu pai?

DOLOR: Meus olho e meu corpo deitou mais água na terra que as nuvem do céu. Sou! Sou Maria das pureza. Não tive tempo de saber o que é pecado, não conheci outra coisa que penação. [...] Na cruz tenho vivido eu. Demônio! Demônio é esse povo que você foi buscar. Que vai matar meu filho.

[...]

DOLOR: [...] Você quer ir p'ra outra fazenda p'ra quê? P'ra quê, Ana? P'ra seus filho andar pelas estrada feito cachorro sem dono, pisando um chão que nenhum sofrimento, nenhum trabalho dá posse... servindo só p'ra samear cruz nas terra dos outro? [...] Joaquim pensa que é Cristo, pois que morra assim. Essa alegria ninguém mais pode tirar dele! (p. 275-276)

A vereda da salvação está aberta e Joaquim vai conduzir todos, inclusive Manoel, para a libertação dos sofrimentos do mundo. Dois tiros na mata, que vitimam Artuliana, despertam um fiapo de lucidez que ainda resta em Manoel:

MANOEL: Nasci aqui... trabalhei a vida inteira como um burro de carga e só tenho o corpo. (*De repente.*) Vamos lutar! Chama os outros, Geraldo!

ANA: Não! Não, pai! Eles têm arma de fogo. Estão escondidos em cada pé de árvore.

MANOEL (*liberta-se de Ana e caminha, desorientado, pelo terreiro*): Precisamos fazer alguma coisa. Esta terra é nossa. Molhamos ela com o suor do corpo... enterramos nela a família. Não podemos entregar assim! Nós tem os braços! É a nossa valia p'ra tudo! Há de servir agora p'ra lutar... (*Para, subitamente, sentindo a inutilidade de seu gesto. Pouco a pouco, abaixa a cabeça, humilhado.*) (p. 276)

Agora, é Manoel quem ultrapassa os limites da dor, pela perda da mulher amada, da pouca terra, do poder de mando e da dignidade. Ele, que acreditava ter alguma ascendência sobre os meeiros por causa de seu trânsito entre os fazendeiros, percebe que é apenas mais um, e de pouca importância para os donos da terra. Assim como Dolor, ele desiste de lutar.

*Vereda da Salvação* encerra-se com o cerco da aldeia pelos policiais, enquanto os agregados, alucinados, com imensa alegria, correm, saltam, cantam e arrancam as roupas, prontos para entrar no reino dos céus. Ana, arrependida, abraça-se ao pai, quando os soldados gritam para que ela e Manoel saiam,

92 JORGE ANDRADE: UM DRAMATURGO NO ESPAÇO-TEMPO

antes de começarem a atirar. Duas falas confirmam a vitória do plano da transcendência sobre o da realidade:

> DOLOR: Não tem outro, irmãos. Esse é o derradeiro caminho da salvação.
> [...]
> MANOEL (*a Ana*): Nosso lugar é aqui. (p. 278)

Mais de uma vez, dissemos que é possível ouvir Walter Benjamin em determinadas passagens de *Vereda da Salvação*. Isto porque, na peça, assim como para Benjamin, segundo Jeanne- -Marie Gagnebin:

o Reino de Deus não é meta, mas o fim da dinâmica histórica. Benjamin haveria de retomar essa afirmação, é importante dizer, bem mais tarde, em uma das observações redigidas na ocasião das *Teses Sobre o Conceito de História*: "O Messias interrompe a História; o Messias não surge ao final de um desenvolvimento." Aparece aí uma crítica da concepção de um vir-a-ser histórico (profano), cuja apoteose seria a vinda do Reino de Deus e, de maneira simultânea ou sinônima, a do Reino da Liberdade[17].

Na peça, Joaquim veste confortavelmente a fantasia do Messias. E, de fato, interrompe a história daqueles agregados (tomados como amostra de uma grande massa de excluídos) para conduzi-los ao Reino de Deus (como acreditam) e ao Reino da Liberdade (fim dos sofrimentos terrenos).Ainda para Gagnebin, no "Fragmento Teológico-Político", Benjamin afirma que

o Messias liberta; resolve (erlöst) o "advir histórico" porque leva até o fim sua relação com o messiânico como tal, "leva ao cabo sua relação com o próprio messiânico". Em outras palavras, o Messias só virá no momento em que tiver conseguido tornar-se dispensável. Tal Messias não vem para instaurar seu Reino, ao mesmo tempo consecutivo ao reino terrestre e diferente dele. Ele vem justamente "quando já não se precisa dele, virá um dia depois de sua chegada, não virá no último dia, mas no derradeiro", como escreve também Kafka, ainda ele. O Messias chega, portanto, quando sua vinda se realizou tão integralmente que o

---

17 Teologia e Messianismo no Pensamento de W. Benjamin, em *Estudos Avançados*, v. 13, n. 37, p. 196.

DUAS TRAGÉDIAS　　　　　93

mundo já não é profano nem sagrado, mas liberto – liberto sobretudo da separação entre profano e sagrado[18].

Será Joaquim, de fato, o Messias? Bem, ele anuncia um reino fora daquela fazenda, nos céus, onde cessarão as dores do mundo. Sua crença é o Adventismo da Promessa – de dias melhores, certamente. Ademais, por "ordem de Deus", desmanchou os casamentos do mundo. Então,

cabe lembrar aqui que os termos *Erlösung, erlösen, Erlöser* remetem ao radical *lös* (no grego antigo *luein*, livrar ou desatar como o faz Dioniso, o *lusos*, que desata os laços de ordem sexual ou familiar), indica a dissolução, o desfecho, a resolução ou solução de um problema, por exemplo, por seu desaparecimento bem-vindo. [...] Se a redenção livra, é porque ela destrói e dissolve, não porque mantém e conserva. E o Messias nos livra justamente da oposição entre o histórico e o messiânico, da oposição entre o profano e o sagrado. É por essa razão que, no mesmo "Fragmento Teológico-Político", a ordem do profano, que deve ditar a ordem política, é orientada pela ideia da felicidade. Neste sentido bem preciso, poderíamos dizer que, realmente, em Benjamin, a realização messiânica é também a realização da felicidade terrestre. Não porque fé religiosa e convicções políticas atuariam no mesmo sentido e em direção à mesma meta (*telos*), mas porque a atualidade messiânica não se pode enunciar a não ser na prosa libertada, livrada, do mundo terrestre[19].

No início desta análise, mostramos que Antonio Candido considera os polos ideal (Joaquim) e real (Manoel) "irredutíveis", em um "mundo estático, sem perspectiva de solução". Jorge Andrade encontrou a solução em Walter Benjamin (ainda que não possamos garantir que o autor paulista tenha assim interpretado o pensador alemão).

18　Ibidem, p. 198.
19　Ibidem.

# Arquitetura da Nostalgia:
## A Escada, Os Ossos do Barão
## e Senhora na Boca do Lixo

Em suas três peças urbanas, ambientadas nos anos de 1950 e 1960, Jorge Andrade apresenta duas "novidades": elementos cômicos (ou tragicômicos) e "atores" que não se movem, isto é, precisamente os imóveis onde a ação transcorre. O humor presente nesses textos é menos engraçado do que amargo (exceto, talvez, a graça de Egisto em *Os Ossos do Barão*). É fácil rir do apego de Antenor (*A Escada*) ao passado, de suas bravatas, de seus preconceitos; mas é terrível examinar o abalo moral que essas atitudes causam a ele mesmo e à sua família. O mesmo se dá com Noêmia, em *Senhora na Boca do Lixo*: ela não se dá conta de que o mundo em que vivia já desapareceu e, assim, permanece em seus devaneios mesmo detida em uma delegacia. Nessa peça, o humor também fica por conta de personagens secundárias – vagabundos, prostitutas, policiais – que frequentam o distrito policial; seus apelos e suas desculpas contrastam com o luxo e a elegância do paraíso perdido de Noêmia. Mesmo em *Os Ossos do Barão*, formalmente uma comédia, a comicidade tem algo de trágico – uma família nobre, mas decadente, enxerga no italiano rico, ex-colono, a possibilidade de continuar mantendo o queixo erguido. Assombra a peça uma frase de Dante Alighieri, presente na sua *Comédia*: "*Nessum maggior dolore che ricordarsi del tempo felice nella miseria*" (Não há dor maior do que recordar-se do tempo feliz estando na miséria).

Quanto aos imóveis nos quais a ação transcorre, Jorge Andrade lhes reserva papel preponderante. Em *A Escada*, o prédio de quatro apartamentos onde moram os filhos de Antenor e Amélia – e, rotativamente, o próprio casal – confina a família inteira a um passado já morto. Veremos, quando da análise da peça, como o *décor* do espaço, proposto na rubrica, contribui decisivamente para esse aprisionamento. A casa do imigrante Egisto Ghiroto, onde se passa *Os Ossos do Barão*, pertenceu ao barão de Jaraguá. A capela, que não é vista em cena, guarda os ossos do barão. Quando os descendentes deste último, atraídos por um anúncio de venda que inclui a própria ossada, vão visitar Egisto, os objetos, os quadros e a própria casa ganham vida, evocando na família do barão (Miguel, Verônica, Isabel e, mais tarde, os tios) o passado do qual não querem se desligar. A casa que abriga a delegacia para onde a quatrocentona Noêmia é levada, em *Senhora na Boca do Lixo*, coincidentemente é a mesma onde ela conheceu seu marido, em um "baile memorável". Enquanto a senhora da sociedade relembra momentos de glória, o mundo sórdido se desenrola ao seu lado, sem que ela se dê conta. Porém, quando o lustre é aceso, já quase no final da peça, revelando a decadência do imóvel, o colapso do mundo de Noêmia se torna evidente, para horror da mulher sonhadora. A seguir, a análise das três peças.


## "A ESCADA"

A ação transcorre em um prédio do começo do século xx. O que se vê do edifício são quatro apartamentos, em dois planos, ligados por uma escada. No centro do plano inferior, há também o *hall* e o corredor de entrada. Entre o térreo e o primeiro andar, um pequeno patamar. A posição e a decoração de cada apartamento, onde moram os filhos de Antenor e Amélia (Melica), indicam a atitude dos moradores frente à vida e à situação em que se encontram. Os apartamentos do primeiro plano, mais próximos à rua, são ocupados por Maria Clara (à direita) e por Vicente (à esquerda). São os irmãos que tentam,

ARQUITETURA DA NOSTALGIA 97

com mais denodo, livrar-se do passado aristocrático, por meio do trabalho. Maria Clara não tem marido e sobrevive costurando com a filha mais velha, Lourdes. A filha mais nova, Zilda, tem um emprego público. Vicente é dramaturgo e jornalista (*alter ego* de Jorge Andrade); sua mulher, Izabel, está no final da gravidez do primeiro filho. A decoração desses dois apartamentos revela o caráter prático de seus ocupantes:

APARTAMENTO 1, DE MARIA CLARA: *Mesa de jantar, sofá velho, muitos enfeites, quadrinhos bordados à mão nas paredes. Máquina antiga de costura com toalha e porta-retratos em cima. Móveis sem estilo, com exceção das peças herdadas de Antenor.*
APARTAMENTO 2, DE VICENTE: *Sala arrumada como* living. *Sofá, poltrona, rádio-vitrola, porta-revistas, vasos com flores e máquina semiportátil de escrever. Papéis, livros e pastas sobre a mesa. Em um dos cantos, estante cheia de livros em desordem. Gravuras, desenho a* crayon *do rosto de Izabel e retratos de Ibsen, Dostoiévski e Tchékhov.* (p. 343)

Vê-se que os instrumentos (máquinas) de trabalho destacam-se nos ambientes. E o resultado do trabalho – quadrinhos bordados à mão, papéis, livros – completa o *décor*. No caso de Vicente, suas referências literárias estão penduradas nas paredes, denotando a presença do autor (Jorge Andrade) em cena.

Já os apartamentos do segundo plano (no andar de cima) são ocupados por Francisco (à esquerda) e Helena Fausta (à direita), respectivamente o filho mais velho e a filha mais nova de Antenor. Francisco claramente não quer se desvencilhar do passado. Trata os velhos com carinho e condescendência, mesmo quando Antenor "apronta". Sua sala é atravancada de objetos, o que dificulta a movimentação e, claro, a saída para a rua (para a realidade). O passado se faz presente também nas paredes, cobertas por retratos de cidades antigas e flâmulas de universidades.

Helena Fausta não é tão conservadora, mas se submete ao marido Sérgio, *grosso modo*, um *flâneur*: cinema, jantares, visitas, festas fazem parte da sua rotina. E Helena, mesmo a contragosto, acompanha o marido. A sala está arrumada como *living* (sala de visitas) e há, em uma das paredes, um cartaz turístico onde se lê "Recife – Veneza brasileira" (Sérgio é pernambucano). Helena é a única a ter uma empregada, Marlene.

98    JORGE ANDRADE: UM DRAMATURGO NO ESPAÇO-TEMPO

Antenor e Amélia moram nos quatro apartamentos; ficam um mês em cada, em um sistema de rodízio. A rigor, são os mais pobres da família, por não possuírem teto próprio e terem suas despesas pagas pelos filhos. Mas a soberba e as reminiscências de um passado faustoso não lhes permitem perceber a penúria em que vivem. Antenor parece esclerosado ao repetir sempre as mesmas coisas, mas o que de fato faz é agarrar-se ao mundo perdido. A fala de Antenor reproduzida a seguir, por exemplo, fica anedótica pela repetição em mais de um diálogo na peça com a mesma personagem (Juca, o zelador, do edifício):

> ANTENOR: O senhor sabe que já andei de banguê?
> JUCA: Sei.
> AMÉLIA: Vamos, Antenor.
> ANTENOR: Pois, já andei. De banguê, de trole, carro de boi, carro de dois cavalos, tílburi, automóvel, trem e até de avião. Conheci de tudo nesta vida. Fui camarista, amigo, primo, sobrinho, neto de barão. Até revolucionário. O que não fui na vida! Só não fui ladrão; o resto eu fui. (p. 347)

A despeito de Juca ter respondido afirmativamente à pergunta de Antenor (o que presume que essa conversa já teve lugar antes), o velho desanda a falar, repetindo algo que o zelador já sabia. A lucidez que Antenor apresenta em outros momentos da peça não permite considerá-lo um demente senil. Daí acreditarmos que o homem não conta suas histórias para os outros, mas para si mesmo. Trata-se de um mergulho no passado, que nem o chamado de Amélia ("Vamos, Antenor") é capaz de evitar.

Essa ação ocorre na escada, espaço onírico em que o casal de velhos dá vazão aos seus sonhos, recordações e esperanças. A escada é uma espécie de "túnel do tempo" para eles; nela, o tempo se dilata, proporcionando uma fuga da realidade e do destino que aguarda os velhos – uma casa de repouso. Jorge Andrade consegue, por meio de um recurso simples que veremos adiante, dilatar fisicamente esse "tempo de Antenor e Amélia", de modo a provocar um efeito de estranhamento na peça.

Contrapõem-se à estagnação sonhadora dos pais as ações de Maria Clara e Vicente. Logo após um diálogo revelador entre Maria Clara e sua filha Lourdes, em que ficamos sabendo que

ARQUITETURA DA NOSTALGIA

alguns dos filhos querem internar os velhos em um instituto (asilo) e que, também, Antenor foi o responsável pelo fim de um noivado de Lourdes, lê-se a seguinte rubrica e falas:

(*Maria Clara e Lourdes concentram-se no trabalho tricotando rapidamente. Vicente, já vestido, depois de ter lido o que escreveu, amassa o papel com irritação.*)

APARTAMENTO 2
IZABEL: Por que jogou fora?
VICENTE: Porque não presta. É besta.
IZABEL: Achei tão bonito.
VICENTE: Não vai. Não consigo achar o tom. Bati até as três da manhã e não saiu nada. (p. 350)

Mais uma vez, Jorge Andrade opõe o trabalho ao sonho. Se há alguma forma de realização, ela se dá pelo trabalho. É por ele que Lourdes tenta superar sua frustração amorosa; e Vicente reescreve os próprios textos na busca da saída do mundo estagnado de seus pais.

Logo após o diálogo com o zelador Juca, Antenor e Amélia desapareceram na curva da escada. Eles só retornam à cena depois de dois longos diálogos entre Lourdes e Maria Clara (no apartamento 1) e Izabel e Vicente (no apartamento 2). Os velhos ressurgem no segundo patamar, falando, claro, sobre o passado. A demora para subir um único lance de degraus, mesmo para um casal de idosos, é anormal. Pode-se imaginar que os dois pararam e ficaram conversando por longo tempo na escada. Todavia, o significado do atraso é outro: o tempo do casal escorre de maneira desigual. Na presença dos filhos, a passagem dos minutos coincide com o movimento dos ponteiros do relógio. Quando sozinhos na escada, o tempo se dilata o suficiente para que toda uma vida possa ser revivida. Um espectador mais criativo diria que os velhos, ao mudarem-se de um apartamento para o outro, fazem uma visitinha ao passado e voltam ao presente.

## De Pai Para Filho

O apego ao passado ecoa no filho mais velho, Francisco. Voltando de viagem, ele traz uma notícia boa para sua mulher,

100    JORGE ANDRADE: UM DRAMATURGO NO ESPAÇO-TEMPO

Noêmia: recebera uma proposta de promoção e aumento salarial caso aceite mudar-se para Brasília. Quando a esposa pergunta sobre o destino dos sogros, Francisco encerra o assunto. Noêmia insiste, mencionando o instituto. Francisco se nega a continuar a conversa e segue o diálogo:

> FRANCISCO: Depois... nunca pensei realmente em ir. Não compensaria, minha velha. Aquilo está infestado de aproveitadores, gentinha louca pra ficar rica da noite para o dia. Se visse o tipo de gente que se encontra por lá!
> NOÊMIA: Mas há gente boa também... e é ótima oportunidade.
> FRANCISCO: Tem-se a impressão de que nesta terra não há mais gente distinta.
> NOÊMIA: Venha tomar seu banho. (p. 356)

Antes de encerrar o primeiro ato, ocorre um diálogo entre Maria Clara e um industrial, que chega à procura de Antenor para visitar terrenos no Brás. O industrial diz que Antenor havia lhe mostrado papéis que comprovariam sua propriedade. Segue-se uma discussão quando Maria Clara explica que seu pai não possui os terrenos, que está velho e pouco ciente da realidade. Essa cena se dá no *hall* do prédio; enquanto isso, no apartamento de Francisco, em um dos raros momentos em que Antenor e Amélia falam de seus assuntos fora da escada, os velhos travam o seguinte diálogo:

> AMÉLIA: O Parque Pedro II também?
> ANTENOR: O que é que você pensa que são sessenta alqueires, Melica? É a rua do Gasômetro, a Rangel Pestana, a Avenida Celso Garcia... e o Parque Pedro II! Sessenta alqueires são sessenta alqueires! (p. 357)

Esse diálogo só poderia acontecer no apartamento de Francisco porque ele é o único filho que se interessa pelo mundo dos velhos – e, também, pela demanda tocada na Justiça pelo pai, cujo objetivo é retomar as terras do Brás.

Quando se abre o pano para o início do segundo ato, há ação nos quatro apartamentos:

> CENA: *Ao abrir-se o pano, Vicente está sentado, corrigindo o que escreveu. Vicente trabalha, acompanhando Izabel com os olhos, cada vez que esta*

ARQUITETURA DA NOSTALGIA

*passa pela sala, carregando brinquedos e roupas do futuro filho. Lour-*
*des continua tricotando. Ricardo, sentado à mesa, brinca com um lápis,*
*perdido em seus pensamentos. Sérgio aparece, já vestido, acompanhado*
*por Helena Fausta.* (p. 358)

A simultaneidade das ações reforça o caráter das famílias dos filhos de Antenor: enquanto nos apartamentos do andar de baixo as pessoas trabalham – ou tentam, pelo menos –, nos de cima o tempo se esvai, improdutivo. Ricardo, filho de Francisco e Noêmia, não estuda, vai mal na escola e atribui seu fracasso ao fato de ser "despejado" do seu quarto cada vez que os avós passam um mês no seu apartamento – não tem lugar para estudar, alega o garoto.

Helena Fausta, depois de discutir com Sérgio por causa de seu pai, senta-se no sofá e fica acariciando sua nova cachorrinha. Quando os velhos saem do apartamento de Helena, de mudança para o de Vicente, a filha faz menção de acompanhá-los. A recusa de Amélia vem acompanhada de uma fala emblemática do marido: "Helena Fausta. Gostamos de descer sozinhos. Pelo menos na escada queremos ficar a sós, sem ninguém nos espionando." (p. 364)

Cada palavra dessa pequena fala é importante para atribuir significados à escada. A começar pelo verbo "descer". Os velhos vão descer para o apartamento de Vicente, o jornalista e dramaturgo que, tal como Jorge Andrade, está sempre voltando ao passado para encontrar respostas:

VICENTE (*pausa*): Gosto dos velhos. Fico satisfeito quando sei que estão aqui. É como se fossem a presença de um mundo que estivesse preso em minhas mãos. Um mundo diferente que só nós possuímos. Ficam lá dentro, trancados... só se ouve um murmúrio... e tenho sempre a impressão de que, abrindo esta porta, encontro resposta pra tanta coisa que me atormenta... e que não sei o que é. (p. 367)

Aqui, o verbo "descer" não só conota uma volta para trás, para um passado, como também denota a entrada no mundo de Vicente, que não é o dos velhos, mas, ao mesmo tempo, o é. Em outras palavras, Vicente busca respostas no "mundo diferente", evocado pela presença dos pais em seu apartamento. No mesmo trecho, há duas expressões – "sozinhos" e "ficar a sós" – que apontam para uma "apropriação" do passado, isto é, os velhos como que se apoderaram de uma época de glórias e fausto e não a dividem com ninguém, nem mesmo com os filhos. São apenas recordações, mas, na escada, espaço onírico, ganham relevo e concretude. Os velhos parecem ter consciência de que esse mundo antigo tem cada vez menos lugar – é o que se depreende da locução adverbial "pelo menos", a qual indica que seus belos sonhos não têm vez nos acanhados apartamentos dos filhos. Finalmente, o verbo "espionando", que parece dirigir-se a Marlene, empregada de Helena Fausta, pode ser lido como referência à procura empreendida por diversas personagens por aspectos do mundo dos velhos. Por exemplo, a esperança de Francisco de ficar rico às custas da demanda de Antenor e a ânsia de Vicente por respostas: "Sabe, Izabel? Gostaria de abrir portas, ver como as pessoas vivem, descobrir como gostariam de viver... e escrever sobre a diferença." (p. 367)

O conselho de Arthur Miller a Jorge Andrade surge límpido nessa fala. Está claro que Vicente não quer apenas ver o que acontece nas casas de estranhos, mas também na da sua própria família. Seus pais simbolizam um modo de vida que deixou de existir, uma classe econômica que caiu e foi substituída por outra, uma visão de mundo superada. Ainda assim, constituem ótimo material cênico.

Mais adiante, Antenor novamente encontra o zelador Juca (José dos Santos) na escada. Repete-se o diálogo que já havia ocorrido no primeiro ato: Antenor pergunta o nome do zelador, menciona que conhece "uns Santos, de Amparo", conta o caso de uma mãe que matou a filha e, no fim, diz que já andou de banguê, tílburi etc. e que foi "primo, sobrinho, neto de barão". A tudo isso, Juca responde já saber, pois Antenor lhe havia contado. Não obstante, o velho repete tudo, palavra por palavra, como em um filme reprisado. O recurso é épico: enquanto Antenor repete seu discurso, mantém dois planos de ação coexistindo. E os planos criticam-se mutuamente: o presente "acusa" o passado de soberba (nada resta das antigas glórias) e o passado "lamenta" que no presente não se viva mais com o charme e a elegância de outrora. Esse lamento só encontra ressonância na escada, pois, na rua, a realidade, representada por personagens presentes (industrial, vendeiro, oficial

ARQUITETURA DA NOSTALGIA

de justiça) ou apenas mencionadas (juiz), esmaga a construção de Antenor e Amélia.

A alienação do casal atinge o cúmulo quando Izabel começa a sentir as contrações do parto. A família inteira (os irmãos de Vicente mais Noêmia) vai levar a grávida ao hospital e, por isso, fazem grande algazarra na escada.

VICENTE: Papai! Já vamos para a maternidade!

(*Saem todos. Antenor e Amélia ficam olhando para a saída, sem compreender nada.*)

ANTENOR: Por que todo esse barulho, Melica?
AMÉLIA: Acho que está acontecendo alguma coisa. Como vão os negócios, Antenor?
ANTENOR: Muito bem. (p. 378)

Quando uma nova vida se apresenta (o filho de Vicente), para dar continuidade à família, os velhos ficam à margem. Porém, o passado continua falando alto, já que, veremos mais adiante, o bebê será batizado com um nome antigo, ao gosto de Antenor: Martiniano (o mesmo nome do filho de Urbana, em *Pedreira das Almas*).

O encadeamento das cenas resulta em grande impacto emocional em *A Escada*. As contrações de Izabel começam logo após os irmãos travarem uma violenta briga por causa da internação dos pais em um asilo. E, no início do terceiro ato, vemos mais uma vez o presente comentando o passado, na rubrica inicial:

CENA: *Ao abrir-se o pano, a sala de Vicente está vazia. A mesa está cheia de papéis esparramados. Há uma folha na máquina de escrever. No apartamento 3, Francisco estuda, aflito, um monte de papéis. Noêmia observa Francisco. No apartamento 1, Lourdes continua fazendo tricô. Zilda tenta ler, mas não consegue. Levanta-se, abre a porta do apartamento, observa o hall, torna a fechar, senta-se novamente e fica olhando para o livro aberto. Lourdes, de vez em quando, observa Zilda. Izabel, acompanhada por Helena e carregando o filho, sai do quarto do apartamento 4 e encaminha-se para a porta.* (p. 379)

Duas personagens, nessa abertura, estão aflitas, mas por motivos opostos. Francisco vasculha os papéis à procura de uma saída para sua frustrante condição de funcionário de empresa privada que sustenta a família a muito custo. O material que ele estuda é a demanda de Antenor; se o velho obtiver sucesso, toda a família enriquecerá novamente. Francisco está, assim, preso ao passado de Antenor. Já Zilda espera ansiosa por Omar. Diferentemente de Francisco, ela representa um salto para o futuro: namora um negro e pretende casar-se com ele, a despeito dos preconceitos dos avós. Jorge Andrade não perdoa nenhuma das duas posturas – tanto a busca do paraíso perdido como o anseio pelo futuro sonhado impedem as personagens de viver o presente na sua plenitude. É interessante notar como Lourdes, que teve seus sonhos negados, observa a irmã.

O recurso épico se repete mais à frente. Quando Omar finalmente aparece, Zilda vai ao seu encontro. O diálogo que se segue é cheio de referências aos preconceitos que impedem o relacionamento dos dois. Em um certo momento, Zilda põe Omar em xeque:

> ZILDA: Depois que fui sua… não posso ser de mais ninguém. Esqueça meu avô, meu nome, seu sangue… barões e escravos! Não vê que tudo isso impede a gente de viver? (*Subitamente, cai de joelhos, abraçando as pernas de Omar.*) Case comigo! Vou viver com você… onde quiser.

(*Omar levanta Zilda, beijando-a. Zilda se entrega, soluçando. Lourdes encosta-se em sua mesa e, amargurada, olha fixamente para a frente, revelando grande solidão.*) (p. 385)

Jorge Andrade já havia lançado mão desse recurso no final do primeiro ato de *A Moratória*. Em *A Escada*, a questão é amorosa: quanto mais cresce a paixão do casal, maiores também são a frustração e a solidão de Lourdes.

O final da peça reserva um forte embate entre passado e presente, em dois diálogos significativos: o primeiro, entre Izabel e Vicente, e o segundo, entre Antenor e Amélia. Decidi reproduzi-los aqui para melhor compreensão de suas implicações para a fatura do texto. Todavia, antes de transcrevê-los, é preciso destacar que precede os diálogos uma cena terrível, na qual Maria Clara, diante dos irmãos, revela que queimou o processo do pai, depois de presenciar a humilhação deste diante de um juiz. Francisco, descontrolado pela perda do processo e pela "queda" na realidade, esbofeteia a irmã para, em seguida, reconciliar-se

ARQUITETURA DA NOSTALGIA

com ela. O sofrimento de Helena e Vicente não é menor do que o dos irmãos mais velhos. A seguir, o casal de idosos sai para ir para o asilo e encontra Juca na escada. Repete-se a pergunta sobre o banguê e Juca, agora tolerante, dá corda a Antenor. Enquanto isso, Vicente entra em seu apartamento e conversa com Izabel, no primeiro dos dois importantes diálogos:

> VICENTE: O passado é um monstro, Izabel!
>
> IZABEL: Vicente! Não fique assim. Não é só você que tem pais que criam problemas.
>
> VICENTE (*amargurado*): Para terminar assim...! Num prédio como este e num asilo.
>
> IZABEL: Mas nós estamos começando, Vicente. Não se esqueça. Isto, sim, é importante. Você vive dizendo que gostaria de escrever sobre a vizinha; que só retratando a nossa rua, este prédio... poderá ser compreendido em qualquer parte, não é assim?
>
> VICENTE (*olha à sua volta, perdido*): É.
>
> IZABEL: Então, o que espera? Pensa que é só nós que carregamos velhos? Olhe à sua volta e escreva.
>
> VICENTE: E não é o que estou tentando?
>
> IZABEL: A peça sobre Fernão Dias está parada há um ano. A que pretendia escrever sobre as confrarias de Ouro Preto ficou apenas na intenção. Em vez de sofrer pelo passado, use-o para se realizar. Ele não está contido no presente de todo mundo? Pegue essa gente, barões ou não, e jogue no palco. É uma boa maneira de se libertar.
>
> Vicente: Será que estou querendo me libertar?
>
> [...]
>
> VICENTE: Não sei o que teria sido de mim se não a tivesse encontrado.
>
> IZABEL: É melhor dizer... se não tivesse encontrado o teatro. Venha. Vamos levar seus pais. (*Para e sorri.*) Seu pai vive contando estórias que são de vocês. Estórias lindas! Não acha que muita gente gostaria de conhecer? (*Saindo, abraçada a Vicente.*) Lembra-se do italiano rico que comprou os ossos de um antepassado de vocês...? (p. 391-392)

No trecho, vemos não apenas uma série de referências a outras peças do ciclo "Marta, a Árvore e o Relógio" – um recurso que Catarina Sant'Anna chama de *mise-en-abyme* –, como também a superposição de passado, presente e, agora, futuro ("Mas nós estamos começando, Vicente"). Em outras palavras, o passado se revela vivo ("um monstro") e agindo sobre o presente ("Ele [o passado] não está contido no presente de todo mundo?").

Jorge Andrade encadeou nessa cena o último grande diálogo entre Antenor e Amélia, na escada. A cena decreta o fim de uma era de ouro: a demanda de Antenor está definitivamente enterrada sob as casas, lojas e fábricas do Brás, e suas opiniões conservadoras e preconceituosas, bem como suas recordações, desaparecerão do cotidiano dos moradores do prédio. O angustiante e longo diálogo é o seguinte:

(*Vicente e Izabel saem do patamar de cima. Ao mesmo tempo, Antenor e Amélia surgem no patamar de baixo.*)

ANTENOR: O barão de Jaraguá tinha uma língua de fogo! Casou-se com a sobrinha. Naquele tempo eram permitidos casamentos assim.

AMÉLIA: Era primo-irmão de minha avó materna... e tio do meu avô paterno.

ANTENOR: Sobrinho do meu bisavô e, ao mesmo tempo, tio de minha avó materna.

AMÉLIA: Era um homem muito honesto! Muito respeitado!

ANTENOR: Também, naquele tempo, era o que existia. Vendia-se sem letra, sem nada! Até na Europa a gente mandava comprar tudo de boca. Comprei muita camisa em Paris. Muito vinho na Espanha.

AMÉLIA: Mandavam lavar as roupas em Portugal.

ANTENOR: Depois que entraram os turcos é que tudo modificou.

AMÉLIA: Havia muito crédito pessoal.

ANTENOR: O mundo mudou muito! Até a Rua do Imperador desapareceu! Era o ponto de prosa! Vinte, trinta pessoas proseando e tomando café! Que vida boa!

AMÉLIA: As famílias tinham lugar certo pra sentar!

ANTENOR: O Imperador sempre proibiu a entrada, no país, de orientais. Pelo menos nisso ele foi bom.

AMÉLIA: Visitava-se mais!

ANTENOR: Da minha idade, acho que só existem dois: o Botelho e o Pacheco.

AMÉLIA: E o senador Jaguaribe.

ANTENOR: Morreu há muito tempo, Melica!

AMÉLIA: Morreu? Não sabia!

(*Antenor segura a mão de Amélia e desce o último lance da escada. Maria Clara, Helena, Francisco e Noêmia saem do apartamento carregando as malas e vão parar no patamar de cima. Vicente e Izabel param no patamar de baixo. Observam Antenor e Amélia com grande tristeza.*)

ARQUITETURA DA NOSTALGIA

ANTENOR: Sabe, Melica? Só aqui na capital eu tenho sete lugares para ser enterrado.

AMÉLIA: Que bom, Antenor!

ANTENOR: Em Itu, onde nasci, posso fechar os olhos, entrar no cemitério e onde encostar a mão... posso deitar que é parente meu. (*Pequena pausa.*) É pra lá que eu quero ir.

AMÉLIA: Prefiro o Cemitério da Consolação.

ANTENOR(*carinhoso*): Você gosta de me contrariar, hein, Melica?

AMÉLIA: Prefiro mesmo. O túmulo de papai está num lugar muito pitoresco. A vista é linda. Uma vizinhança boa, tão distinta!

ANTENOR (*evocação carinhosa*): Um dos túmulos mais bonitos que conheço é o de primo Alexandre. Um fuzil, um capacete, a bandeira paulista e a estátua de uma mulher apontando: "Veio do chão paulista, por ele tombou e para ele voltou!"

AMÉLIA (*ranzinza*): Prefiro o do barão de Jaraguá.

ANTENOR: Ora, Melica!

AMÉLIA: Lembra a capela da fazenda de meu avô. As grinaldas de pedra unindo as gavetas; os anjos debruçados sobre elas como se fossem abrir; os nomes, as datas, as inscrições...! É um verdadeiro livro de história, Antenor.

ANTENOR (*irritado*): Gosto de túmulo em cemitério, onde a gente pode visitar. Não na casa de um italianinho qualquer.

AMÉLIA (*pensativa*): Nunca descobri quem é a mulher que aponta o chão. Tem um olhar tão estranho!

ANTENOR (*pausa; perdido*): É muito difícil morrer.

AMÉLIA: Podia ser tão mais rápido!

ANTENOR: Tenho a impressão de ter passado a vida morrendo.

AMÉLIA: Claro, Antenor. Todo mundo morre aos poucos. (p. 392-394)

As evocações dos velhos são as de uma geração. O "verdadeiro livro de história", citado por Amélia, é esse conjunto de trinta e duas falas que revisita as primeiras décadas do século xx em São Paulo. De novo, Jorge Andrade recorre à linguagem cinematográfica para contar o passado da elite paulistana, em belas imagens. O recurso é épico, com resultado dramático: à medida que o diálogo transcorre e surgem lembranças mais e mais emocionantes, os velhos ensimesmam-se. Em certo ponto da conversa, Antenor e Amélia parecem falar cada um o seu monólogo, desconectado da fala do outro, à maneira como Tchékhov escreveu *As Três Irmãs*. Esse comportamento fica evidente quando, "respondendo" ao comentário de Antenor sobre a entrada dos turcos no país, Amélia fala a respeito de crédito pessoal. As cinco falas seguintes não parecem responder umas às outras,

108 JORGE ANDRADE: UM DRAMATURGO NO ESPAÇO-TEMPO

o que reforça seu caráter monológico. Pode-se até afirmar que, no trecho, os gêneros épico, dramático e lírico estão presentes. Os filhos observando os pais na escada representam a geração seguinte, espectadora da derrocada da sua predecessora.

Jorge Andrade reserva para o fim da peça uma ação de grande valor simbólico. Quando o casal de idosos está indo para o asilo, chega correndo Ricardo, filho de Francisco e Noêmia. Trava rápido diálogo com os avós e sobe para seu apartamento. Eis a rubrica:

(*Ricardo sobe a escada, desaparecendo em seu apartamento. Antenor tira o relógio, Maria Clara adianta-se.*) (p. 394)

Por que Antenor tira o relógio? Porque encerrou-se o seu tempo: o mundo exterior, para o qual se dirige agora, não é mais o seu. A escada, o túnel do tempo onde ele e a mulher revivem o passado feliz ("Que vida boa!"), não estará mais ao seu alcance, deixa de existir na prática. É o fim. Em tom de despedida do seu mundo, e para marcar a diferença entre os tempos idos e os atuais – o testemunho de uma época –, Antenor diz: "(*Anda e para*) Você passava pela rua e ouvia: Senhor Conde! Senhor Conde! Senhor Conde!" (p. 394)

## "OS OSSOS DO BARÃO"

Nessa comédia, Jorge Andrade empregou poucos recursos cênicos que se assemelhassem aos descritos anteriormente. Nos dois primeiros atos, os universos de Egisto Ghirotto e de Miguel Camargo Parente de Rendon Pompeo e Taques se comunicam por meio do anúncio da venda dos ossos do barão de Jaraguá, publicado no jornal por Egisto. Com isso, ele acaba por atrair Miguel, sua mulher Verônica e sua filha Izabel à mansão que outrora pertenceu ao barão, onde vive com sua mulher Bianca e o filho Martino. As duas famílias travam, então, os diálogos e situações que levarão ao casamento de Martino Ghirotto com Izabel, selando a união entre o novo capital industrial dos imigrantes e a nobreza decadente dos paulistas quatrocentões, união esta materializada no terceiro ato, quando ocorre

ARQUITETURA DA NOSTALGIA

o batizado do filho do jovem casal, denominado de Egisto em homenagem ao avô rico.

Quando o pano abre para o início da peça, a indicação de que os mundos do barão e de seu antigo colono Egisto se encontraram está na rubrica:

CENÁRIO: *Sala de estar de um velho casarão do século passado. Apesar de não estar inteiramente arrumada conforme o estilo, a sala conserva certo ambiente, devido aos móveis da época colonial. Nas paredes, alguns enfeites, que lembram a origem humilde de Egisto Ghirotto, fazem um flagrante contraste com os dois quadros a óleo dos antigos donos da casa: o barão e a baronesa de Jaraguá. Ao lado dos quadros, fotografia de Egisto abanando café. Numa das paredes, acima de uma marquesa beranger, dois rastelos cruzados seguram duas peneiras grandes de abanar café.* (p. 399)

Egisto é um ex-colono da fazenda do barão de Jaraguá, avô de Miguel. Mesmo tendo se tornado um rico industrial do ramo têxtil, ele não se desgruda de seu passado. Repetidamente, suas falas evocam o tempo passado na fazenda, abanando café: ele se diz grato pelo trabalho que lá encontrou, pois foi assim que conheceu a esposa Bianca e começou a amealhar sua fortuna. Em um pequeno trecho do primeiro ato, Jorge Andrade conecta o passado com o presente (tempo) e a cidade com a fazenda (espaço):

MARTINO: Papai não se contenta em fazer isto no jardim, ainda chama atenção!
BIANCA: Chama atençon, como?
MARTINO: Enquanto joga o café pra cima, conversa aos gritos com quem passa na rua.
BIANCA: Ele está na casa dele.
MARTINO: Uma verdadeira exibição de como se abana café.
BIANCA: Ninguém nunca abanou como ele!
MARTINO: A calçada está cheia de gente!
BIANCA: Perche é una cosa buona de se ver: um uomo que sabe fazer o seu trabalho.
MARTINO: Papai não está no cafezal, mamãe. Moramos nos Campos Elíseos, a dois passos do palácio do governo! (p. 401)

Vemos aqui, então, as seguintes conexões: a. o rico industrial (presente) que se comporta como o pobre colono (passado); b. a lavoura (fazenda) emulada pela ação de abanar café no jardim de um casarão dos Campos Elíseos (perguntas: como o café foi parar ali? Por que não foi abanado na fazenda?); c. pessoas na calçada (habitantes da cidade grande) vendo algo incomum para elas (abanar café). A última fala de Martino parece ser uma desaprovação de Jorge Andrade à ignorância da população paulistana sobre seu passado. O rapaz censura o pai por se comportar como se estivesse no cafezal; justifica-se dizendo que a família mora nos Campos Elíseos. Ora, mas os Campos Elíseos foram o bairro escolhido pelos barões do café para morar em São Paulo.

Quando Miguel e sua família entram na casa de Egisto (p. 411), todo esse passado paulista vem à tona. Enquanto aguardam Egisto, Miguel e Verônica admiram os móveis, objetos e quadros que pertenceram ao barão de Jaraguá. A fala de Miguel pode ser tomada ao pé da letra: "Tenho impressão de estar fazendo uma visita ao passado" (p. 411). A situação é irônica: Miguel está de volta à casa do avô para, em tese, comprar de volta seu próprio passado, que já não lhe pertence mais. Ele adentra um espaço-tempo que está lá, fixado em móveis, retratos, louças; um espaço-tempo em que já viveu e ao qual agora retorna.

Todavia, parece que um pedaço desse espaço-tempo continua abrigando os parentes do barão. Em uma conversa com Martino, Izabel reclama: "[ser] somente neta, bisneta, tataraneta. Cada vez que me apresentam é como se lessem a nobiliarquia paulistana. Você está numa festa e... de repente, se vê cercado por uma infinidade de gente morta. Pra isto, basta uma simples apresentação". (p. 422)

Por todo o segundo ato, especialmente nas duas discussões entre Izabel e Martino, os mortos (passado) estão presentes. Izabel, que a princípio parece recusar o sobrenome, se revela muito ligada à família. Martino, cuja ascendência não tem tradição, procura defender os quarenta anos de trabalho do pai como valor maior – mas não esconde seu interesse por Izabel.

É no terceiro ato que Jorge Andrade introduz um recurso de grande efeito cômico que, assim como nas demais peças do ciclo, funde passado e presente, sonho e realidade. Trata-se de uma conversa entre os tios de Miguel (Marta, Lucrécia, Clélia e Alfredo) acerca da genealogia da família. É uma "aula" sobre a formação da elite brasileira desde a chegada da caravela de Martim Afonso de Sousa. A rubrica assim descreve o quadro:

ARQUITETURA DA NOSTALGIA

CENA: *Quando abre o pano, Bianca, Marta, Lucrécia, Clélia e Alfredo estão em cena. Alfredo permanece de pé, encostado à cadeira onde está sentada Lucrécia. Clélia e Lucrécia sentam-se na ponta das cadeiras, numa posição um pouco rígida. Os três formam um grupo de fotografia antiga. As roupas, apesar de feitas recentemente, têm um corte bastante antigo. Clélia e Lucrécia usam coque, camafeu no pescoço, leques antigos e são brancas como se fossem de porcelana. Alfredo usa colete e relógio de bolso, que ele tira de tanto em tanto de um dos bolsos do colete. Marta tem os cabelos cortados, é um pouco gorda e senta-se confortavelmente numa poltrona moderna. Bianca, ao lado de Marta, parece não saber o que fazer com as mãos. Percebemos que, durante toda a cena, Bianca sente como se perdesse seu tempo. Parece preocupada com o que se passa dentro da casa.* (p. 438-439)

A conversa dos tios é longa e diverte pela inutilidade: somente a eles interessa saber quem foi filho de quem, nomes de parentes que morreram há muito e datas que nada significam para a história. O detalhamento chega ao paroxismo de saber de que maneira os descendentes de um determinado tronco assinam o próprio nome. Essa discussão, às vezes inflamada, toma cerca de dez minutos do início do terceiro ato.

Chama a atenção na rubrica a expressão "fotografia antiga", que designa a postura dos tios. Marta, a menos conservadora, não toma parte dessa figura. Quando Jorge Andrade marca a posição dos tios que discutem longamente a genealogia da família como em uma foto, ele sublinha a importância do diálogo para o entendimento da peça: trata-se, mais uma vez, do passado tentando sobreviver no mundo a essa altura moderno, industrializado, dominado por imigrantes como Egisto Ghirotto. A discussão e a postura dos tios são tão anacrônicas que tornam-se motivo de riso.

Durante a conversa, o autor paulista introduz uma pequena participação de Egisto, que funciona como o último prego do caixão da classe outrora dominante:

(Durante a explicação de Clélia, Egisto entra. Ao dar com os velhos, Egisto tem uma expressão de prazer e de carinho. Aproxima-se, olhando para eles como se olhasse objetos muito queridos. Egisto não é pressentido por ninguém. Depois de um momento, Egisto olha os quadros, os móveis, os tios de Izabel e sai pela porta do fundo com expressão de ternura.) (p. 440)

Egisto não diferencia os tios dos objetos que adquiriu ao longo da vida. Ele comprou tudo o que era do barão de Jaraguá, até mesmo sua família. O capital pode tudo. Não há, nas atitudes de Egisto, a soberba do novo-rico. Ao contrário, ele acredita estar dando sua humilde contribuição para a sobrevivência de antigas tradições. Não percebe, contudo, que seu papel é destruí-las: seu neto chamará Egisto Ghirotto Neto e nenhum sobrenome de Miguel sobreviverá.

Na última cena, Egisto dá de presente de batizado ao seu netinho uma réplica da caravela de Martim Afonso de Souza. Fica evidente o fechamento do círculo histórico: Egisto Ghirotto Neto, descendente daquelas famílias que aqui chegaram no século XVI, volta para a caravela, dessa vez carregando o nome de um imigrante italiano. Novamente, Jorge Andrade manipulou o tempo e aproximou (colou) dois blocos distantes no espaço-tempo.

A dificuldade para analisar esse texto de Jorge Andrade reside no que ele tem de melhor: trata-se de uma ótima história. Quem vende ossos vende o passado; mas é impossível vender algo que, em tese, não existe mais, já passou. Móveis e objetos simbolizam o passado e perduram no presente como recordação e pedaços de história; já os ossos são o passado. Sustentado por eles, o barão de Jaraguá erigiu uma fortuna, participou da construção da sociedade paulista. E tudo isso agora está à venda, aparentemente. O truque de Egisto para atrair os descendentes do barão trouxe o passado mais remoto para o presente. Curiosamente, esse passado está também dentro da personagem mais nova da peça: seu neto. Figurativamente, o bebê "contém" todas as fatias do espaço-tempo atravessadas pelos paulistas quatrocentões mais todas aquelas palmilhadas pelos imigrantes italianos que industrializaram o estado de São Paulo. Os *Ossos do Barão* é, sim, uma comédia. Uma comédia amarga, na qual se ri do que se é.

## "SENHORA NA BOCA DO LIXO"

A peça tem três atos, que acontecem em dois cenários diferentes: a casa onde moram Noêmia e sua filha Camila e um velho casarão nos Campos Elíseos, São Paulo, transformado

ARQUITETURA DA NOSTALGIA

em delegacia. Curiosamente, Noêmia sentir-se-á mais à vontade na delegacia do que em sua própria casa, mesmo estando detida para averiguações. No primeiro ato, passado em uma pequena sala de casa geminada, ela se incomoda tanto com o tamanho da sala como com a proximidade da rua:

> NOÊMIA: Incomodaram-me as pessoas que passaram na calçada. Pareciam estar em meu quarto. Tem-se a impressão de que alguém vem nos buscar, e não sabemos por que, não é mesmo? Pareciam passos em um sonho mau. Passos de um portador de notícia terrível!
> CAMILA: Eram operários. Abriram nova fábrica no fim da rua.
> NOÊMIA: Esses prédios cheios de máquinas barulhentas estão invadindo tudo. A vulgaridade parece que tomou conta do mundo. Afinal, aqui é bairro residencial. (*Amarga.*) Pelo menos é o que dizem. (p. 285-286)

A "premonição" de que virão lhe apanhar (o delegado Hélio o fará, neste ato) indica que Noêmia pertence a outro tempo, quando nos bairros residenciais não existiam prédios com máquinas barulhentas nem tanta vulgaridade. Mais à frente, ela voltará ao tema, dizendo: "Mas, esta cidade ficou impiedosa, tão vulgar. Destruíram tudo que possuía de mais belo, para colocar no lugar prédios monstruosos." (p. 288)

Noêmia está tão alheia à realidade que desconhece até as relações de trabalho. Questionada pela filha por não ter nenhuma atividade produtiva, sai pela tangente:

> NOÊMIA: Só sei mandar. Assim fui educada. Assim, seu pai me queria. (*Subitamente.*) Que tal se conversássemos um pouco? Telefone e diga que não vai hoje, que está indisposta, qualquer coisa assim. Lá deve ter muita gente. (p. 287)

Em certos momentos, Noêmia lembra Amanda Wingfield, de À *Margem da Vida*, de Tennessee Williams:

> NOÊMIA: Faço de tudo as imagens que mais me agradam.
> CAMILA: Gostaria que a senhora visse a imagem real das coisas.
> NOÊMIA: Para quê? O real, às vezes, é tão feio. (p. 287)

Jorge Andrade prepara, ainda no começo do primeiro ato, o deslumbramento e a decepção que Noêmia irá sentir na

114 JORGE ANDRADE: UM DRAMATURGO NO ESPAÇO-TEMPO

delegacia, no segundo e terceiro atos. Enquanto Camila prepara-se para sair para o trabalho, ainda durante o longo diálogo inicial,

(*Noêmia anda pela sala, sem saber o que fazer. Percebe-se que ela se sente enclausurada.*)

> NOÊMIA: Que coisa mais desagradável essa ideia de sair todos os dias, e se fechar entre quatro paredes. ( p. 287-288)

Mesmo decadente, Noêmia não perde a pose. Ela se encastela no passado e não se sente obrigada a enfrentar a dureza da realidade que sua filha encara todos os dias, trabalhando na mesma delegacia para onde a mãe será levada. Jorge Andrade emprega, para escancarar a alienação da personagem, trechos de outras de sua peças:

> CAMILA: Basta… que se esqueça deste meio que não podemos frequentar mais. Pôr de lado essa gente endinheirada. Eles podem fazer o que fazem. Nós, não. A vida está passando e continuamos presas a um mundo que não tem mais sentido, nem pertencemos ao de hoje.
>
> NOÊMIA (*irritada*): Você está querendo o quê? Que esqueçamos o que fomos? O que somos ainda? Mas, é isto que não tem sentido. (p. 289)

A fala de Camila é muito parecida com a que Maria Clara dirige a Francisco, na cena mais emocionante e tensa de *A Escada*. Já Noêmia ecoa o fazendeiro Joaquim, de *A Moratória*. No mesmo diálogo, Camila lembrará Izabel, em *Os Ossos do Barão*:

> NOÊMIA: Vencer um concurso para secretária não significa nada.
> CAMILA: Para mim significou. O que era eu antes, mamãe? Dormia a metade do dia e ignorava o que se passava, à minha volta, na outra metade. Tomava chá com gente cacete que só fala em genealogias e falsas nobiliarquias! Estou farta de ouvir que os Almeidas, os Godóis e não sei quem mais vieram na caravela de Martim Afonso de Souza! (p. 289)

A intertextualidade é um dos recursos que conferem organicidade ao ciclo "Marta, a Árvore e o Relógio". A própria ideia de ciclo destaca o universo andradiano do mundo real. Os ecos

ARQUITETURA DA NOSTALGIA 115

de personagens de uma peça em outras acabam por auxiliar a construção de um plano narrativo distante – mas não absolutamente isolado – do plano da realidade. E Jorge Andrade não dialoga apenas com seus próprios textos. Mais uma vez, em um diálogo com Carmem, amiga de Camila, Noêmia emula Amanda Wingfield:

> CARMEM: A senhora precisa ver o resto do país. É de desanimar.
> NOÊMIA (*alienada*): Mas será que existe mesmo tanta miséria? Confesso que nunca vi. Há tanta exploração em torno disto. Sei que as pessoas não são bem educadas, sem finura nenhuma, mas gente maltrapilha, francamente, acho um pouco demais. Sei que há pobreza, é claro. Ela existe em toda parte. Mas, entre nós, não é assim... tão deprimente. Um país rico, tão vasto! Há lugar para todos. (p. 292)

Noêmia é alienada, mas, como diversas personagens do ciclo, elabora sua própria alienação. Seu mundo particular é sofisticado inclusive quanto à sua construção, isto é, não se trata apenas de um passado de luxo, festas e ostentação: o paraíso perdido da sua geração funda-se também em universos imaginados por outros autores. Vejamos esta conversa de Noêmia com amigas sobre a viagem:

> NOÊMIA (*meio perdida*): Fugi de Paris e percorri a costa francesa. Na província, ainda se encontra a velha França. Visitando Trouville e Cabourg, localizei Balbec e a igrejinha querida de Proust. É linda!
> ISMÉRIA (*burra*): Conheço bem a costa francesa. Não me lembro de Balbec.
> NOÊMIA: Mas, não existe!
> ISMÉRIA: Você acabou de dizer que visitou.
> NOÊMIA: Balbec é criação de Proust. É como certos lugares de nossa memória, transfigurados pelo tempo e revividos numa criação artística. Balbec é Trouville! (p. 294)

Nessa fala de Noêmia, Jorge Andrade expõe o processo de concepção de outras realidades, empregado por diversas personagens do ciclo. A memória é transfigurada pelo tempo (o que é natural) e revivida em uma criação artística. Ora, as personagens são criações artísticas de Jorge Andrade; portanto, suas recriações originam-se na memória do autor. A novidade

116   JORGE ANDRADE: UM DRAMATURGO NO ESPAÇO-TEMPO

é que, mesmo não utilizando planos simultâneos, como em *A Moratória*, as personagens constroem seus universos à vista do espectador: sua recriação é simultânea ao desenrolar da peça, anulando qualquer *gap* temporal. Veremos mais à frente como Noêmia faz isso.

O segundo e o terceiro atos acontecem em um casarão dos Campos Elíseos, assim descrito na rubrica do início do segundo ato:

CENÁRIO: Hall *em forma pentagonal de um velho palacete* art-nouveau. *Ao fundo, escadaria larga de balaústres, subindo em curva. No primeiro degrau, estátua de bronze segurando uma lâmpada. À direita da escada, porta larga de entrada, vendo-se o corredor que leva à rua. À esquerda, porta aberta para outro corredor onde está escrito "Carcereiro". À direita, primeiro plano, sala de Hélio com janela grande, escrivaninha atulhada de papéis, arquivos e banco comprido de madeira. À esquerda, primeiro plano, sala-plantão com mesa sobre um tablado, rodeado por grades de madeira; mesa do guarda, teletipo e banco comprido. Perto da porta de entrada, no* hall, *mesa do Guarda 1. Ao centro, banco estofado redondo. Outros bancos estão encostados nas paredes; um deles foi colocado em frente a uma das portas. Do forro pentagonal, desce um belíssimo lustre galé.* (p. 301)

A decoração é importante, pois transportará Noêmia para o seu passado cheio de momentos agradáveis. E será a mesma decoração, mais precisamente o lustre, que a trará de volta ao presente, em uma revelação horrorosa. O mergulho de Noêmia no passado ocorre assim que ela desce a escada, depois de identificada:

(Quando Garcia sai no *hall*, Noêmia aparece descendo a escada, seguida pelo carcereiro. Ela desce com segurança, examinando tudo com intensidade, como se recordasse alguma coisa. Passa a mão pelo balaústre, olha as paredes, a estátua e, quando chega nos últimos degraus, avista o lustre galé. Uma expressão evocativa de encanto domina seu rosto. Neste instante, entra o fotógrafo e fica observando Noêmia. Noêmia desce o último degrau e entra no *hall*. De repente, para, volta-se e caminha à volta da estátua com sorriso carinhoso, como se se lembrasse de pessoa muito querida. Noêmia dá volta pelo *hall*, indo parar no primeiro plano, perdida em suas evocações. Marta observa Noêmia e sorri com certo carinho.) (p. 307)

Essa rubrica mostra uma Noêmia totalmente absorvida pelo passado. O naturalismo da peça é quebrado pelo comportamento

ARQUITETURA DA NOSTALGIA

antinatural de Noêmia. A rubrica é longa, Noêmia executa várias ações e, pelo que o texto sugere, o tempo de sua execução também é extenso. Enquanto isso, outras personagens realizam as suas próprias ações. Da maneira como Jorge Andrade redigiu a rubrica, é possível ver dois planos de ação superpostos: o de Noêmia e o das demais personagens. Este último plano ganha contorno pela ação do fotógrafo e de Marta: ambos *observam* o que Noêmia faz, como se ela estivesse em uma tela de cinema. O plano de Noêmia é o do passado e o das demais personagens é o do presente. Somente quando o fotógrafo dispara seu *flash* contra Noêmia é que ela volta à realidade e os dois planos se reconectam. A intervenção é rude, como um grito ou um cutucão que acorda alguém que está sonhando.

Mais à frente, Noêmia terá novo encontro com o fotógrafo. Dessa vez, a parte final do diálogo entre os dois cria uma espécie de "plano histórico" dentro do plano do passado de Noêmia. As falas acabam funcionando como uma rubrica, na qual Jorge Andrade estabelece claramente de que passado está-se falando na peça:

NOÊMIA: [...] Conheço muito Alfredo. Que cargo ocupa mesmo?
FOTÓGRAFO: Diretor-Redator-Chefe. É o dono.
NOÊMIA: É das poucas pessoas finas desta cidade. E escreve muito bem. Nossos pais foram amigos. Para dizer a verdade, seu jornal é uma espécie de Bíblia em minha família. Também... já o líamos quando era lido por Tibiriçá, Rangel Pestana, Prudente de Moraes. Por ele, seguimos os debates abolicionistas de Martinho, Prudente e Bernardino. Nele, pode-se estudar quase cem anos de nossa história. E a de minha família também. Como repórter, deve conhecer os arquivos do jornal, não conhece?
FOTÓGRAFO (*sinal negativo.*)
NOÊMIA: Não? Em minhas rápidas estadas no Brasil, costumo ir lá, reencontrar pessoas. São mágicos, aqueles arquivos! Basta abri-los... e um mundo maravilhoso revive. Se for pessoa curiosa, poderá encontrar, lá, a descrição da linda festa que inaugurou este palacete. (*Reaparecendo o sorriso fugidio.*) É tão mágico quanto aqueles arquivos. Dê a Alfredo a fotografia e a notícia e diga que é pedido meu. (*Volta a examinar a parede, ignorando o fotógrafo.*) (p. 312)

Apesar de Noêmia mencionar um tal de "Jornal de São Paulo", ela parece estar se referindo a *O Estado de S. Paulo*. "Alfredo" seria

118    JORGE ANDRADE: UM DRAMATURGO NO ESPAÇO-TEMPO

Alfredo Mesquita, membro da família que fundou o periódico e responsável por ele na época em que a peça se passa.

Interessante é a forma como Jorge Andrade insere no texto o veículo de comunicação: um guardião da memória e da história brasileiras e, principalmente, paulistas. Misturando os cem anos da história do país (pela menção de personagens históricas) com a da família de Noêmia, o dramaturgo retoma, ainda que fugazmente, o pano de fundo sobre o qual ele alinhavou suas peças anteriores, em especial *A Moratória* e *Pedreira das Almas*.


*O Casarão*

No terço final do segundo ato, a casa onde funciona a delegacia começa a se fazer mais presente para Noêmia. Ela recebe a visita de um advogado, Penteado, que está ali para soltá-la. Penteado também acabará preso por Hélio, por tentativa de suborno. Noêmia permanece alheia a tudo isso, como mostra a seguinte rubrica:

(Noêmia senta-se e fica estática, como se não tomasse conhecimento do que a rodeia. Por sua expressão cansada e olhar desorientado, começamos a compreender o esforço que faz para não demonstrar o que realmente está sofrendo. De vez em quando, examina o lustre, perdendo-se em seus pensamentos. Tem-se a impressão de que ela assiste a uma cena invisível, olhando para os presentes como se enxergasse outras pessoas. Marta, penalizada, não sabe como entrar em contato com Noêmia.) (p. 316)

Saberemos mais adiante que Noêmia conheceu seu marido em uma festa naquele casarão. É bem possível que a personagem estivesse relembrando a tal festa e comparando a elegância dos convidados de outrora com a marginalia que hoje frequenta a casa. O escárnio que surge aqui e ali na peça aprofunda esse abismo:

HÉLIO: [...] E eu acredito em justiça.
GARCIA (*grita*): Que adianta acreditar, se não pode praticar?
HÉLIO (*exaltado*): Posso. É o que vou provar a você. E a esses contrabandistas.

ARQUITETURA DA NOSTALGIA

MARTA (*conversando com Shirley, solta uma gargalhada que ressoa em todo o cenário.*) (p. 319)

Marta é mãe de um rapaz que está preso por um pequeno delito. Shirley, uma prostituta. A gargalhada que emerge da conversa das duas comenta a fala de Hélio: não apenas ridiculariza as pretensões do delegado como também o desloca para seu lugar de origem (Jaborandi, pequena cidade do interior paulista). Lá, ele podia agir com truculência contra colonos fanáticos (os de *Vereda da Salvação*) que nada lhe aconteceria. Na capital, seu senso de justiça precisa ser relativizado, coisa que ele não admite. E assim, o seu mundo, o dos marginais, vai se distanciando do da elite, que ele acusa de contrabandista e corrompida.

A força do palacete ressurge quando Camila encontra a mãe:

NOÊMIA: [...] Penteado apareceu aqui com dedicação verdadeiramente comovente, mas suspeita. Foi preso também.

CAMILA: Mas, por quê?

NOÊMIA: Não sei. Nem quero falar sobre isto. (*Olha à sua volta, dominando-se.*) Diga, minha filha, não é lindo? *Art nouveau* do mais requintado. Veja o lustre! Galé legítimo. Reparou na escada? Mais graciosa não podia ser. O forro é maravilhoso!

Camila (*atônita*): Estamos na cadeia, mamãe!

NOÊMIA (*transfigurando-se*): É o palacete do senador Jaguaribe, Camila. Quando entrei aqui, cheguei a ver os movimentos graciosos de Catarina no dia de...

CAMILA (*corta, áspera*): A senhora não percebe em que situação está?

NOÊMIA: Foi um feliz encontro. Pensei que não existisse mais! (p. 323)

Camila tenta colocar a mãe a par da situação, sem sucesso. Na abertura do terceiro ato, Noêmia está ainda mais alheia ao que ocorre ao seu redor. Em uma conversa com Marta, aparece o recurso utilizado por Tchékhov em *As Três Irmãs*: ao invés de dialogar, as personagens monologam:

MARTA: Minha mãe morreu de parto. Criei meu irmão desde que nasceu. É um filho também.

NOÊMIA (*perdida*): Com onze anos... eu corria pelo parque Monceau!

MARTA (*terna*): Não fiz outra coisa até agora, senão criar. Cozinhei com filho pendurado nos peitos; lavei roupa com filho pendurado nos peitos; recebi meu marido com filho agarrado nos peitos.

NOÊMIA (*passada*): Na frente deles?

120 JORGE ANDRADE: UM DRAMATURGO NO ESPAÇO-TEMPO

MARTA: Aprendem como é, desde pequenos. Uma mulher é levada pra cama, abre as pernas, um homem entra e eles saem. É sempre assim, não é?

NOÊMIA (*fugindo*): Nesta idade eu brincava nos Champs Elysées... com um grande arco colorido!

MARTA (*evocando*): E eu criava! Primeiro, meus irmãos. Depois, meus filhos. Na verdade... tenho onze filhos. Meu pai também era ferroviário. Nasci no trabalho e vivi no meio dele. Durante muito tempo, o apito dos trens era meu relógio. Não tive a sombra de uma árvore: brincava debaixo dos pontilhões. Nos dias de chuva, gostava de ver o trem passar. Encostava o rosto na vidraça e tinha a impressão de que seguia junto. De repente... percebia que as gotas que escorriam não eram de chuva: desciam de meus olhos.

NOÊMIA: Lembro-me muito pouco de meu pai. A mão pousada sobre a mesa, segurando o guardanapo. Um beijo de boa-noite, uma barba macia e um colarinho muito branco! Contava estórias lindas sobre caravelas de ouro, montanhas de esmeraldas que brilhavam como o sol. Dizia com orgulho: descendemos de Garcia Pais, o grande filho de Fernão Dias! (*Subitamente desorientada.*) Que foi que aconteceu? Por que estamos aqui? (p. 327-328)

Como na peça de Tchékhov, as duas mulheres, em suas evocações, não se comunicam. Suas realidades são tão distintas que não há a mínima possibilidade de se encontrarem. Assim, se não há intersecção desses dois mundos, eles aparecem cristalinos para o espectador, que pode identificar facilmente seus contornos. O recurso é épico: não apenas o choque dos discursos denuncia a alienação de Noêmia e a miséria de Marta como os passados das mulheres continuam a refletir nos seus presentes. Esse fragmento "ibseniano" é, *grosso modo*, um drama analítico. Esse conjunto de falas de Marta e Noêmia constitui o discurso de duas classes sociais muito diferentes entre si que, em última análise, têm grande responsabilidade pela situação em que se encontram – assim como as personagens de Ibsen são os grandes responsáveis pela tragédia da qual são vítimas.

A "tragédia" de Noêmia e de sua classe social – a decadência – surge com toda a sua força no final da peça, em uma cena carregada de emoção e de grande simbolismo. Quando Noêmia é finalmente liberada pela pressão de autoridades superiores

ARQUITETURA DA NOSTALGIA

à do delegado Hélio, Camila tem uma breve e dura discussão com a mãe. Quando elas estão prestes a partir, Noêmia se perde em lembranças:

(*O malandro sai com um empurrão. Ainda olhando a escada, Noêmia ergue a cabeça, ficando estática. De repente, volta-se: uma evocação dolorosa marca seu rosto. Olha à sua volta, procurando fixar cada coisa. Caminha para o centro do hall, com os olhos fixos e marejados. Marta observa, penalizada.*)

CAMILA: Venha, mamãe. Vamos embora.

NOÊMIA (*perdendo-se*): Foi aqui. Foi justo aqui... que vi seu pai pela primeira vez. (*Olha a escada.*) Eu estava dançando e ele sempre no mesmo lugar. Ali, perto da estátua. Olhava-me com serenidade tão protetora. Quando vi... dançávamos juntos. Tinha acabado de chegar da Europa. Era o homem mais atraente na inauguração deste palacete. "Vim para me casar" – disse. E como coisa evidente, escolheu-me entre tantas moças lindas. "Por que me escolheu?" – perguntei. "Porque juntos continuaremos uma história que está traçada nas ruas, nas pedras, em cada palmo desta cidade". "Meus antepassados abriram caminhos pelo Brasil". "Os meus" – respondi – "plantaram cidades à beira deles. Com milhares de escravos, cruzaram rios, serras e avistaram os Andes". "Os meus... encheram o Estado de plantações e ergueram capelas pelos vales. Denominaram ruas, praças e rios." "Os meus... ergueram palácios e ligaram as cidades. Foram donos do trabalho e de uma vida gentil. Escreveram uma história nobre. Governaram. Fizeram leis... fizeram... (*Não suportando mais, Camila acendeu o lustre galé.*) Fizeram... leis!"

(*Diversas lâmpadas estão queimadas e as poucas acesas formam sombras estranhas nas paredes. Teias de aranha ligam os braços do lustre e o pó embaça o cristal das mangas. A pátina do tempo e da luz transforma o cenário. Noêmia recua assustada, percebendo, horrorizada, o estado do palacete. Pela primeira vez, vê as paredes de* papier peint *rasgado e as portas e forro estragados. Noêmia, ansiosa, anda pelo cenário como se procurasse alguma coisa. De repente, reaparece seu sorriso fugidio, ficando a olhar o lustre com expressão perdida. Camila abraça Noêmia, protetora.*)

NOÊMIA (*perdida*): Ainda há pouco... parecia brilhar como milhares de estrelas! (*Num murmúrio.*) "Vim para me casar...!"

(*Subitamente, Camila rompe em choro doloroso. Os soluços agitam seu corpo e ela abraça ainda mais Noêmia. Esta acaricia levemente Camila, como se fosse uma criança.*)

122 JORGE ANDRADE: UM DRAMATURGO NO ESPAÇO-TEMPO

NOÊMIA (*delicada*): Shisssss! Que é isto? Aqui, seu pai me disse: se tiver uma filha, um dia, vai se chamar Camila. Nome de heroína de Corneille... de princesa medieval!

(*Noêmia e Camila caminham para o fundo e desaparecem. Hélio olha a sala com expressão de libertação, voltando-se para sair.*) (p. 337-338)

A longa fala de Noêmia recria um momento do passado e, a exemplo da sua cena com o fotógrafo, funciona quase como uma aula de história. As famílias de Noêmia e de seu marido protagonizam as demais peças do ciclo "Marta, a Árvore e o Relógio". Sua decadência está simbolizada no abandono do lustre galé e de todo o palacete. Há um trecho da rubrica – "a pátina do tempo e da luz transforma o cenário" – que não apenas atualiza a realidade de Noêmia (do passado elegante para o presente remediado) como transporta o espectador/leitor para um terceiro plano, ainda não apresentado na peça: o do exato instante em que a elite de outrora perdeu seu poder e seu glamour. Sabe-se que, historicamente, esse instante não existiu – o que houve de fato foi um processo de superação da aristocracia cafeeira pela classe média alta industrial. Contudo, a dramaturgia de Jorge Andrade acentua e agrava esse processo ao comprimi-lo em um acender de luzes – décadas reduzidas a uma fração infinitesimal de segundo.

Antes de encerrar a peça, Jorge Andrade ainda emprega um sutil jogo de palavras, que pode passar despercebido em uma representação, e até mesmo em uma leitura desatenta do texto. Na sua última fala longa, reproduzida anteriormente, Noêmia afirma que seus antepassados "escreveram uma *história* nobre" [grifo meu]. Marta, em sua penúltima fala, diz ao delegado adjunto Garcia, sobre Noêmia:

MARTA: Ela estava contando uma estória tão bonita... e de repente ficou com medo do lustre. Desejou tanto que acendessem! (p. 338)

A despeito de discussões acadêmicas sobre se há diferença entre "história" e "estória", é importante lembrar que à época da escritura da peça (1963) essa diferenciação fazia sentido. E Jorge Andrade, jornalista e professor, certamente conhecia os sentidos diversos das duas palavras. Portanto, é lícito afirmar que o uso delas em tão curto intervalo (uns dois ou três minutos de ação, se tanto) tinha um objetivo claro: a fala de Marta "anula", em certa medida, o que diz Noêmia. Melhor dizendo, a história é passado, entrou para os livros, são momentos que jamais poderão ser revividos. Já as estórias podem ser contadas à exaustão, pois sempre encontrarão ouvidos atentos; melhor ainda se puderem ser atualizadas, renovadas, recheadas com novos conteúdos e detalhes – como fazem os bons contadores de estórias para crianças. Ironicamente, para a simplória Marta, cujo universo sequer tangencia o dos ricos e bem-nascidos, a história dos antepassados de Noêmia não passa de uma bela e divertida estória.

# Uma Autobiografia:
## Rasto Atrás

Os eventos narrados em *Rasto Atrás* correspondem em grande medida ao que de fato ocorreu na vida real de Jorge Andrade. Daí observarmos no texto uma profusão de registros de memórias, em especial da personagem Vicente, *alter ego* de Jorge. Na peça, o autor frequentemente emprega *flashbacks*, projeções de filmes e *slides* e uma narrativa não linear, isto é, os fatos não são apresentados cronologicamente nem no presente da peça, nem no passado (ocorrem saltos no tempo e acontecimentos distantes no tempo e no espaço são mostrados simultaneamente).

*Rasto Atrás* é um definitivo acerto de contas entre o dramaturgo Vicente e seu pai, João José. Após uma infância e uma juventude de mútua incompreensão, Vicente, aos 23 anos, deixa para trás a pequena Jaborandi para tentar a sorte como dramaturgo em São Paulo. Ele jamais conseguira adaptar-se ao modo de vida do pai, um fazendeiro que negligenciou os negócios da família (uma fazenda que chegou a ter 30 mil alqueires) para viver enfiado no mato, caçando. Desde pequeno, Vicente vivia em um mundo onírico, poético, e repetidamente, ao longo da peça, revela sua insatisfação e sua ânsia de conhecer a si mesmo. Tal perfil claramente não se encaixa no mundo rural de João José e sua família. Uma de suas tias, Isolina, irmã do pai,

126 JORGE ANDRADE: UM DRAMATURGO NO ESPAÇO-TEMPO

sempre incentivou a "veia artística" do menino, instigando-o a abandonar a cidadezinha rumo à autorrealização. Por outro lado, a avó Mariana é de um pragmatismo sem par: opôs-se ao casamento do filho João José com Elisaura, moça fina e educada, não porque não gostasse dela, mas porque anteviu o sofrimento de toda a família pela incompatibilidade dos noivos. Veremos, mais adiante, que Mariana é personagem central de *Rasto Atrás* – é uma de suas falas, reveladora de seu papel naquela família, que descortina ao já maduro Vicente, no retorno à sua cidade natal, as razões pelas quais pai e filho nunca se entenderam.

Já na primeira cena, surge uma recordação torturante: Vicente e sua esposa Lavínia estão no cinema, assistindo *As Aventuras de Tom Jones*. A projeção exibe uma cena de caçada, em que cães perseguem uma presa. O filme perturba Vicente, que abandona, aflito, a sala de projeção; sabemos desde logo que algo não vai bem com a personagem, e que a aflição é provocada pelo filme. Jorge Andrade estabelece, de partida, que os recursos audiovisuais (filmes, *slides*, ruídos) responderão pelo humor das personagens e pelas transições no tempo e no espaço – tarefa revelada já na segunda rubrica do texto:

(No momento em que a caça é pega pelos cachorros, a cena do filme desaparece, enquanto vemos Vicente entrando em primeiro plano, carregando uma mala de viagem. Lavínia vem abraçada a ele, com expressão preocupada. O filme, de uma grande estação de estrada de ferro, onde há muito movimento de passageiros e de trens que chegam e partem, é projetado tomando todo o fundo e as laterais do palco.) (p. 459-460)

Vicente e Lavínia mal haviam saído do palco quando retornam a ele já em outro lugar e, presumivelmente, dias depois da ida ao cinema. É sintomático que Jorge Andrade empregue duas projeções de filmes ainda no início da peça: o ritmo de *Rasto Atrás* é cinematográfico, com seus cortes, fusões, trilha incidental, mudanças bruscas de ambiente e saltos no tempo e no espaço.

O trem aparecerá várias vezes na peça, ora em projeções de filmes, ora com seu apito anunciando chegadas e partidas. O autor utiliza o trem como metonímia de um mergulho no

UMA AUTOBIOGRAFIA 127

passado e de um avanço para o futuro promissor e libertador. Nessa primeira aparição, ele conduzirá Vicente às suas origens, em uma viagem que se pretende solução da crise existencial e criativa da personagem.

Na cena que se passa na estação de trem, o dramaturgo lamenta à esposa que sua última peça não tenha obtido sucesso. Trata-se de uma referência ao fracasso de *Vereda da Salvação*, texto de Jorge Andrade levado no Teatro Brasileiro de Comédia (TBC) e que teve curta carreira pela ausência de público e, depois, pela proibição da censura. Durante essa conversa, há, no texto, a seguinte rubrica: "Ouvem-se, distantes, dezenas de latidos de cães, entrecortados pelo som de uma buzina. O som da buzina funde-se com o apito do trem." (p. 461)

Reaparece um tema caro a Jorge Andrade e recorrente nas demais peças do ciclo: a oposição entre a modernidade urbana e industrial, aqui expressa pelo apito do trem (estamos nos anos de 1960), e o atraso rural, que figura na buzina para chamar cachorros. Contudo, diferentemente do que fez em *A Moratória* e *O Telescópio*, o autor paulista reduziu os planos do passado e do presente a signos sonoros; nas peças citadas, o que se vê são cenas inteiras, representativas de épocas e culturas diferentes, a se defrontar e a levar de roldão as personagens. Os ruídos, em *Rasto Atrás*, assemelham-se mais à árvore retorcida do largo da igreja de *Pedreira das Almas*, cujo papel é lembrar a quem assiste à peça que há, ali, uma geração que precisa cortar suas raízes rumo a novas oportunidades – tal como fez Vicente ao deixar Jaborandi.

No final dessa cena, assim que o casal dá um beijo de despedida, os ruídos assumem mais uma vez o protagonismo e percebemos que sua função, ao longo da peça, será muitas vezes a de um gatilho que dispara recordações, mudanças de época, de lugar e de ação. Às vezes, esse disparo é determinado por certas palavras – nomes, referências a personagens. O efeito é cinematográfico:

(O apito do trem se transforma, lentamente, em som de buzina de caça. Voltam os latidos dos cães. Vicente e Lavínia desaparecem. À medida que aumentam os latidos dos cães e se acentua o som da buzina, corta-se o filme. A projeção de slides coloridos, sugerindo uma floresta, ambienta abstratamente a cena. JOÃO JOSÉ, olhando fixamente para

128 JORGE ANDRADE: UM DRAMATURGO NO ESPAÇO-TEMPO

frente, está encostado a uma árvore e VAQUEIRO, mais distante, anda à volta tocando a buzina. João José é grisalho e está com barba de uma semana. Apesar da idade, ainda é forte, disposto e ágil. Vaqueiro é um negro claro, de idade indefinida: tanto pode ter cinquenta como setenta anos. Vaqueiro observa João José, revelando certa preocupação.) (p. 461-462)

A fusão do apito do trem com a buzina de caça levou ao corte do filme e ao aparecimento de João José e Vaqueiro diante de uma projeção de *slides* que simula uma floresta. Não há indicação de luz, mas, de maneira lógica, as luzes devem subir em resistência para iluminar os dois homens, mesmo que a luz do projetor de *slides* não possa ser controlada para, também, subir em resistência (insisto, estamos nos anos de 1960). Esse recurso de fusão, semelhante ao *fade out/fade in* do cinema, transporta o espectador de São Paulo às matas do Mato Grosso, façanha que, àquela altura, só mesmo a sétima arte poderia realizar.

Sem mudar de cena, Jorge Andrade ainda nos levará duas vezes à casa da família de João José, em Jaborandi, em épocas diferentes (passado e presente). Para isso, basta que certas palavras sejam pronunciadas e, em algum lugar do palco, surgirá um quadro, isto é, um quadro dentro da cena, cuja função é caracterizar as personagens que nele aparecem. Vejamos:

> VAQUEIRO: Nunca carreguei humilhação de catingueiro em garupa de cavalo, compadre.
> JOÃO JOSÉ: Nem eu. (*Pausa.*) Minha mãe costumava dizer: "p'ra catingueiro, só caçador matreiro".

(*Quando João José pronuncia a palavra "MÃE", ilumina-se o quarto da casa da rua 14, onde MARIANA, deitada, fuma em um cachimbo de barro. Mariana tem mais ou menos quarenta e cinco anos, é forte e tem uma expressão um pouco masculina. Os cabelos são puxados para a nuca em grande coque. Percebe-se que ela não conhece a vaidade, a não ser como coisa censurável nos outros. As sobrancelhas são grossas, as mãos ásperas e tem buço ligeiramente acentuado.*)

> VAQUEIRO: Sá Mariana sabia o que falava. (*Observa João José.*) Compadre!
> [...]
> VAQUEIRO: Só p'ra dar uma olhada, compadre. Dezessete anos é muita coisa.
> JOÃO JOSÉ: Se notícia ruim não veio até aqui, é porque está tudo bem.

UMA AUTOBIOGRAFIA    129

VAQUEIRO: Tenho saudade das meninas!

(*Quando Vaqueiro diz* "MENINAS", *uma luz difusa ilumina a sala da casa da rua 14.* ISOLINA *e* JESUÍNA, *sentadas, e* PACHECO, *de pé, estão estáticos. Jesuína e Isolina vestem-se mais ou menos iguais: vestidos em tons escuros, compridos e de mangas até os pulsos; gola alta fechada sobre o pescoço. Dão a impressão de extremo asseio. Percebe-se que os vestidos estão gastos, mas não remendados. Usam meias grossas e sapatos de bico fino. Pacheco apoia-se em uma bengala e a roupa é nitidamente do começo do século. Estão todos entre sessenta e setenta anos. Tanto eles como Mariana parecem figuras de um quadro onde os contornos não estão bem definidos.*)

JOÃO JOSÉ: Aposto que estão sentadas na sala, conversando com o Pacheco. Se é que ele ainda vive.
VAQUEIRO: Homem soberbo, aquele.
JOÃO JOSÉ: E ainda estão falando em lord Astor.
VAQUEIRO: Quem é compadre? É inglês do frigorífico?
JOÃO JOSÉ: Não. Morreu num barco chamado Titanic.
VAQUEIRO: Coitado!
JOÃO JOSÉ: Não aguento aquilo dois dias. (*Encerra o assunto.*) Vamos caçar! (p. 462-463)

Mãe Mariana já faz parte do passado de João José (ela morreu), mas as irmãs e Pacheco, ainda que vivos, também não se situam no presente do fazendeiro, já que ele não os vê há 17 anos. Essa distância física e temporal e o fato de as personagens citadas passarem o tempo conversando sobre águas passadas, como o *Titanic* e *lord Astor*, explicam a aparência de figuras de um quadro de contornos pouco definidos. E, se os quadros com essas personagens não estão bem definidos, as molduras rompem-se de vez quando surge, pela primeira vez, o Vicente de 5 anos:

JOÃO JOSÉ (*grita, com grande força de vida*): Braúna! Fanfarra! Melindroso! Toca a buzina, compadre! Bota esses cachorros p'ra trabalhar. (*Vaqueiro sai, buzinando.*) Vamos ensinar p'ra esse velhaco que correr rasto atrás é artimanha que caçador matreiro conhece...

(*João José para, subitamente, levando a mão ao peito e apoiando-se à árvore. Vicente [5 anos] aparece atrás da árvore e caminha, admirando a Lua.*)

VICENTE (*5 anos*): Papai! Por que a lua está quebrada?
JOÃO JOSÉ (*muda o tom*): Não estou vendo lua nenhuma no céu, Vicente.
VICENTE: Eu vi no livro.
JOÃO JOSÉ: É desenho, meu filho. (p. 463)

130     JORGE ANDRADE: UM DRAMATURGO NO ESPAÇO-TEMPO

Sem nenhuma caracterização ou alteração de figurino, apenas mudando o tom da voz (e, é razoável pensar, mudando também sua postura corporal), o ator que interpreta João José transporta a personagem – e, de cabo, o espectador – a uma época anterior, 38 anos antes do presente da peça. Pai e filho trocam mais algumas palavras e, assim que o menino sai, voltamos ao presente:

> VICENTE (*afastando-se, até desaparecer*): Se o senhor me explicar por que a lua fica quebrada, aprendo a laçar também. (*Sai.*)
> VAQUEIRO (*volta correndo*): Que foi, compadre? É aquela dor novamente?
> JOÃO JOSÉ: Não foi nada.
> [...]
> VAQUEIRO: Você está bom mesmo, compadre?
> JOÃO JOSÉ: Mais firme do que esta árvore. É fígado. Herança de família. Lá em casa, todo mundo sofria do fígado. (p. 464)

É tudo muito rápido, como em um filme. Essa sequência, com João José, Vicente criança e Vaqueiro, se desenrola com os dois quadros nas dependências da casa da rua 14 ainda iluminados. A rubrica que segue é bastante significativa:

(João José e Vaqueiro, alegres, saem correndo. Desaparecem os slides. Vaqueiro sai tocando a buzina, que vai se distanciando e se confundindo ao apito do trem que reaparece. Mariana, Isolina, Jesuína e Pacheco movimentam-se. O apito do trem passa da sala para o quarto em tons diferentes: máquina elétrica e da década de 1920. Pacheco olha o relógio. Mariana, recostada nos travesseiros, fuma espalhando a fumaça com as mãos. Percebe-se que ela está irritada com a cama. Na sala, Jesuína e Isolina fazem crochê. As mãos de Isolina trabalham automaticamente. Isolina tem o pensamento longe. Jesuína enrola a lã, enquanto Pacheco segura o novelo. No momento em que a sala se ilumina, vê-se Pacheco, com dificuldade, pegando o novelo no chão. Jesuína suspira, enlevada com a amabilidade de Pacheco. Quando fala, Pacheco não encara as pessoas, virando a cabeça ligeiramente para cima. Fala mais para si mesmo do que para os outros. Os três conversam, dando a impressão de que os assuntos já foram milhares de vezes repetidos.) (p. 464)

Pacheco e as irmãs estão no presente; Mariana, no passado. Sabemos disso não apenas porque os três já passam dos 60 anos e Mariana tem apenas 45, mas porque o apito do trem soa

UMA AUTOBIOGRAFIA

diferente: no presente, a locomotiva é elétrica e, no passado, a vapor. Quando Pacheco olha o relógio, ele o faz para verificar o atraso na passagem do trem, indicado pela primeira fala de Jesuína ("Não está atrasado o trem, senhor Pacheco?"). Guardando o relógio, o homem responde: "Como sempre." Ora, se o trem sempre atrasa, qual é a necessidade de confirmar o atraso? Fica claro, então, que a vida modorrenta dos habitantes da casa da rua 14 e de seus agregados se pauta pela passagem do trem – e por assuntos congelados no passado.

Há outra particularidade de Pacheco que contribui para conferir um caráter passadiço à casa da rua 14: sua linguagem. Bons exemplos são as falas do ex-proprietário dos troles quando, ao receber por telegrama a notícia de que Vicente voltava a Jaborandi, suas tias animam-se a recebê-lo com uma espécie de sarau. A cada menção de um possível convidado, Pacheco saía-se com "um bardo e tanto", "homem de todas as luzes" e "os homens grados". A linguagem de Pacheco e sua insistência na supremacia dos troles sobre os trens fazem dele uma "rubrica viva", uma personagem que, quando presente, distancia a casa da rua 14 do mundo moderno.

Jorge Andrade, como já havia feito em outras peças, insere em *Rasto Atrás* pequenas aparições de personagens que comentam o plano no qual não estão. Por exemplo, no dia do casamento de João José, quando suas irmãs ainda são relativamente jovens, sua mãe, Mariana, interpela o médico da cidade, doutor França, oferecendo-lhe Isolina, que está apaixonada por ele. Diante de sua recusa, Mariana tenta saber-lhe o motivo. Eis um trecho do diálogo:

FRANÇA: Não duvido. Mas não pretendo me casar mais.
MARIANA: Não diga isso, doutor. Homem solteiro é traste.
FRANÇA: É verdade. Não gosto de Isolina para casar.
MARIANA: E Jesuína ou Etelvina?
FRANÇA: Ora, dona Mariana!
MARIANA: Com qualquer uma o senhor será feliz.
(*Percebemos Etelvina na porta. Um amargo desencanto estampa-se em seu rosto. Logo depois, desaparece.*) (p. 470)

O diálogo continua. A rubrica não indica em que porta Etelvina aparece nem se sua aparição se dá na própria cena entre

132 JORGE ANDRADE: UM DRAMATURGO NO ESPAÇO-TEMPO

França e Mariana ou se no presente da peça, pouco antes da chegada de Vicente. Acredito na segunda hipótese, pois, pela lógica, a presença de Etelvina seria provavelmente notada por uma das personagens caso ela surgisse na porta do quarto de sua mãe, Mariana. De todo modo, o que importa aqui é o "amargo desencanto" no rosto de Etelvina. A despeito do esforço da velha fazendeira em arranjar bons partidos para as filhas, elas permanecerão solteiras pelo resto da vida. A expressão de desencanto de Etelvina ironiza a fala anterior da mãe ("Com qualquer uma o senhor será feliz."): o único dos filhos de Mariana que se casou foi aquele que não tinha perfil para se casar – João José.

## ACESSÓRIOS IMPORTANTES

Pacheco é personagem acessório, mas muito importante para a peça, já que personifica o atraso, a soberba de uma classe que não aceita o progresso nem sabe lidar com ele. Tanto que, no dia em que o primeiro trem vai sair da estação recém-inaugurada (mesmo dia do casamento de João José), ele decide tentar chegar de trole ao frigorífico antes do trem, para desmoralizar a estrada de ferro.

Seu oposto é Maruco, italiano que vende na cidade os doces que Etelvina fabrica na sua cozinha para sustentar a si e às irmãs. Tem caráter prático, com respostas rápidas. Sabe que Etelvina precisa de dinheiro e esforça-se para conseguir mais encomendas. Combina com Etelvina, a mais despachada das três irmãs, como revela este diálogo:

> MARUCO: A vida é breve, dona Etelvina!
> ETELVINA: E trabalhosa, Maruco. Acho que é isto que nos faz esquecer tanta coisa. Já perdia até a conta dos anos que trabalhamos juntos.
> MARUCO: Dezessete anos.
> ETELVINA: Dezessete anos?! Não sei o que teria sido de nós, se mamãe não me tivesse ensinado tanta coisa. Mamãe era uma mulher da realidade, Maruco. Só via o lado prático das coisas. (*Ri evocativa.*) Coitada! Quando ficava brava, não tinha papas na língua. Isto trouxe a ela muito desgosto! (*Olha à sua volta. Disfarça, enxugando os olhos. Maruco percebe.*)

UMA AUTOBIOGRAFIA 133

MARUCO: A senhora sabe que em duas horas os tabuleiros ficam vazios?

ETELVINA: A semana passada você disse que andava sobrando, Maruco!

MARUCO: Io disse? É questa língua maledetta! Decerto queria dizer outra cosa!

ETELVINA: Então, seria possível aumentar a encomenda?

MARUCO (*rápido, como se já esperasse o pedido*): Má, claro! Já trouxe seis tabuleiros.

ETELVINA: Seis?

MARUCO: Os fregueses aumentaram. É questo!

ETELVINA: Você faz isto para me ajudar.

MARUCO: Má... che ajudar!

ETELVINA: Eu sei, Maruco.

MARUCO: Uma visita importante dá despesas, dona Etelvina. Estava com medo que a senhora não aceitasse.

ETELVINA: Aceito, sim. Eu preciso. (p. 478)

Maruco aparece esta única vez, mas sua presença é essencial para a determinação da pobreza em que se encontram as três irmãs, fruto da incúria de João José e de seu pai Bernardino (apenas mencionado) nos negócios da família. É importante também porque dá a oportunidade para Etelvina mostrar que a mãe não era apenas uma fazendeira sem papas na língua, mas também mulher prática, que antevia o futuro de seus descendentes.

Outras duas personagens de pouca participação são Elisaura, mulher de João José, e Marieta, sua mãe. Quando aparece, no dia do casamento, enquanto retoca o vestido de noiva, Marieta adverte a filha dos sofrimentos que a esperam. Elisaura tenta tranquilizar a mãe, mas, no fim da conversa, ressurge a cruel ironia que permeia a peça:

MARIETA (*segurando as lágrimas*): Que Deus a faça muito feliz, minha filha.

ELISAURA (*uma esperança profunda ilumina seu rosto*): Eu serei feliz. Terei muitos filhos. João José será o mais terno dos maridos e eu... eu serei a única caça que ele procurou realmente na vida. Vamos! Papai está nos esperando. (p. 481)

Antes de terminar o primeiro ato, que Jorge Andrade denomina de parte, o trem mais uma vez protagoniza a cena. Em

134        JORGE ANDRADE: UM DRAMATURGO NO ESPAÇO-TEMPO

filme projetado, assiste-se à inauguração da estação de trem e a partida da primeira composição, com tudo a que uma ocasião dessas tinha direito na década de 1920: banda de música, uma melindrosa cantando "Vissi d'arte" (da ópera *Tosca*, de Puccini), homens e mulheres no rigor da moda, excitação, desmaios, lenços agitados etc. No palco, em primeiro plano, Isolina, Jesuína e Marieta dão adeus a João José e Elisaura, que partem no trem, em lua de mel. Fumaça encobre a cena e o apito do trem distancia-se. Ilumina-se o quarto de Mariana, onde estão a própria e Etelvina. A filha lê para a mãe uma engraçadíssima matéria que será publicada no jornal da cidade, com todos os clichês de colunas sociais. A matéria dá conta do casamento e da inauguração da estação. A cena ganha comicidade graças aos resmungos de Mariana à medida que a leitura prossegue. O final da leitura é marcado pelos apitos de duas locomotivas, uma antiga e outra elétrica (a que traz Vicente de volta a Jaborandi). Vicente entra em cena e é imediatamente dominado pelas lembranças:

(*Subitamente comovida, Etelvina se volta e sai. Desaparece a cena lentamente, enquanto Vicente* [43 *anos*], *carregando sua mala, entra no cenário, examinando à sua volta. Voltam, por alguns momentos, os latidos de cães e os sons de buzinas. Slides com cores sombrias, sugerindo a evocação torturada de Vicente, dão à cena um efeito expressionista. A expressão de Vicente é de evocação intensa. Ele recua, como se relutasse chegar, encostando-se à boca de cena. Olhando fixamente para a frente, é uma imagem viva da solidão, da desesperança. Ilumina-se a sala onde Isolina, Jesuína e Etelvina, vestidas de filhas de Maria, aguardam sua chegada. Estáticas, elas parecem suspensas no espaço. As expressões, as medalhas grandes, presas em fita larga e azul, a imobilidade ansiosa, tudo nelas é profundamente comovente. O garoto entra, admirando o rio.*)

VICENTE (*5 anos*): O rio está cheio de igarapés! Olha, papai! Quantos! A lua quebrada está boiando nele!
(*Vicente* [15 *anos*], *agitado, surge ao fundo. Vicente* [43 *anos*] *se contrai ainda mais.*)

VICENTE (*15 anos*): Por que se encarniçam tanto contra mim? Será que não podem compreender?

VICENTE (*5 anos. Abre os braços e anda, equilibrando-se*): Preciso perguntar p'ra vovó... como é que gente grande é; por que choram escondidos debaixo da mangueira, por que não respondem minhas perguntas...!

UMA AUTOBIOGRAFIA

MARIANA (*apenas a voz*): João José! Dá corda no relógio. Não gosto de relógio parado.

VICENTE: (*23 anos. Entra, nervoso, seguro por Maria*)

MARIA: Vicente! Vicente!

VICENTE (*23 anos*): Deixe-me, Maria. Vá embora!

MARIA (*segura Vicente, desesperada*): Não! Não!

VICENTE (*23 anos*): Aqui não posso viver. Você não compreende?

MARIA: Leve-me com você!

VICENTE: Que vida eu ia dar p'ra você, Maria?

MARIA(*afastando-se*): Vicente! Eu espero você. Eu espero... Vicente!

VICENTE (*23 anos*): Sinto-me acuado, Maria.

MARIA (*desaparecendo*): Eu espero, Vicente. Eu espero...!

MARIANA (*destaca-se da sombra, fremente de raiva*): Homem não chora! Não faça como sua mãe!

VICENTE (*5 anos. Abraça-se às pernas de Mariana*): Por que a lua está quebrada? Por quê?

MARIANA: Nós somos assim. P'ra que serve uma igreja coberta de flores se cada mulher que nasce é motivo de tristeza? Lua é lua, flor é flor, rio é rio. No fundo só tem lodo!

VICENTE (*15 anos. Caminha, transfigurado*): Não diga isto, vovó! A lua mora nas nuvens, as flores são lindas!... e os rios estão sempre caminhando, cobertos de flores e de luas! (*Os três Vicentes caminham, desaparecendo.*)

MARIANA: Mergulhe num p'ra ver! (*Revoltada.*) É aquela flauta! Também... virou penico de soldado na revolução de 32! (*Volta-se e sai.*)

(*Vicente [43 anos] domina-se, pega a mala e entra na sala. Desaparecem os* slides, *voltando a luz fria que caracteriza as cenas das tias. Vicente para e vira o rosto, não podendo suportar a visão das tias. Esconde o rosto, enquanto é sacudido pelos soluços. Subitamente, não aguentando mais, Isolina adianta-se.*)

ISOLINA: Vicente! Você está chorando? Meu filho...!

(*Isolina e Vicente se abraçam. Etelvina e Jesuína enxugam os olhos.*) (p. 484-485)

A juventude de Vicente lhe passa à frente em um turbilhão de imagens e sons. Seus virtuais, para tomar um termo caro a Pierre Lévy, surgem todos ao mesmo tempo, à maneira expressionista. O gatilho que dispara essa profusão de lembranças é, novamente, o apito de uma locomotiva. Os planos do presente e os vários passados se superpõem, ou melhor, se fundem, de maneira que o espectador assiste a um pastiche de acontecimentos passados. O efeito é contundente: o espectador vê o mesmo que Vicente e não é impossível que ele sinta a mesma angústia da personagem, que tem o seu passado exposto ali, a alguns metros, mas não pode participar dele, nem mesmo corrigi-lo – pelo menos, por enquanto.

No início da segunda parte (ou ato), vemos, no presente da peça, tias, amigos, intelectuais e autoridades de Jaborandi em uma seção literária em homenagem a Vicente. Uma mulher, Eugênia, canta uma ária da *Traviata*. O clima é de enlevo, com alguns dos presentes, como Jesuína, perscrutando a mente do ilustre visitante. Subitamente, todos ficam estáticos e a voz da cantora vai sumindo, lentamente, até ficar quase inaudível.

As luzes também abaixam, deixando a sala na penumbra; apenas Isolina permanece iluminada. Então o Vicente de 23 anos surge ao fundo, passa entre os convidados e senta-se em primeiro plano, examinando o livro que traz nas mãos. Ele começa um diálogo com a tia, que lhe pede para ir embora da cidade. Algumas frases trocadas e Vicente (23 anos) tem um longo solilóquio, no qual informa à tia – e à plateia – como descobriu sua vocação literária (em meio a uma caçada com o pai). Trata-se de mais um *flashback* do Vicente de 43 anos. Interessante é que no meio dessa lembrança começa a nascer outra, mais recente, isto é, há um *flashback* dentro do *flashback*:

(*Quando Vicente diz "eu me comunicaria"* [durante o solilóquio do Vicente de 23 anos], *começa-se a ouvir uma música popular moderna. Lentamente,* slides *de mulheres e homens a rigor cobrem as paredes da cena. Durante as palmas, o animador adianta-se. Agora, somente Vicente (43 anos) fica iluminado: a rememoração é dele.*)

> ANIMADOR: E agora!… o prêmio de melhor autor. Devo adiantar que esse prêmio veio criar um problema de decoração para a mulher do autor, pois é o quarto que ele recebe. (*Subitamente.*) Melhor autor nacional do ano… VICENTE!

(*Vicente se adianta. Lavínia surge, ao fundo, muito bem vestida.*)

> LAVÍNIA (*beija Vicente*): Satisfeito? Agora… um prêmio em cada estante!
>
> VICENTE: (*43 anos. Abaixa a voz*) E um papagaio em cada banco.
>
> LAVÍNIA: Não recomece, Vicente.
>
> VICENTE: É o resultado de cinco peças prontas que ninguém quer encenar.

UMA AUTOBIOGRAFIA    137

LAVÍNIA: P'ra que tanta amargura, Vicente?

VICENTE (*olha o prêmio em suas mãos*): Com esse, são oito em meu escritório... e estou só diante deles. E como eu, muitos! Com encenações que não obedecem a nenhum objetivo, ninguém pode se sentir realizado. Cada espetáculo se transforma em questões de lucros e perdas! Como um autor pode criar, se precisa pensar em número de personagens, temas proibidos, censura, intolerância política...?

LAVÍNIA: Vicente! Por favor!

VICENTE (*com obsessão*): Existem, nesta cidade, cinco milhões de habitantes! Como levar a eles o que é preciso dizer? (*Senta-se.*)

(*Lavínia sai e os* slides *desaparecem. A voz de Eugênia se eleva novamente, terminando a ária da* Traviata. *Voltando a si, Vicente (43 anos) observa Isolina, disfarçadamente, e sorri, reconhecido e afetuoso. Isolina, compreensiva, acaricia a mão de Vicente.*)

VOZES: Muito bem! Que voz! Bem cantado [...] (p. 486-487)

Nesse trecho, a memória de Vicente transita entre o passado remoto e o recente – este, um "quase presente", já que ocorre quando ele já tem 43 anos. É curioso que Jorge Andrade escreva no final da primeira rubrica que a rememoração é do Vicente maduro: pois toda a peça é composta por rememorações deste Vicente. Nessa cena, o autor paulista cria, simultaneamente, novos tempos e espaços tanto em um sentido "vertical" (passado remoto) como em um sentido "horizontal" (presente ou passado recente) – a cena da entrega do prêmio começa, pelos menos, uns dois minutos antes de terminar o diálogo entre Isolina e o Vicente de 23 anos.

A intertextualidade está muito presente em *Rasto Atrás*. Na cena descrita, as reclamações de Vicente referem-se às dificuldades reais enfrentadas por *Vereda da Salvação* e aos problemas que Jorge Andrade encarava na sua vida artística. Outra referência a peças do ciclo "Marta, a Árvore e o Relógio" está em uma poesia declamada por um poeta de Jaborandi durante a festa literária:

> Estrelas festivas no infinito cintilam!
> Mil trovões no espaço ribombam!
> E sobre a terra – madre-humosa,
> Leito de mil folhas, generosa,
> Ouvem-se passos de alma destemerosa!

138     JORGE ANDRADE: UM DRAMATURGO NO ESPAÇO-TEMPO

De clã de primitivos tempos
Que batendo mil léguas afoitamente
Aqui aportou só e destemidamente!
Para lares, colégios e capelas erguer,
E um imenso chão santificar.
Surge, assim, o cruzeiro altaneiro
De uma cidade, vagido primeiro! (p. 488-489)

Trata-se de um poema que homenageia o fundador de Jaborandi, Gabriel, de *Pedreira das Almas*. Não é difícil escutar, nessa poesia, as palavras de Martiniano, Mariana e Clara, ecoando o que dizia Gabriel sobre uma terra generosa, linda, com fontes e figueiras exuberantes – e que ficava no Planalto Paulista.

A declamação do poeta local enseja aos presentes solicitar a Vicente que declame um de seus poemas. O dramaturgo, a contragosto, aceita recitar um poema que havia escrito para uma de suas peças. Desenvolve-se então a seguinte cena:

(*Todos, excitados e ansiosos, preparam-se para ouvir. Trocam de lugar, procurando melhores posições. Ao mesmo tempo, ilumina-se o quarto, onde Elisaura, nos últimos tempos da gravidez, está lendo. Etelvina entra com uma xícara de chá.*)

ETELVINA: Tome, Elisaura.
ELISAURA: Não quero.
ETELVINA: Você precisa pensar em seu filho. Beba!
ELISAURA: Não tenho fome.
ETELVINA: Essa tristeza faz mal p'ra você.
ELISAURA: Eu sei o que me faz mal, Etelvina!
ETELVINA: Eu guardo. Você toma depois. (*Sai com a xícara.*) (p. 489)

Nesse instante, o plano do presente e o do passado aproximam-se:

(*Vicente vai ficar quase encostado em Elisaura. Elisaura sorri enternecida, sentindo o filho mexer em seu ventre.*)

VICENTE: P'ra que o menino nasceu?
O menino nasceu
Caminhando, falou!
O menino cresceu
Falando, cantou!

UMA AUTOBIOGRAFIA

O menino sofreu
Cantando, amou!
O menino viveu
Amando, sonhou!
O menino morreu
Sonhando, acabou!
P'ra que o menino nasceu?

(*Ficam todos um pouco confusos. Elisaura rompe em soluços. Isolina e Vicente trocam um olhar de compreensão profunda.*)

JESUÍNA: Continue, Vicente.
VICENTE (*disfarça*): Não terminei ainda de escrever.
JESUÍNA: Ah! Mas, você deve terminar. Não é, senhor Prefeito?
PREFEITO: Tem sustância!
POETA: É poesia moderna, não é?
VICENTE: Não sei.
POETA: Tenho lido muito.

(*Apaga-se a imagem de Elisaura. Etelvina entra com uma bandeja com xícaras e uma travessa cheia de biscoitos e brevidades.*) (p. 489-490)

Nessa cena, passado e presente ficaram muito próximos. Mas Jorge Andrade, logo a seguir, cria uma bela metáfora para mostrar ao espectador o que foi a vida daquela família quando, depois da violenta briga com o pai, Vicente partiu. Assim que Etelvina chega, o poeta, sem querer, bate no braço dela e uma bandeja carregada por ela se espatifa no chão. Ante o nervosismo das irmãs e as reclamações de Jozina, uma das presentes, Vicente estranha tanto alarde. Segue-se a dolorosa cena, que merece ser transcrita quase na íntegra:

(*As três irmãs ficam em volta da travessa quebrada. As outras pessoas saem.*)

VICENTE: Que foi, tia?
JESUÍNA: Nada!
ISOLINA: Nada, Vicente.
JESUÍNA: Etelvina é muito nervosa.
ETELVINA: Vamos deixar de mentiras, Jesuína! Não suporto mais isto.
VICENTE: Não suporta o quê, tia?
ETELVINA: A travessa não era nossa. Já vendemos toda a louça.
VICENTE: Pediram emprestado? Eu pago.
ETELVINA: Não. Serão entregues... depois que morrer a última de nós.

140 JORGE ANDRADE: UM DRAMATURGO NO ESPAÇO-TEMPO

JESUÍNA: Ora, Etelvina!

ETELVINA: Nada mais nos pertence: nem casa, nem louça, nem cristais. Só restou o relógio... porque é seu. Pode levar também.

VICENTE(*horrorizado*): Mas... isto é um saque contra a morte!

ETELVINA: E contra o que deveríamos sacar?

VICENTE: (*Confuso, não sabe responder*)

ETELVINA (*resolvendo*): Por que voltou, Vicente?

ISOLINA: Você tem cada uma, Etelvina!

ETELVINA (*com crescente animosidade*): Você partiu, esqueceu-se da gente, volta sem a mulher e os filhos... p'ra quê? P'ra fazer a gente sofrer com as coisas que passaram... que não gosto nem de lembrar? Já não basta o que tivemos de aguentar sozinhas?

(*Etelvina e as irmãs ajoelham-se em volta da travessa quebrada. Subitamente, extáticas, Jesuína e Isolina ficam olhando para frente, com expressão de desesperança.*)

ETELVINA: Veio procurar o quê? A agonia demorada de tudo? O rápido desaparecimento do pouco que restou? Que adianta falar agora?

(*Vai se acentuando, pouco a pouco, o apito de um trem que se distancia. Às vezes, temos a impressão de que o apito se confunde com o som de uma flauta. É, porém, uma coisa muito vaga.*)

ETELVINA: Você disse bem: fizemos um saque contra a morte. Foi o que nos restou de tudo. Moramos numa casa, comemos em louças e bebemos em cristais que já não nos pertencem. Só temos o corpo, nossos vestidos de filhas de Maria, livros de missa, santinhos e os caminhos da igreja e do cemitério. Foi só isto que você e seu pai nos deixaram. Consumiu-se tudo numa incompreensão odienta. A sua verdade! A sua verdade é a nossa agonia. É tudo e todos desta casa. Você fez da sua inclinação o mesmo que seu pai das caçadas: um meio de fugir para um mundo só de vocês.

(*O apito do trem torna a atravessar a cena. Isolina, com os olhos marejados, levanta a cabeça, enquanto vemos doutor França passar com uma mala, acompanhado por Pacheco. Logo depois, desaparecem.*)

ETELVINA: Os amigos foram desaparecendo, um a um! A pobreza acabou levantando uma cerca de espinhos em volta desta casa. O lugar... onde moram as moças da rua quatorze. Que direito tem você de vir pedir que soframos, mais uma vez, humilhações, angústias e vergonhas tantas vezes sofridas? Era preciso trabalhar e esquecer. Só isto! Trabalhar e rezar. Noite e dia! Não havia outra saída para nós. Rezei! Rezei para não morrer. Eu era a burra de carga. Forte como uma colona... preparada para aquilo que sou hoje: o homem da casa.

*(Subitamente, Etelvina começa a soluçar. Vicente vai se afastando, enquanto as três irmãs catam os cacos da travessa. Desaparece a cena. Ilumina-se o quarto de Elisaura.)* (p. 490-491)

Há pelos menos dois aspectos muito importantes a se destacar nesse trecho da peça. O primeiro é a explicitação, na fala de Etelvina, dos mundos paralelos de João José e Vicente, criados a partir da inclinação e do gosto de cada um. São mundos opostos, que se encontrarão no final da peça porque seus habitantes, pai e filho, são muito parecidos. E essa semelhança está na fala de Etelvina: "Você fez da sua inclinação o mesmo que seu pai das caçadas: um meio de fugir para um mundo só de vocês."

O segundo aspecto notável é a semelhança entre o desabafo de Etelvina e o de Vânia, no final de *Tio Vânia*, de Tchékhov. A falta de saída, exceto pelo trabalho, o apego às rezas, a reclamação por trabalhar demais sem receber reconhecimento: tudo isto está no discurso das duas personagens, separadas por seis décadas. E, recuando ainda um pouco no tempo, encontraremos Vassíli Vassiliev Bessemenov, chefe da família retratada em *Pequenos Burgueses*, de Máximo Górki, explodindo: "Como é que você quer viver? O que é que você sabe fazer? [...] Tenho direito de perguntar... Você ainda é uma criança... Um bobo... Durante cinquenta e oito anos trabalhei para meus filhos... Como um burro de carga..."[1]

Jorge Andrade, Tchékhov e Górki foram três autores, entre muitos, que mostraram como os povos de seus países viviam mal. Se os russos cumpriam a tarefa por meio de um teatro realista, Jorge, fazendo uso da tecnologia, da evolução do teatro e do cinema, conseguiu introduzir uma infinidade de elementos épicos para dar conta do mesmo objetivo. À medida que a peça avança, a exibição simultânea de fatias do espaço-tempo se acentua, como verificamos nas seguintes rubricas:

*(Enquanto Elisaura lê a carta, Vicente [5 anos] entra no palco. Percebe-se que ele apanha flores. Simultaneamente, vemos Vicente [43 anos], Isolina e Jesuína ajoelhados no túmulo de Elisaura.)*

[...]

---

1   M. Górki, *Pequenos Burgueses*, p. 211.

(*Subitamente, o livro e a carta caem no chão. Elisaura, com os olhos esgazeados, revelando espanto e ira, parece indefesa, frágil.*)

[...]

(*Enquanto Elisaura sai se contorcendo, ilumina-se a beira do rio, onde João José está diante de duas varas de pescar, uma maior e outra menor. Slides coloridos, onde percebemos, vagamente, diversas luas, misturados aos slides da floresta, iluminam todo o palco.*)

JOÃO JOSÉ: Vicente!
VICENTE (*5 anos*): Senhor.
JOÃO JOSÉ: Venha, meu filho! Tem lambari mexendo na vara.
VICENTE (*5 anos*): Já vou, papai.

(*João José observa o garoto brincar. Vicente [43 anos] se levanta do túmulo e se aproxima do garoto. Jesuína e Isolina desaparecem. Vicente [5 anos], ainda colhendo flores, sai do palco. João José, sempre olhando o filho, se levanta e caminha como se fosse segui-lo. Vaqueiro, ataviado para caçar, surge ao fundo e se aproxima. Reaparecem os sons de latidos e buzinas.*) (p. 493-494)

Elisaura está lendo um livro, em seu quarto, quando recebe a carta de João José. Ela está viva e morta ao mesmo tempo, no palco, pois também jaz no túmulo diante do qual estão Vicente e as tias. Da mesma forma, Vicente aparece com 5 e com 43 anos – e ainda como feto, na barriga da mãe. O surgimento de Vaqueiro traz, em um salto, João José para outra época e outro lugar. Ele estava com o filho de 5 anos, na beira do rio, e na carta que enviou à sua mulher grávida, carta que ela lia quando começou a sentir as dores do trabalho de parto. Porém, Jorge Andrade confunde o espectador no início do diálogo com Vaqueiro. Pensamos que a aparição de Vaqueiro havia trazido João José para o presente da peça, para a sua caçada no Mato Grosso. Todavia, no diálogo entre as duas personagens, cujo tema óbvio é uma antiga caçada, Vaqueiro faz a seguinte pergunta:

VAQUEIRO (*pausa*): Compadre! Não é hora de dona Elisaura adoecer? (*Adverte com tato.*) A lua é danada p'ra mudar as coisas!
JOÃO JOSÉ: Mais uma semana, compadre. Desde pequeno, meu filho vai aprender que pode ser caçador tão bom quanto eu, melhor não. Vai saber que nunca voltei sem minhas caças. E não é esse cervo que...

(*Diversos cachorros começam a latir. João José salta de pé, com os músculos retesados. Seu porte é majestoso.*)

UMA AUTOBIOGRAFIA 143

JOÃO JOSÉ: É ele! É ele, compadre! Corre, Vaqueiro! Cerca que ele vai p'ro banhado outra vez!

VAQUEIRO: Já está na garupa!

JOÃO JOSÉ (*joga o chapéu no chão*): Virou caveira de parede. Presente p'ro meu filho!

VICENTE (*43 anos. Perdido em si mesmo*): Presente para o meu filho!

(*Vaqueiro sai tocando a buzina, enquanto Vicente [5 anos] entra no palco. João José de dirige para onde estão as varas de pescar.*)

[...]

VICENTE: (*43 anos. Senta-se diante deles e os observa*)

[...]

VICENTE ([*5 anos.*] *Agarra-se às pernas de João José*): A traíra está comendo o lambari! Salva ele, papai!

JOÃO JOSÉ: Não é possível. Vamos embora! (*Olha a cesta.*) Mas... onde estão os peixes?

VICENTE: Não sei.

JOÃO JOSÉ: Você soltou outra vez?

VICENTE (*43 anos. Levanta-se, aflito*): Soltei! (p. 494-495)

Sabemos assim, que nessa cena a caçada de João José e Vaqueiro ocorre ao mesmo tempo em que Elisaura dá a luz a Vicente. E vemos também o Vicente maduro "intrometendo-se" na conversa entre o pai e ele mesmo, ecoando frases já ditas. É o plano da memória do dramaturgo. A cena revela também a dificuldade de comunicação entre pai e filho. João José gosta do mato para caçar e pescar e tenta ensinar isso ao filho. O pequeno Vicente tem predileção pelos aspectos lúdicos da floresta, da lua, do rio, gosto que fica evidente em suas palavras: "montarei no meu corcel e descerei pelas ribanceiras. [...] Vou caçar as negras malas, sulfurosas..." (p. 496).

Imediatamente após essas palavras, que encerram a cena da pescaria, surgem no palco, no tempo presente, Lavínia e um garoto de mais ou menos 7 anos, com o mesmo jeito do pequeno Vicente (provavelmente, é Martiniano, filho do casal). O menino pergunta à mãe, em tom de reclamação, por que o pai (Vicente) não conversa com ele, não brinca com ele, não conserta seu papagaio. Trata-se, a meu ver, de uma autocrítica, já que ele sempre censurou o pai João José pela falta de diálogo e de participação na sua vida. João José refugiava-se nas caçadas; Vicente, no seu trabalho de dramaturgo.

144 JORGE ANDRADE: UM DRAMATURGO NO ESPAÇO-TEMPO

Pouco depois do diálogo entre Lavínia e seu filho, ela novamente conversa com Vicente, no passado recente da peça, sobre as inquietações do dramaturgo. Nesse diálogo, ele confessa não se lembrar com exatidão do seu passado e ter "coisas escondidas" que o atormentam:

(*Vicente parece perdido em si mesmo. Lavínia torna a entrar, segurando papéis coloridos e um papagaio. As sombras da conferência* [de Coelho Neto] *desaparecem. Vicente se volta, aflito.*)

VICENTE (*43 anos*): Há muitas coisas em minha vida, Lavínia, pedindo explicações. De muitas, lembro-me bem. Mas, são as escondidas que nos atormentam. (*Volta a cabeça, ligeiramente, numa recordação fugidia. O GAROTO, ESCONDENDO ALGUMA COISA, SURGE CORRENDO, PARA, MEIO ASSUSTADO, OLHA PARA OS LADOS E DESAPARECE, RÁPIDO.*)

MARIANA (*passa ao fundo, atarefada*): João José! Dá corda no relógio. Não gosto de relógio parado. (*Sai.*)

VICENTE (*retoma o tom*): As que ficam perdidas não sei em que imobilidade, agarradas às paredes como hera, guardadas em fundo de gavetas de cômodas velhas, refletidas em caixilhos, escondidas dentro de nós...!

LAVÍNIA: Quando se refere às coisas de sua vida que pedem explicações, você pensa no passado ou no presente?

VICENTE (*confuso*): Creio que... nos dois. (p. 497)

Nesse trecho, as lembranças fugidias e a pergunta de Lavínia, juntas, fixam o momento em que Vicente está: congelado entre o passado e o presente, em uma espécie de "não tempo". Quem assistia à série televisiva *Túnel do Tempo* (criada por Irwin Allen e baseada em um romance do escritor Murray Leinster) deve lembrar-se de que os viajantes Tony Newman e Douglas Philips, em pelo menos um episódio, ficaram suspensos no tempo porque o computador do laboratório que os conduzia ao passado e ao futuro deparou-se com uma mínima imprecisão nas coordenadas de determinado lugar e data (imprecisão de zero vírgula milhares de zeros um). Pois bem: a falta de solução para esse problema numérico pode ser comparada à falta de resolução dos problemas que o jovem Vicente acabou deixando para trás quando partiu de Jaborandi. Pai e filho não haviam acertado suas diferenças, e Vicente as carrega para dentro da sua própria família e do seu trabalho. Daí sua insatisfação.

UMA AUTOBIOGRAFIA 145

Vicente, praticamente sem sair do palco, vai interferir mais vezes nas cenas do passado, como já o fizera nas páginas 494 e 495. Por exemplo, quando Elisaura noticia João José da sua gravidez, no momento em que ele escapava da conferência de Coelho Neto, ele exulta e diz que trará para o futuro filho "as mais belas cabeças de cervo". E, antes de sair, afirma: "Ele será o meu companheiro" (p. 500). Vicente (43 anos), vendo a mãe, solitária e triste, atravessar o palco, repete a frase do pai, em um sussurro doloroso. Em seguida, Vicente verá a si mesmo, aos 15 anos, lendo na sala da sua casa, em companhia das tias Isolina e Jesuína e da avó Mariana. E, respondendo a Isolina, que disse ter gostado muito "daquilo" (provavelmente um poema), o Vicente de 43 anos verbaliza o que deve ter pensado naquela hora: "Uma ave com penas de prata, asas de aço e olhos do tempo" (p. 501). A frase será mencionada por Mariana em uma reprimenda a todos os ali presentes, cada um por uma razão: às filhas, ela censura a falta de objetividade na procura por um marido, já que as tentativas com o doutor França e com Pacheco deram em nada; ao jovem Vicente, Mariana atribui a incompreensão e a raiva contra o pai, além de criticar-lhe o caráter sonhador e o desprezo pelo que restou da fazenda. A matriarca encerra a discussão convocando as filhas para uma novena no cemitério. Há uma mudança no espaço cênico, pela projeção de túmulos na parede da esquerda do palco, como indica a rubrica. Mariana e as filhas rezam no meio dos túmulos, enquanto o Vicente maduro as observa. Jorge Andrade não indica quando e se essa projeção deve desaparecer. Enquanto as mulheres rezam, outra projeção surge na parede da direita, iniciando uma nova ação do Vicente de 15 anos. É de se supor que haja um momento de simultaneidade das duas projeções e a primeira desapareça assim que o Vicente adolescente execute sua ação:

(*Enquanto ouvimos a oração, Vicente* [15 anos]*, aflito, abre um livro e retira diversas cédulas de dinheiro. Depois, corre num movimento de fuga e libertação. A estação ferroviária é projetada na parede da direita. Uma locomotiva prestes a partir toma toda a parede do fundo. A cena é invadida por apitos, fumaça, sons de automóveis e de trens. Mariana e as filhas desaparecem* [provavelmente, junto com a projeção]*. Vicente* [43 anos] *se aproxima da estação, olhando, penalizado, Vicente* [15 anos]*.*)

146  JORGE ANDRADE: UM DRAMATURGO NO ESPAÇO-TEMPO

VICENTE (*15 anos*): Uma passagem para São Paulo.
VOZ (*que ressoa em toda a cena*): Você está só?
VICENTE: Estou.
VOZ: Que idade tem?
VICENTE: Dezessete.
VOZ: Quinze! Vá andando, Vicente!
[...]
VICENTE (*desesperado*): É a minha vez! (*Grita.*) Me dá uma passagem. Eu vou embora. Vou trabalhar e estudar. Não quero morar na fazenda. Largue-me! Deixe-me! Aqui não consigo viver! Não posso ser o que sou! Vão me ferir...! Por favor...!

(*Ouvem-se os apitos de partida. Vicente corre na direção da locomotiva, enquanto esta parte, crescendo em sua direção como se fosse passar por cima dele. O apito vai se distanciando até sumir. Vicente [15 anos] fica parado em grande solidão. O som do apito vai se confundindo com o som de uma flauta. Humilhado, Vicente se afasta, até desaparecer. Vicente [43 anos] o segue, sentindo a mesma solidão.*)

VICENTE (*43 anos. Rememora, profundamente ferido*): Seria melhor... que não tivesse nascido! (p. 503-504)

O desejo de não ter nascido é compartilhado pelo menos uma vez com o pai. Assim que Vicente (43 anos) profere essa frase, inicia-se um diálogo entre Mariana e João José. Nessa conversa, Mariana repreende o filho por não saber educar o neto. A discussão se acirra e João José acaba por desejar que o filho não tivesse nascido. Mariana dá-lhe uma bofetada, diz-lhe mais algumas palavras severas e ambos saem de cena. Vicente (15 anos) a tudo escutara atrás de uma porta e, compreensivelmente, sofre e magoa-se. Isolina vê o sobrinho torturado e vai ao seu encontro. Mais uma vez, toca o apito do trem, que se distancia. Vicente (43 anos) revê tudo o que sua mente evoca – e sofre.

A frase dita por Vicente e repetida pelo pai (em uma ordem cronológica inversa) indica que a hora da verdade se aproxima. Logo, pai e filho vão se encontrar, para um ajuste de contas. A cena que marca o início dessa aproximação acontece logo após um diálogo ríspido entre Vicente e Lavínia:

(*Lavínia sai. Vicente adianta-se, sentindo-se perto de acontecimentos penosos. Pouco a pouco, João José vai sendo iluminado, sentado com a cabeça entre as mãos, em grande preocupação. Alguma coisa o tortura profundamente. Vaqueiro surge ao fundo e olha, preocupado, para João José. Slides com formas estranhas, sugerindo grades, são projetados em*

UMA AUTOBIOGRAFIA

*toda a cena. Por um momento,voltam os slides de cores sombrias do final do primeiro ato).* (p. 509)

Em nenhum momento anterior a esse, João José parece sofrer, exceto quando, ainda no início da peça, leva a mão ao coração, como se estivesse sentindo dores. Nem quando Vaqueiro, também no primeiro ato, lhe pergunta se estava a pensar no menino, João José dá o braço a torcer. Vicente percebe, mas não se trata de uma evocação, já que ambos estão no presente da peça:

VICENTE (*43 anos*): Que impiedade cometemos, papai? Que momento foi esse que nos separou? Onde procurar mais? Em que canto de mim mesmo ainda não desci, para tirá-lo de lá como realmente foi? Há uma imagem que precisa ser destruída, para que a verdade apareça. É esta que vim buscar. (*Vicente sai, enquanto Vaqueiro se aproxima.*)
VAQUEIRO: Vamos se embora, compadre! Vá procurar seu filho duma vez.
JOÃO JOSÉ: Sai daqui, Vaqueiro! Me deixa em sossego.
VAQUEIRO: P'ra que continuar nessa penação?
JOÃO JOSÉ (*violento*): Quem disse que estou penando?
VAQUEIRO: Nem caçar a gente tem caçado, compadre.
JOÃO JOSÉ: Nunca cacei tanto em minha vida! Dia e noite…!
VAQUEIRO: O senhor não tem saído deste tronco de árvore!
JOÃO JOSÉ: Sabe o que o Vicente me disse uma vez? "Há outros caminhos, outras matas onde um homem pode se perder!" Deve haver caças que a gente não pega nunca…
VAQUEIRO (*mais preocupado*): Compadre!
JOÃO JOSÉ: …que amoitam…! (*Agitado, passa a mão pelo peito. Elisaura surge, ao fundo.*) Sai daqui, Vaqueiro! Nessa caçada, você não entra.
ELISAURA: O filho que vou dar a você! Fique comigo!
JOÃO JOSÉ (*dominado por um pensamento obsedante*): Anda, vaqueiro! Não volte aqui enquanto eu não chamar. (*Vaqueiro sai.*)

(*Etelvina, Jesuína, Isolina e Mariana entram e saem rapidamente, repetindo as frases fora da cena.*)

MARIANA: Deixe o menino, João José! Ele não aguenta!
ETELVINA: Não judie dele. Vicente não gosta!
JESUÍNA: Não judie da criança!
ISOLINA: Não judie do menino, João José! (p. 509)

Agora, é João José quem evoca acontecimentos passados. Logo, ele também jogará com diversos planos de épocas anteriores.

148 JORGE ANDRADE: UM DRAMATURGO NO ESPAÇO-TEMPO

Há uma longa rubrica, que indica uma série de acontecimentos evocados por João José:

(As vozes vão se distanciando. A aparição de Elisaura é um pouco irreal. Quando Elisaura se aproxima, um frêmito percorre o corpo de João José. O garoto entra correndo e rindo, parando quando avista o pai. Logo depois, Vicente [23 anos], com camisa colorida e lança-perfume na mão, passa ao fundo e para, observando João José. Vicente [43 anos] entra examinando atentamente um livro. Vicente [15 anos] surge ao fundo, fantasiado de noiva, para e olha João José com expressão decidida, de desafio. João José passa as mãos na cabeça como se quisesse afugentar uma lembrança. Por alguns momentos, João José parece cercado. Os quatro VICENTES, espreitando João José, vão se aproximando com expressão que é um misto de raiva, carinho e súplica de compreensão. A expressão evolui conforme a idade, atingindo o seu ponto mais exasperado em Vicente [15 anos]. Os movimentos que fazem parecem ter qualquer coisa de louco, de suspeito: é como João José os vê. MARCELO e mais sete adolescentes entram fantasiados de noiva. Eles andam, já meio bêbados, fazendo com que os véus se agitem no ar. O garoto, rindo, sai correndo e desaparece. Enervado, Vicente [23 anos] volta-se e sai. João José envolve-se no bloco e diz qualquer coisa a Marcelo, entregando-lhe um pacote de dinheiro. O bloco, evoluindo sempre em silêncio, vai saindo de cena.) (p. 509-510)

Essas são lembranças de João José. É a primeira vez que as personagens evocadas percebem a presença da personagem que as evoca. E é também a primeira vez que o Vicente de 43 anos surge como uma evocação. Sem nenhum tipo de corte, Vicente (43 anos) deixa de ser uma aparição e torna-se ele mesmo, a lembrar de acontecimentos passados: ele se vê, aos 15 anos, sair abraçado com seu amigo Marcelo e a prostituta Jupira. Trata-se de uma recordação dolorosa, à qual se sucede, imediatamente, a entrada de Vicente (23 anos) e Maria. O diálogo dos jovens segue a mesma toada: Vicente não se encontra, não sabe o que quer, não aceita o mundo como ele é e não consegue ser compreendido por ninguém, nem pela sua namorada. Quando o jovem casal se deita e desaparece, Vicente (43 anos) tenta responder à sua própria pergunta ("Quem sou eu?"): "Quem? Eu tinha necessidade de saber, Maria! Precisava ler todos os livros do mundo... preocupar-me com os problemas da minha gente. O conhecimento da verdade...!" (p. 512)

Segue-se a essa fala uma cena passada em um ginásio onde Vicente leciona teatro. Em uma aula, em que se discute a peça

UMA AUTOBIOGRAFIA

*O Caso Oppenheimer*, de Heimar Kipphardt (peça que utiliza muitos dos recursos épicos empregados em *Rasto Atrás*, principalmente as projeções de filmes e *slides*), alguns alunos dizem a Vicente que suas ideias foram confrontadas e seu trabalho como professor e dramaturgo foi muito criticado pelo professor de religião. A discussão entre os alunos e o padre é mostrada dentro da própria cena, até que o padre sai, enfurecido. Quando Vicente retoma a aula, ele se perde na lembrança da sua própria história.

Após a cena da escola, Vicente (43 anos) evocará um diálogo entre João José e Mariana. Este trecho é fundamental para a compreensão do papel de Mariana na peça e na história da família:

([...]*Ilumina-se o quarto de Mariana. Ela está recostada em travesseiros. João José, agitado, aproxima-se da cama, seguido por Vicente [43 anos]*).

MARIANA: Basta eu fechar os olhos... e essa incompreensão odienta vai acabar com o pouco que restou.

JOÃO JOSÉ: Um filho que só serviu para me atormentar.

MARIANA: Esta foi a minha sina: passar a vida no meio de homens fracos. Na minha luta contra aquela flauta, e na sua, contra a inclinação do seu filho, consumiu-se tudo.

JOÃO JOSÉ: Não diga isto, mamãe. Não neste momento!

MARIANA: Lutei a vida inteira contra um fantasma... e perdi. O que foi que fez na vida, João José? Usou a fazenda p'ra quê? Só olhou naquele relógio antes de sair p'ra caçar. Chuva é boa... porque a caça deixa rasto! Você pensa que ainda está no tempo antigo. Desde que o trem chegou aqui, que tudo mudou. E você não percebeu, meu filho.

JOÃO JOSÉ: Se ele tivesse me ajudado...

MARIANA: Não adiantaria nada. O mal... está em você também. Coitado do meu filho! É ainda uma criança... correndo num mundo sem porteiras.

VICENTE (*43 anos. Recua, penalizado*): Papai! Agora eu compreendo!

MARIANA (*vendo Vicente [23 anos] se aproximar*): E o meu neto... um menino perdido no mundo da lua. (*Contrai-se*) Trinta mil alqueires, meu Deus! (*Subitamente.*) Minhas filhas! Onde estão minhas filhas...?

(*Etelvina, cansada e suada, aparece mexendo um tacho. Jesuína e Isolina, debruçadas à janela, olham quem passa na rua. Volta o apito do trem, que se distancia e se confunde ao som da flauta.*)

MARIANA (*agita-se, angustiada*): Eu sempre achei... que Bernardino... acabaria ganhando a parada. (*Retesada.*) Maldita flauta!

150  JORGE ANDRADE: UM DRAMATURGO NO ESPAÇO-TEMPO

Ninho de cigarras daninhas! Me fez quatro filhos... e jogou na pobreza! (*Odienta.*) Quero encontrar Bernardino... nas profundezas do inferno!

(*A cama de Mariana desaparece. Vicente [23 anos] volta à posição em que estava. O som da flauta vai se acentuando cada vez mais, até formar um dueto com João José e Vicente. João José surge ao fundo. O sorriso torna seu rosto sereno, infantil.*)

JOÃO JOSÉ: Ah!... porque eu trago tudo ali, na escrita, filho! Só dou baixa nos livros, quando o cabrito já está na garupa. A velhacaria dele já tinha enchido um borrador. Tem caça maliciosa como o demônio! Corre rasto atrás, confunde suas pegadas, muda de direção diversas vezes, até que o caçador fica completamente perdido, sem saber o rumo que ela tomou. E muitas vezes é tão esperta que fica escondida perto da gente, em lugares tão evidentes que não nos lembramos de procurar. Nem estas puderam comigo, filho! (*Desaparece.*)

VICENTE (*43 anos*): Nós nos procuramos tanto, papai, e estávamos tão perto... perdidos no mesmo mundo! (*Subitamente*) Papai! Estou pronto! Pode ser odioso, porque eu também fui. Cada um levanta a caça que quer, mas deve voltar com ela bem firme nas mãos. Agora, eu estou! (p. 515-516)

Agora sabemos que João José e Vicente são feitos do mesmo material: fracos, alheios às responsabilidades do mundo real, incapazes de compreender um ao outro. São, de fato, descendentes de Bernardino, sempre anunciado pela flauta. "Perdidos no mesmo mundo" vão, finalmente, se encontrar. Porém...


## OS QUATRO VICENTES

Antes que Vicente e João José possam se encontrar no presente da peça, há um longo embate entre o pai e as versões mais jovens do dramaturgo. Elas aparecerão simultaneamente no palco, sempre em situação de enfrentamento com o pai. Percebe-se uma exacerbação da animosidade à medida que Vicente fica mais velho. A seguir, uma reprodução parcial dessa cena, que ocupa mais de seis páginas do livro *Marta, a Árvore e o Relógio*:

JOÃO JOSÉ: Vicente! Onde está você, meu filho? Vicente! (*Olha a cama.*) Vicente! Quer que eu arranque você daí? P'ra que se esconder, meu filho?

UMA AUTOBIOGRAFIA 151

VICENTE (*5 anos*): Não estava escondido, papai.
JOÃO JOSÉ (*sorri*): Amoitado pior do que catingueiro!
VICENTE: É a minha gruta, papai.
JOÃO JOSÉ: Gruta?
VICENTE: Onde guardo minhas coisas. Como se fosse um segredo.
[...]

(*João José se aproxima de Vicente [15 anos], que continua absorto na leitura. João José pega a perneira e observa Vicente.*)

JOÃO JOSÉ: O que é isto?
VICENTE (*15 anos*): Um livro.
JOÃO JOSÉ: Até aí eu sei. É sobre o quê?
[...]
VICENTE (*sorri superior*): O senhor vê tudo em termos de caçada! (*Consigo mesmo e com mágoa.*) Há caças que não pegamos nunca! Há outros caminhos e matas onde um homem pode se perder.
[...]
JOÃO JOSÉ: Se aceitasse meus conselhos, não se sentia assim. É preciso caçar, andar a cavalo...
VICENTE (*irrita-se*): O senhor não compreende...
JOÃO JOSÉ: ...em vez de ficar grudado em livro!
VICENTE: ...eu digo uma coisa, o senhor entende outra!
[...]
JOÃO JOSÉ: Quero saber quem é você!
VICENTE: Também estou querendo saber quem sou!
JOÃO JOSÉ: O que quer da vida!
VICENTE: Também não sei.

(*Irritado, João José entra onde está Vicente [5 anos].*)

[...]
JOÃO JOSÉ: Vá brincar! Saia deste quarto!
[...]
JOÃO JOSÉ: Vá ver seus primos! Ande! Não quero encontrar mais você aqui.

(*João José se aproxima de Vicente [23 anos].*)

VICENTE (*23 anos*): Não mexa nos meus livros.
JOÃO JOSÉ: A escrivaninha é minha. Lugar dos meus borradores. Tire essa porcariada daqui.
[...]
JOÃO JOSÉ: [...] Vou fazer a escrita.
VICENTE: Escrita de caças abatidas, nascimento de cachorros etc. A outra não sai nunca.
JOÃO JOSÉ: Por que não faz? Você não é o administrador?
[...]
JOÃO JOSÉ: Já vi que espécie de fazendeiro vai ser. Se é que vai!

152      JORGE ANDRADE: UM DRAMATURGO NO ESPAÇO-TEMPO

VICENTE: Cada um faz o que tem capacidade. O que resta desta fazenda mostra bem o que o senhor foi.

JOÃO JOSÉ: Deixa acabar! Deixar terra p'ra quem? Fazenda exige gente disposta, com os pés na terra.

VICENTE (*sorri, amargurado, ao ver o pai descrever o que ele próprio não é.*)

[...]

JOÃO JOSÉ: Com você não adianta conversar. Não entendo você. (*Chegando diante da cama.*) Onde estão os livros?

VICENTE (*5 anos*): Já guardei na minha gruta, papai.

[...]

JOÃO JOSÉ: Será que você não tem outra coisa p'ra fazer?

VICENTE (*15 anos*): Não.

JOÃO JOSÉ: Vá agarrar em orelha de boi! Você passa o dia inteiro pendurado em orelha de livro!

[...]

JOÃO JOSÉ (*descontrolado*): Hoje você vai... nem que seja de arrasto!

VICENTE: Eu vou. Mas, vou torcer pela caça. Sou pelos mais fracos.

JOÃO JOSÉ: Porque é um fraco também.

[...]

JOÃO JOSÉ: Fique em casa, costurando com sua avó! (*Sai.*)

VICENTE (*ferido*): Eu sabia que o senhor ia chegar aí!

[...]

(*O garoto, assustado, atira-se debaixo da cama. Vicente* [23 anos] *vira--se, subitamente, pondo-se de pé, quando João José entra onde ele está.*)

JOÃO JOSÉ: É de se ficar louco! Em cada lugar que entro, encontro você grudado numa porcaria de livro. Vi isto a vida inteira!

VICENTE (*23 anos*): E ainda não desistiu de implicar?

[...]

VICENTE: O senhor não consegue mais me ferir.

[...]

JOÃO JOSÉ: E vou continuar. Até você aprender!

VICENTE: E assim, chegaremos diante da sepultura!

JOÃO JOSÉ (*saindo*): Chegaremos!

VICENTE (*15 anos*): Não há lugar para meus livros nesta casa.

JOÃO JOSÉ (*saindo*): A casa é minha.

VICENTE (*5 anos*): Posso pôr na escrivaninha, papai?

JOÃO JOSÉ: Está cheia de chumbo. (*Sai.*)

[...]

VICENTE (*15 anos*): Eu quis estudar sociologia, o senhor não deixou.

[Provavelmente, há um erro aqui. O Vicente que diz esta frase é, supostamente, alguém que já sabe o que é sociologia. Portanto, seria o Vicente de 23 anos.]

JOÃO JOSÉ (*saindo*): Isto é profissão de mulher!

UMA AUTOBIOGRAFIA 153

[...]

JOÃO JOSÉ (*saindo*): Por que não estudou agronomia?

VICENTE (*23 anos*): Porque não gosto.

JOÃO JOSÉ: Já sei do que você gosta.

(*Os* VICENTES *fazem movimentos circulares no palco. João José parece cercado, acuado.*)

VICENTE (*23 anos*): Com o senhor não adianta conversar.

VICENTE (*15 anos*): O senhor não entende!

VICENTE(*5 anos*): O senhor me devolve, papai?

JOÃO JOSÉ (*ao de 23 anos*): Por mais que olhe em você, não vejo nada meu.

VICENTE: (*43 anos. Corre, prevendo o que vai acontecer*)

JOÃO JOSÉ (*violento*): Nem parece filho meu.

VICENTE (*23 anos*): Nem você parece meu pai.

JOÃO JOSÉ (*ao de 15 anos*): O que é que está fazendo?!

VICENTE (*15 anos*): Corra! Salve-se!

JOÃO JOSÉ: Você está louco?!

VICENTE (*23 anos*): Fuja dos cachorros!

JOÃO JOSÉ: Não me envergonhe diante dos companheiros!

VICENTE (*15 anos*): Seja livre! Corra!

JOÃO JOSÉ (*fora de si*): Não faça isto!

VICENTE (*5 anos*): Eu chamo de amoitador.

VICENTE (*15 anos*): Sou pelos mais fracos, já disse.

VICENTE (*23 anos*): Salvei a caça!

VICENTE (*5 anos*): Deixe-me com meus livros, papai! (*Agarra-se às pernas de João José*)

JOÃO JOSÉ (*rasga o livro*): Você matou o cachorro!

VICENTE (*43 anos*): Assim, terminou minha primeira caçada. (p. 516-521)

Essa vertiginosa cena só é interrompida pelo surgimento de outras personagens. Trata-se, sem dúvida, de um violento choque dos diversos planos em que pai e filho se encontraram ao longo da vida, agora atualizado pela memória do Vicente de 43 anos – que tem papel importante ao antever o dramático desenlace da cena.

O desfecho da cena é a briga final entre João José e o Vicente de 23 anos. Um joga na cara do outro todas as mágoas acumuladas e, quando o rapaz acusa o pai de indiferença e culpa-o pela morte da mãe, na Santa Casa, João José desfere-lhe uma bofetada. Vicente não reage e desafia o pai, antes de partir:

154     JORGE ANDRADE: UM DRAMATURGO NO ESPAÇO-TEMPO

VICENTE (*com determinação vital*): Eu vou vencer, está ouvindo? Eu vou vencer. Volto aqui para ajustarmos contas. Aí... eu poderei lhe bater como um homem. Sabe como? Provando a você que sou alguém. Alguém que não tem nada seu. Que vence apesar de ser seu filho.

JOÃO JOSÉ: Então, vá e volte logo! Mas, volte como um homem! Estarei à sua espera.

VICENTE: Eu vou vencer. Está ouvindo? Não quero nada seu. Nem seu nome!

(*Vicente se volta, com resolução, e sai. Vaqueiro surge ao fundo e, preocupado, se aproxima, observando João José. Vicente (43 anos), presa de grande remorso, senta-se na cama. João José, inteiramente ataviado para a caçada, parece ainda mais imponente. Ele anda para o meio do palco como se fosse um magnífico cervo. Olha à sua volta, soberano. Percebemos, porém, que seus olhos estão cheios de lágrimas. Subitamente envelhecido, abate-se no chão, olhando fixamente para frente.*)

VAQUEIRO (*temeroso e condoído*): Chamou, compadre?
JOÃO JOSÉ (*disfarça, voltando a si*): Não.
VAQUEIRO: Por que está gritando assim?
JOÃO JOSÉ (*evocativo*): Estava ouvindo... um toque antigo!
VAQUEIRO: Ouvi sua voz, compadre.
JOÃO JOSÉ: É o telegrama. Vicente voltou p'ra casa, compadre. (p. 523-524)

Enfiado na mata, João José tem as mesmas lembranças de Vicente. Melhor dizendo, Jorge Andrade não deixa claro (e, de fato, pouco importa) se as cenas dos embates entre João José e os Vicentes, inclusive a briga final, são evocações do pai ou do filho. E isso faz com que percebamos, mais ainda, como ambos eram próximos: seus planos, como personagens, não eram ortogonais, mas sim sobrepostos. Apenas, não se reconheciam dessa forma. O reencontro dos dois é um salto no tempo e no espaço. Vicente está sentado em sua cama quando João José e Vaqueiro, ainda na floresta, comemoram a volta do premiado dramaturgo a Jaborandi. Então:

(*Vaqueiro sai. João José arruma-se como se acabasse de tomar uma resolução. Quando João José se arruma, Etelvina, Jesuína e Isolina entram correndo no palco, procurando Vicente em todos os cantos. Há grande alegria em suas vozes.*)

ETELVINA: Vicente!
ISOLINA: Vicente!

UMA AUTOBIOGRAFIA     155

JESUÍNA: Vicente!
ETELVINA: João José chegou!
ISOLINA: Seu pai está aqui!
JESUÍNA: Vicente!
ETELVINA: Venha ver seu pai!
ISOLINA: Corra, Vicente!

(*Vicente levanta-se e vira-se para João José. Os dois se olham intensamente.*)

JOÃO JOSÉ: Como vai o grande homem?
VICENTE: Bem. E o senhor?
JOÃO JOSÉ: Já na hora do pega. (*Pausa, em que os dois se exami- nam. Com esforço.*) Eu não sabia. Eu... não podia compreender, meu filho!

(*Penalizado, Vicente vai se aproximando, como que atraído. Um amor profundo brota do fundo de seu ser e estampa-se em seu rosto.*)

JOÃO JOSÉ: Agora... eu compreendo. (*Sorriso doloroso.*) Eu só fui caçador... acho que o último! Nunca sofri caçando, filho. Era o que desejava p'ra você. Eu...! Eu queria...! Trouxe uns pre- sentes p'ra você. Quer?
VICENTE (*com os olhos marejados*): Quero, sim.
JOÃO JOSÉ: Vaqueiro! Vaqueiro! Traga tudo p'ra cá! O laço é de coro de anta, filho! Eu mesmo fiz! Couros e a mais bela coleção de cabeças de cervo que já se viu! Uma lembrança...!
VICENTE: O que o senhor quis dizer com "já na hora do pega"?
JOÃO JOSÉ: Eu vim p'ra morrer, meu filho. Agora, eu posso! (*Grita, disfarçando a emoção.*) Vaqueiro! Anda, homem!

(*Vaqueiro, com sorriso luminoso, entra com diversos couros nos ombros, segurando um laço e uma magnífica cabeça de cervo. Satisfeito, João José olha Vicente com expressão de orgulho profundo. Pouco a pouco, uma imensa solidão estampa-se no rosto de Vicente e de João José. Apesar de tão próximos, continuam distantes na sua incomunicabilidade. Desapa- rece a cena, lentamente, enquanto vão aparecendo as três irmãs, vestidas de luto fechado. Estáticas, elas parecem suspensas no espaço, como figuras de um quadro onde os contornos não estão bem definidos. Pacheco entra e segura o novelo de Jesuína.*)

ISOLINA (*voz descolorida*): Não se salvou ninguém!
PACHECO: Ninguém! Ira divina!
JESUÍNA: Por quê?
PACHECO: As joias, a riqueza e o orgulho que havia dentro do navio pesavam mais do que ele. Tinha que ir ao fundo! (p. 525-526)

Supostamente, o luto das irmãs é pelo falecimento de João José. Mas percebemos que o tempo continua parado na casa da rua 14, pois as figuras que aparecem na cena compõem um quadro

156   JORGE ANDRADE: UM DRAMATURGO NO ESPAÇO-TEMPO

de contornos mal definidos, igual ao do início da peça, quando as palavras "mãe" e "meninas" evocavam lembranças de João José. Reforçam esse estado de coisas a presença de Pacheco, segurando o novelo de lã, e as mesmas conversas sobre o afundamento do Titanic. A presença de Vicente na cidade não serviu para tirá-la da estagnação nem mesmo para dar algum alento às suas tias. Foi apenas a solução de uma situação entre filho e pai – este último, agora em paz, pôde então se retirar definitivamente da vida da família, da qual, na prática, nunca participou. E Vicente, também em paz com a própria consciência, pode finalmente retomar sua vida e sua carreira em São Paulo, deixando as tias para trás. A única coisa que resta, tanto para Vicente como para as tias, é a arte, representada pela flauta de Bernardino:

(*As vozes se transformam em murmúrio. Vicente* [43 anos], *também de luto, surge em primeiro plano, carregando a mala. Para, olha as tias, como se relutasse partir. Quando Vicente para, volta o apito do trem que se distancia. Pouco a pouco, o som do apito do trem se confunde ao de uma flauta. Vicente* [5 anos] *passa em primeiro plano, admirando a lua. Voltam por um momento os* slides *coloridos das luas.*)

VICENTE (*43 anos, sorri, olhando o garoto*): Um rio de flores e de luas!

(*O garoto sai. Uma luz fria, em tons amarelados, faz do quadro das tias como se fosse uma fotografia antiga. Com expressão de libertação, Vicente se volta, anda com resolução, desaparecendo. Apaga-se, lentamente, a imagem das irmãs.* OUVIMOS O SOM DA FLAUTA, QUE SE ELEVA.) (p. 526)

Essa é *Rasto Atrás*: um emaranhado de lembranças que se sobrepõem, indo e voltando no tempo e no espaço, surgindo cronológica e/ou simultaneamente no palco. Jorge Andrade emprega recursos épicos de Erwin Piscator para potencializar o drama de uma família (a sua). Mais à frente, veremos o que fará nas últimas peças (históricas) do ciclo.

# Fim do Ciclo:
## As Confrarias e O Sumidouro

As últimas peças escritas por Jorge Andrade para o ciclo "Marta, a Árvore e o Relógio" são, junto com *Rasto Atrás*, as mais inventivas do ponto de vista cênico. Os acontecimentos narrados em *As Confrarias* e em *O Sumidouro* são os mais antigos – datam do século XVIII e XVII, respectivamente. Eles dialogam, todavia, com outras épocas e outros lugares do Brasil colônia e, para viabilizar esse diálogo, Jorge Andrade empregou os recursos teatrais mais avançados disponíveis quando da escrita das peças. As projeções de filmes e *slides* sobre o palco, os *flashbacks*, as exibições simultâneas de cenas ocorridas em momentos e locais diferentes, a transformação de personagens em espectadores do próprio drama e/ou do alheio: com esses recursos, o ciclo imbrica mito e história, tarefa já esboçada em seus primeiros trabalhos, *O Telescópio* e *A Moratória*, e que ganha corpo à medida que seu autor aprofunda-se em suas próprias memórias nas peças seguintes e as insere no painel da formação do povo paulista.

158     JORGE ANDRADE: UM DRAMATURGO NO ESPAÇO-TEMPO

## "AS CONFRARIAS"

Essa peça abre o ciclo andradiano – é a primeira do livro *Marta, a Árvore e o Relógio*. Passa-se em fins do século XVIII, durante o período da Inconfidência Mineira. A rubrica inicial indica que a peça transcorrerá em diversos lugares do Brasil colônia, principalmente em igrejas – de propriedade das confrarias, como veremos adiante. A história pode ser resumida da seguinte forma: a viúva Marta é mãe do ator José, assassinado pouco antes dos trinta anos. Auxiliada por Quitéria, a amante negra do filho, ela carrega o corpo de igreja em igreja, tentando dar-lhe sepultura. Como nem ela, nem o filho pertencem a nenhuma das confrarias e essas irmandades são sectárias e preconceituosas, Marta vê seu intento seguidamente frustrado. Contudo, graças ao medo que ela instila nos corações dos irmãos de todas as confrarias, estes acabam por reunir-se para enterrar José, tornado símbolo da intolerância no monte de terra que lhe serve de túmulo. No final, Marta vai embora, acompanhada por um grupo de pessoas, entre elas um homem, Martiniano, que será o pai de Gabriel de *Pedreira das Almas*, e um pároco, que é provavelmente o padre Gonçalo, também personagem de *Pedreira*. O grupo fundará a cidade que dá nome à segunda peça do ciclo.

Em seu périplo, Marta conta sua história, a de seu marido, Sebastião, e a do filho José aos religiosos. A cada igreja visitada, ficamos conhecendo mais um pouco da trajetória dessas três personagens. Marta está no presente da peça, como narradora onisciente, e, ao mesmo tempo, no passado, vivendo os fatos que ela mesma relata. Nesse ponto, *As Confrarias* diferencia-se de *Rasto Atrás* porque, nesta última, Vicente rememora seu passado e o assiste passar diante de seus olhos como um filme – ele se vê em suas "versões" mais jovens, mas não participa dos fatos passados; pode, no máximo, comentá-los. Marta vive em um "lugar-entre", isto é, o espaço onde os planos da narrativa e da memória se conectam. A transição entre planos, chamada por Jorge Andrade de "mutação", se dá por efeitos de luz, que marcam a volta ao passado (*flashback*). Por exemplo, na Igreja do Carmo, da Ordem Terceira de Nossa Senhora do Monte do Carmo, Marta começa a contar sua história aos irmãos, todos

FIM DO CICLO 159

brancos. Em um dado momento, depois que a curiosidade dos homens ali presentes foi devidamente aguçada pelo jogo da viúva, o ministro da ordem dá a deixa para o primeiro *flashback* da peça:

> MARTA (*meio áspera*): Mas esta é a minha linguagem. Nesses trilhos ele cresceu, viveu e morreu... como um homem deve ser.
> MINISTRO (*meio fascinado*): Conte-nos.
> IRMÃOS (*entreolham-se, contrariados.*)
> MARTA: Meu filho nasceu em vila distante daqui, onde, no princípio, não havia ouro, mas a terra dourava-se em mantimentos.

*(José, entre dezesseis e dezessete anos, vai sendo iluminado, tentando imitar o crescimento e a morte de uma planta. À medida que é iluminado, os irmãos desaparecem.)*

> MUTAÇÃO
> MARTA: José! José! Você não ouve?
> JOSÉ: Preciso de concentração, mãe. (p. 30)

Talvez, Jorge Andrade chame a transição de mutação porque ela é muito rápida. Marta está nos dois planos ao mesmo tempo e a aparição de José a faz desligar-se dos irmãos para conversar com o filho. Não há indicação de mudança de comportamento na mulher: é a mesma Marta nos dois momentos, ora narrando, ora interpretando o papel de si mesma. A presença simultânea em dois momentos e dois lugares lembra Pirandello e a própria arte do ator. Vejamos este trecho do diálogo entre mãe e filho:

> MARTA (*atônita*): Que quer dizer com... representar um papel?
> JOSÉ: Ser com perfeição o que a gente não é... e é, ao mesmo tempo. Para mim, a senhora é mãe, mas, para meu pai, não é. Para a senhora e ele, sou filho... mas, para mim mesmo, quem sou? (p. 31)

Como narradora, Marta domina o palco com suas lembranças. O surgimento no palco das personagens que constituem seu passado é "responsabilidade" sua – basta evocá-los. Por exemplo: há um momento em que Sebastião aparece, carregando e empilhando lenha, enquanto Marta está sendo questionada pelos irmãos carmelitas. A luz sobre os irmãos desce em resistência até que eles desapareçam. Antes que Marta

160  JORGE ANDRADE: UM DRAMATURGO NO ESPAÇO-TEMPO

entabule um diálogo com o marido, ela relata como se conhece-ram e comenta o caráter de Sebastião: "(*Evocando, carinhosa*): Quando Sebastião apareceu, levando a irmã para ser freira, pedi que se casasse comigo. Dois meses depois, ele voltou para me levar. Nunca vi Sebastião parado. No trabalho da terra, nin-guém o igualava!" (p. 32).

Há outras referências épicas em *As Confrarias*. Na despe-dida de José, a mãe lhe pergunta se ele havia apanhado todos os seus pertences. A resposta afirmativa não convence Marta:

> MARTA: Não está levando pão, filho!
> JOSÉ: Mãe, por favor...
> MARTA: Não custa. Vou buscar. (*Sai, tentando conter os soluços.*)
> (p. 33)

O pão e o filho morto são motivos presentes também em *Os Fuzis da Senhora Carrar*, de Bertolt Brecht. Na peça brechtiana, o tempo da ação é exatamente o tempo que um pão leva para ser assado (Teresa Carrar coloca o pão no forno no início da peça e o retira, pronto, no final). É tempo suficiente para que a protagonista se convença de que a revolução em curso na Andaluzia é necessária e justa e de que ela deve entregar aos revolucionários os fuzis que estão sob sua guarda. Mas ela só muda sua atitude reticente depois que seu filho mais velho é morto. Ora, Marta é uma mulher acomodada e medrosa, até que seu filho é assassinado. Assume, então, um compor-tamento "revolucionário", ou melhor, desafiador: quer enter-rar seu filho em solo sagrado, mesmo sabendo da dificuldade da tarefa. Quanto ao tempo, Brecht mostrou como é "fácil" se converter a um ideal, desde que dado o impulso adequado (em ambos os casos, a morte de um filho). Jorge Andrade não mostra a "conversão" de Marta, mas é de supor que ela ocorra rapidamente também.

Em *As Confrarias*, percebemos um apuro estilístico de Jorge Andrade, que transforma certas falas em quase rubricas:

> MARTA (*sorri, acentuando o jogo*): O povo está suando há muito tempo. José correu o mundo... e acabou descobrindo o que havia dentro das casas: gente suando dízimos... em triste estado: procurando com esperanças de encontrar, encontrando

FIM DO CICLO 161

com a certeza de não usar. Foi assim que se preparou para o trabalho. (p. 34-35)

Essa fala de Marta, por exemplo, é uma narração épica em todos os sentidos. Marta, a narradora onisciente, transforma, por meio de figuras de linguagem e rimas internas, esse pequeno trecho em uma ode ao povo, que sofre com os impostos, aos inconfidentes e ao próprio filho. Importa lembrar que a fala é uma resposta ao provedor da Ordem do Carmo, que antevê a necessidade de "suar ouro" para pagar o que a coroa exige.

Ocorre mudança de cenário assim que Marta deixa a Igreja do Carmo, vaticinando que os carmelitas vão ajudar a enterrar o corpo de José. Jorge Andrade assim a descreve:

Marta volta-se e desaparece, rápida. Enquanto o andor sai, eleva-se o canto, desaparecendo o oratório. O cenário se transforma, à esquerda, numa rua tortuosa, e à direita, ilumina-se outro consistório, onde está reunida, em grande preparação, a irmandade do Rosário. Os componentes da mesa são negros puros. Marta aparece ao fundo, à esquerda, carregando uma rede, ajudada por Quitéria. Percebe-se que o peso é demais para elas. Atravessam a cena e desaparecem à direita. Manoel de Abreu surge ao fundo, observando Marta [...] (p. 36)

Nota-se que *As Confrarias* exige grande aparato técnico e um palco de boas dimensões. Todavia, o recurso essencial para sua execução é a luz. Se, em *A Moratória*, os planos de 1929 e 1932 estão fisicamente presentes no palco, e a transição entre eles se dá pela presença e mudança de comportamento das personagens, em *As Confrarias* esses planos não existem de antemão: são criados a partir da iluminação. Segundo Ariane Mnouchkine, "por definição, o teatro, a arte, é transposição ou transfiguração! Um pintor pinta uma maçã pintada, não uma maçã. Parece com a maçã. Uma aparição. O palco é um espaço de aparições"[1].

Quem esteve presente às apresentações de *Les Ephémères*, em outubro de 2007, em uma instalação montada em meio às obras de reforma do SESC Belenzinho, em São Paulo, é capaz de compreender o que a diretora do Théâtre du Soleil quer dizer

1   *L'Art du present*, p. 58.

162 JORGE ANDRADE: UM DRAMATURGO NO ESPAÇO-TEMPO

com "transposição" e "transfiguração". No espetáculo, os atores moviam-se em uma cena paralela (uma larga passarela ladeada por arquibancadas) sobre plataformas móveis, que eram empurradas e puxadas por atores vestidos de negro ou cinza, de modo que seus corpos não tirassem a atenção do público para o que acontecia sobre as plataformas. No entanto, lá estavam eles, anulando qualquer possibilidade de ilusão cênica. Outro importante detalhe a destruir a ilusão teatral eram os milhares de *leds* (lâmpadas bem pequenas) instalados no parapeito de cada degrau das arquibancadas; os *leds* faziam com que o público visse, a maior parte do tempo, os rostos das outras pessoas na arquibancada oposta, e suas emocionadas reações às cenas apresentadas (nos anos de 1960, o Teatro Oficina também era uma cena paralela, com resultados semelhantes).

Sobre *Les Ephémères*, diz Ariane Mnouchkine:

Não há trama única. É um espetáculo feito, como já disse, de aparições, de cada um dos atores, de nós, de todos, que se entrelaçam, que se tecem. [...] Penso que há um fio condutor. Mas, quando ele se torna visível demais, transforma-se em amarra, em garrote. É preciso que esse fio, no trabalho, seja como um fio de teia de aranha. [...] Quando digo que o espetáculo não é roteirizado, não é mesmo, não há amarração, é como coisas que sobem à superfície, [...] são camadas que se sucedem.[2]

Essa digressão tem sua razão de ser: quando Jorge Andrade procura dar fluidez ao espetáculo por meio da iluminação, ele, de alguma maneira, antecipa o que o Soleil e tantos outros grupos fazem – a criação de camadas sob as quais corre um fio condutor. Por trás da ação presente das personagens de *As Confrarias*, desenrola-se uma narrativa própria do sonho e da memória. A passagem de tempo entre a saída de Marta da Igreja do Carmo e sua aparição (para usar um termo caro a Ariane Mnouchkine) na Igreja do Rosário é mínima: o suficiente para que uma luz apague e outra seja acendida. Marta, como um ser etéreo, materializa-se nas igrejas, sem que haja solução de continuidade nas suas ações. Sua linha de ação direta (provocar e desafiar os irmãos das confrarias) para alcançar seu superobjetivo[3] (enterrar o filho a fim de transformá-lo em um mártir da

2 Idem, *Les Ephémères*, p. 22.
3 C. Stanislavski, *A Criação de um Papel*, p. 90-94.

FIM DO CICLO

Inconfidência) não recebe o concurso de ações transversas ou secundárias[4]. A construção de Jorge Andrade colabora: a peça transita de um lugar (plano) a outro sem blecautes ou cortes de qualquer espécie. E, também, os *flashbacks* vão surgindo diante dos religiosos, como em uma projeção.

Voltando à peça, vemos mais adiante um *flashback* que lembra *A Moratória*. Marta conta aos irmãos do Rosário como ficou sabendo da perda iminente de suas terras no sítio Morro Velho. Em um dado momento, lemos o seguinte trecho:

> SEBASTIÃO: Marta! Que serei eu, sem a terra e minhas plantas? É com elas que sei trabalhar. Tudo que fiz está aqui... e vão destruir para dourar palácios e igrejas. Que adianta sair? Isto acontece em toda parte.
>
> MARTA (*subitamente retesada*): Eu luto com você, Sebastião. Guarde nosso trigo.
>
> (*Marta vira-se, observando Sebastião sair. Pouco a pouco, uma árvore vai sendo iluminada, enquanto desaparece a nave da igreja. Slides de milharais e arrozais, batidos pelo vento, são projetados sobre o palco, colorindo-o de verde.*)
>
> MARTA (*torturada*): A partir daquele dia, só havia nele um silêncio terrível! (p. 41-42)

Os *slides* recriam um espaço e um tempo já passados, enquanto Marta relata sua decadência. Suas próximas falas descreverão os acontecimentos que culminarão com a execução do marido e a destruição do seu pequeno patrimônio. Por exemplo, quando Sebastião é levado pelos mineiros para ser enforcado em um galho de árvore, "MARTA (*grita, desesperada*): Sebastião! O ouro tirado de sua terra vai servir para alguma coisa. Eu prometo!" (p. 43).

Ou, logo adiante, respondendo ao tesoureiro da Ordem do Rosário, do porquê não ter mandado rezar uma missa para o marido: "Nossa igreja tinha sido destruída. (*DESAPARECEM OS SLIDES*)" (p. 43).

A "igreja" de Marta era a plantação, que some junto com os *slides* quando Sebastião é enforcado. Ele ressurge ao fundo da cena, logo a seguir, como rememoração de Marta, carregando

4  P. Pavis, *Dicionário de Teatro*, p. 5.

164  JORGE ANDRADE: UM DRAMATURGO NO ESPAÇO-TEMPO

um feixe de lenha. Essa aparição fugaz parece dizer que o verdadeiro ouro da terra é o trabalho, que construirá a riqueza do país, diferentemente do ouro extraído e levado a Portugal para enfeitar palácios e altares. Isso é confirmado pela fala seguinte de Marta: "Meus mortos não serão mais inúteis. Devem ajudar os vivos. Para que serve um corpo esquecido como galho de árvore... ou como laje?" (p. 43)

No seu próximo *flashback*, Marta será apenas uma espectadora. José reaparece, já homem-feito, fazendo o papel de Marco Bruto na peça *Catão*, de Almeida Garret (1799-1854). Aqui, Jorge Andrade subverte a história, já que a peça é de 1821, enquanto os fatos de *As Confrarias* passam-se na segunda metade do século XVIII. Mas a inserção metalinguística procede, porque *Catão* "mostra duas saídas diante da ameaça de perda da liberdade: renunciar à própria vida, pois a escravidão seria como a morte, ou pegar em armas e enfrentar"[5]. É o que Marta faz ao desafiar as irmandades e exigir delas que enterrem seu filho: ela luta contra o mau uso do ouro extraído a duras penas das terras de Minas Gerais. Sua arma, nessa luta, é o corpo do filho, que, como ator, travou batalhas semelhantes. As palavras de Marta ecoam as de Marco Bruto, personagem vivida por José. Enquanto este incita os romanos a pegar em ferros e lutar pela pátria, mesmo que a custo da própria vida, Marta critica as confrarias e agride os irmãos pelo conluio com a coroa portuguesa, pois suas igrejas são ricamente adornadas com parte do ouro lavrado. Vejamos este trecho:

> MARTA: A única diferença entre vocês e o Carmo é a cor da pele. Escondem-se atrás dela e só sabem se lamentar. O que geram seus pais é produto de venda, compra ou troca. Mas não fazem nada para acabar com isto. (*Aponta.*) Escravizam também por este ouro! São tão odientos quanto os brancos!
>
> MINISTRO (*tapa os olhos*): Sai da nossa igreja!
>
> MARTA(*cheia de ira*): Presenciei o que fizeram ao pároco. Nas mãos dele o ouro ia servir para alguma coisa, não iria parar em tetos, paredes e imagens! (p. 44-45)

Marta sai da igreja do Rosário e logo a cena se transforma, de acordo com a rubrica:

5  C. Sant'anna, *Metalinguagem e Teatro*, p. 284.

FIM DO CICLO

Ouvem-se cânticos na igreja que lembram missa luba, enquanto os irmãos desaparecem. Ilumina-se o consistório, à esquerda, onde a irmandade de São José acaba de chegar da procissão. Marta e Quitéria surgem ao fundo, carregando a rede; atravessam a cena e desaparecem à esquerda. Arcada e com os olhos fixos no chão, Marta passa murmurando uma cantiga de ninar. Manoel de Abreu entra, observando e acompanhando; ele tenta ocupar o lugar de Marta, mas é repelido; depois, segue-as. O pároco do Rosário surge e desaparece ao fundo, observando Marta. (p. 45)

As personagens se organizam em planos superpostos no palco, formando camadas. Vemos que o núcleo que seguirá a protagonista ao final de *As Confrarias* e que fundará a cidade de Pedreira das Almas começa a se formar (Manoel de Abreu, o pároco). As camadas reaparecem mais adiante, quando Marta, novamente contando sua história, dessa vez para os artistas mulatos da irmandade de São José, reencontra seu filho, que está buscando a própria identidade. Na mutação, ela explica a sensibilidade do artista (não para os irmãos, claro, mas para a plateia):

> MARTA (*volta-se e olha José*): Quem consegue sentir os outros, se não os que vivem divididos em mil pedaços? Ele tinha muito de pardo. Daqueles que são estrangeiros em sua própria casa. (*Aproxima-se de José, enquanto os irmãos desaparecem.*) Quando ficamos perdidos em nós mesmos, não vemos o que nos rodeia, o que realmente nos ameaça. (*MUTAÇÃO*) Devaneios e mais devaneios. (p. 48)

Mais uma vez, Marta é o elo entre o presente da peça e a história de sua família. Nessa cena, José está perdido em si mesmo e assim continua até que os irmãos desapareçam e sua mãe se aproxime dele. Em seus devaneios, José assemelha-se a Vicente, de *Rasto Atrás*, um homem sempre em busca de sua identidade. Outra fala de Marta, mais adiante, ecoa essa procura incessante:

> SÍNDICO (*atônito*): Nunca encontrou Deus?
> MARTA: Como posso encontrá-lo, se não enxergo meu próprio rosto? O senhor enxerga?
> SÍNDICO (*instintivamente, leva a mão ao rosto*): Meu rosto é este.

166 JORGE ANDRADE: UM DRAMATURGO NO ESPAÇO-TEMPO

MARTA (*sorri*): Qual? O que vejo? O que ele vê? Ou aquele que tem
a imobilidade da agonia... no instante do prazer que traz vida
a novos rostos? É o que beija? O que condena? O que cospe? O
que come ou o que vomita?
IRMÃOS (*alguns passam a mão no rosto.*)
MARTA: Pouco a pouco, vendo José de personagem em personagem, de rosto em rosto, comecei a compreendê-lo. (p. 50)

Jorge Andrade lembra, aqui, Pirandello e sua eterna dúvida
sobre quem somos de fato. Natural em um autor que passou
boa parte da vida tentando encontrar-se em sua arte e tradu-
zindo nesta as suas tentativas.

Logo em seguida a essas falas, Marta, por um instante,
corre sozinha em seu plano, desligada do passado e do presente:

(*As luzes vão abaixando. Marta caminha na direção de José, desligada
deste e dos Irmãos.*)
JOSÉ (*grita*): Mãe!
MARTA: Amou negras, brancas e pardas.
JOSÉ: Mãe! A senhora não ouve?
MARTA: Foi com ele que aprendi até que ponto um homem é capaz
de ir. Mas foi comigo que aprendeu a representar, na vida, certa
personagem do palco. (*Contrai-se, agoniada.*) E foi ela que o
levou para dentro da rede. (p. 50-51)

Nesse momento, a peça exibe Marta como narradora autô-
noma de fato, "independente" do passado e do presente: é ela
que reconstrói a história e comanda os fatos presentes. A rigor,
todas as demais personagens e cenários poderiam ser dispen-
sados ou alterados, já que estão sob o "poder" da narrativa de
Marta.

Novamente, podemos ouvir Pirandello e, até, Miguel de
Unamuno (1864-1936), que transforma a si mesmo em personagem do seu romance *Névoa*, como o autor onipotente que
decide matar sua personagem, Augusto Pérez. Filósofo e ex-
-reitor da Universidade de Salamanca (Espanha), Unamuno
preocupava-se com o tema da imortalidade. E não é Marta
quem diz que seus mortos não serão mais inúteis, que devem
ajudar os vivos e que de nada valem se significarem apenas
uma laje? Somente um narrador onipotente, como o Unamuno

FIM DO CICLO 167

personagem ou como Marta, terá poder sobre a vida e a morte, o tempo e o espaço.

Todavia, Marta, pelo menos uma vez, age como o Vicente de 43 anos em *Rasto Atrás*, tornando-se apenas observadora da própria narrativa, sem participar da ação. Isso acontece na cena em que José recita para a namorada Quitéria um solilóquio de Fígaro, da peça *As Bodas de Fígaro*, de Beaumarchais. Nesta cena, Marta dá relevo à existência de Quitéria na vida de seu filho:

(*Ilumina-se uma cama onde José está deitado, nu. Quitéria, nua, entra e observa José.*)

MARTA: Quitéria! (*Propositadamente.*) Mulher cisterna de paredes de visgo. Capaz de prender um homem até seu último fim. Tem pernas que viram erva-passarinho no tronco de um homem. [...]

MARTA: [...] Parece ter sido feita para alimentar a humanidade, com os peitos que possui. (*Volta-se, desligando-se dos irmãos, que ficam na penumbra como silhuetas.*) Gostava de observá-los. [...]

(*Marta esconde-se e fica observando José e Quitéria.*)

[...]

(*Durante a ótima representação de José* [do solilóquio de Fígaro], *Quitéria se diverte e Marta observa, séria.*)

MARTA (*aproxima-se, observando fascinada.*)

[...]

MARTA (*com expressão impenetrável*): Veio de mim e vai para dentro de outra, e de outra... e de outra, voltando sempre à origem, num tempo sem fim!

(*A cena desaparece enquanto ouvimos os gemidos lascivos de Quitéria. Os irmãos são iluminados: há horror e medo em seus rostos.*) (p. 53 e 55-56)

Nessa longa cena, Marta parece começar a "perder" seu filho para a morte. Ela não pode participar da intimidade de José e Quitéria, tampouco é capaz de interferir no caminho escolhido por seu filho. Mas, curiosamente, Jorge Andrade a seguir introduz um comentário de religiosos em uma cena na qual Marta surge apenas como mãe de José, sem que haja mutação, isto é, ela não está ali como narradora épica. Na cena, estão presentes Marta, José, Quitéria e um cura. Desafiado e ofendido

168 JORGE ANDRADE: UM DRAMATURGO NO ESPAÇO-TEMPO

pelas duas mulheres, o cura se retira, ameaçando-as com uma denúncia às autoridades. José está preocupado.

> JOSÉ: Não devia ter falado assim, mãe! Que foi que o pároco do Rosário nos recomendou?
> DEFINIDOR 1 (*nervoso*): Ela disse pároco do Rosário? Foi isto?
> PROVEDOR (*inquisidor*): Vamos ouvir. (p. 64)

Nesse momento, Marta está contando sua história aos irmãos da Ordem Terceira das Mercês. As falas do Definidor 1 e do Provedor, mais do que funcionar como comentários, deixam claro que Marta está, de fato, em um espaço-tempo que não é passado nem presente, aqui ou acolá. É a primeira vez que isso aparece tão claramente na peça.

É também em *As Confrarias* que Jorge Andrade quebra, pela primeira vez, a quarta parede. Porém, essa ruptura se dá em um plano que não é o do presente da peça. Vejamos como se desenrola a cena.

> (*José é iluminado, caminhando na direção do público. Fala diretamente com este. Durante a fala, percebemos que as pessoas vão saindo. E, à medida que saem, José vai se descontrolando.*)
> JOSÉ: Mas será que não compreendem? Por quanto tempo vamos aguentar isto? (*Como se ouvisse a fala de alguém.*) Não! Não é verdade! Nós nos dividimos [...] Não! Não saiam! Quantos ofícios [...] (*Misturando, inconscientemente, suas ideias com falas de Marco Bruto e Catão.*) "Sobre nossas cabeças, cada instante, vemos troar da tirania os raios". (p. 65-66)

Tanto a rubrica como a fala indicam que há uma plateia à qual José se dirige. Todavia, essa audiência não está presente no palco, mas nas cadeiras reservadas aos espectadores de *As Confrarias*. Jorge Andrade, portanto, atribui aos eventuais assistentes de uma eventual montagem da sua peça um papel dentro dela. Dessa forma, a quebra da quarta parede não o é no sentido épico – o ator distanciando-se de sua personagem e "conversando" com a plateia para, por exemplo, criticar as ações dessa mesma personagem. De fato, José olha para os hipotéticos espectadores e fala com eles, mas o que ele vê, na verdade, não está materializado ali. Isso fica claro quando ele pede aos assistentes que não saiam. Ora, os espectadores da hipotética

FIM DO CICLO 169

montagem de *As Confrarias* não sairiam da peça antes do seu final (a não ser em caso de desaprovação, por exemplo). Então, quem está saindo são as pessoas a quem José discursa.

O recurso fica ainda mais interessante quando Marta, aparentemente no plano do presente da peça, fala com José, que está no passado, tentando insuflar uma revolta contra a extração desenfreada de ouro e a opressão dos enviados da coroa portuguesa. "Aparentemente" porque não há rubrica indicando qualquer passagem de Marta de um plano a outro. Eis o trecho:

> MARTA: Esta linguagem eles não entendem, filho!
> JOSÉ: Temos sido feitores e não senhores do que é nosso. "A natureza, que nos deu a vida... deu-nos co'a vida essenciais direitos."
> MARTA: Fale da derrama, não em direitos, José!
> JOSÉ: Não é nosso o nosso escravo, nem nosso o nosso carro e o nosso boi. (*Quitéria, preocupada, aproxima-se de José.*) "A resistência do povo a seus tiranos e opressores nunca é vã, não se perde." Voltem! Não tenham medo!
> MARTA (*desesperada*): Fale em Barbacena, não em César! (p. 66)

Finalmente, José rompe fisicamente a quarta parede, sem, contudo, comunicar-se com os espectadores:

(José sai correndo pela plateia, seguro por Quitéria. Marta corre, parando em primeiro plano, hirta, transpassada de dor, enquanto ouvimos o tiro e o grito de Quitéria. Marta passa os olhos pelo público, com expressão impenetrável, ouvindo a fala do Definitório, como se esta viesse da plateia. No centro do palco, os definidores estão reunidos em bloco.) (p. 66)

Desses últimos trechos, depreende-se que Jorge Andrade propõe uma relação frontal, provavelmente um palco italiano, para *As Confrarias*. A corrida de José pela plateia e a posição de Marta em primeiro plano assim indicam. O palco italiano, com suas três paredes fechadas, é ideal para essa superposição, sincrônica ou diacrônica, de camadas narrativas, distantes entre si no espaço e no tempo.

Antes de terminar, *As Confrarias* contempla uma última parada em um espaço-tempo diferente de todos os anteriores. Assim que Marta desafia a Ordem das Mercês a enterrar seu filho, desenvolve-se a seguinte sequência:

170    JORGE ANDRADE: UM DRAMATURGO NO ESPAÇO-TEMPO

(Marta desaparece, rápida. Os irmãos, desarvorados, correm de um lado para o outro. Lentamente, os altares desaparecem, transformando o cenário em lugar ermo, sem formas. No meio do cenário, distinguimos um monte de terra. Marta surge ao fundo, caminhando ereta em direção ao monte de terra.) (p. 68)

Um "lugar ermo, sem formas" contrasta com as igrejas ricamente decoradas e cheias de simbolismo cristão que serviram de cenário para os acontecimentos anteriores. Sabe-se que José está sob o monte de terra e isso dá significado a essa espécie de não lugar. Não porque esteja ali o corpo de um dos protagonistas da peça, um quase herói, mas porque José simboliza o fracasso da Inconfidência Mineira. E se a revolta das Minas Gerais significou o sonho frustrado de independência, um cenário onírico cai-lhe bem.

## "O SUMIDOURO"

Última peça do ciclo, *O Sumidouro* é a mais complexa do ponto de vista da encenação. Em uma eventual montagem (não temos notícia de que tenha sido levada profissionalmente ao palco), ela exigirá dos espectadores muita atenção, posto que sua beleza reside nas constantes idas e vindas no tempo e no espaço que constituem a narrativa e, também, na criação de múltiplas dimensões no palco.

De partida, a observação que acompanha o rol de personagens e a rubrica inicial conferem total abstração à peça:

Os filmes e *slides* sugeridos pelo texto ou determinados pelo autor não podem ser projetados em telas, mas sobre o palco, o cenário e os atores. As imagens cinematográficas não devem ser nítidas. Por isto, recomendam-se projeções de filmes e *slides* para telas panorâmicas que envolvam, se possível, a própria plateia. Caso contrário, filmes e *slides* não devem ser usados. (p. 529)

Ao sugerir que as projeções de filmes e *slides* envolvam a plateia, Jorge Andrade dissolve os limites que a separam do palco, inserindo o espectador na história (neste caso, com "h" mesmo). Ou seja, o espectador deixa de sê-lo para tornar-se partícipe. Contribui para esse efeito épico a projeção sobre o palco,

FIM DO CICLO 171

o cenário e os atores. Ademais, a recomendação quanto à falta de nitidez das imagens sugere que os limites entre mito e realidade são difusos. Assim, vemos aqui mais uma vez aspectos trágicos da obra de Jorge Andrade, que imbrica fisicamente, com alguns recursos de iluminação, o mito e a história de Fernão Dias.

Esse caráter difuso surge na rubrica da peça que determina o cenário:

CENÁRIO: *Um lugar impreciso, sugerindo árvores, ruas, palácios, colunas, rios, como se fossem imagens de uma mente confusa. À esquerda, em primeiro plano, mesa grande de trabalho, atulhada de papéis e livros. Há papéis pelo chão e livros amontoados debaixo da mesa e pelo assoalho. Na parede, acima da mesa, diversas estampas de bandeirantes, baseadas em quadros de pintores e em escultores célebres. Mais acima, duas fotografias grandes: Tchékhov e Eugene O'Neill. Ao lado, fotografias menores de Arthur Miller e Bertolt Brecht. À direita, em primeiro plano, estante até o teto, cheia de livros desordenados. Em frente à estante, no chão, pilhas de pastas, manuscritos e discos. À extrema esquerda, porta que leva a outras dependências da casa.* (p. 531)

A imprecisão das imagens revela a confusão na mente de Vicente. Livros, papéis e pastas desarrumadas sugerem que suas referências históricas e estéticas não estão ordenadas nem no seu texto, nem na sua mente. Ora, um gabinete de trabalho colocado à frente de um "lugar impreciso" cria pelo menos dois planos, ao mesmo tempo distintos e conectados, que originarão, no decorrer da peça, um "espaço-entre", tal como vimos em outras obras do ciclo. E esse terceiro plano, espécie de fusão dos dois outros, está na mente do dramaturgo Vicente, o mesmo protagonista de *Rasto Atrás*. Agora, Vicente não será mais a "vítima" de suas recordações, mas o condutor da narrativa.

Cabe notar que as fotos de Tchékhov, O'Neill, Miller e Brecht não estão no cenário gratuitamente. São eles os grandes referenciais de Jorge Andrade. Tchékhov, um excelente observador do modo de vida do povo russo, retratou a decadência de uma aristocracia que recusou-se a enxergar as razões da sua própria derrocada (as analogias entre *O Jardim das Cerejeiras* e as duas primeiras peças de Jorge, *O Telescópio* e *A Moratória*, são evidentes). Além disso, assim como Jorge, Tchékhov também coloca suas personagens em espaços-tempos diferentes e incomunicáveis – vide, por exemplo, as personagens de *As Três*

172 JORGE ANDRADE: UM DRAMATURGO NO ESPAÇO-TEMPO

*Irmãs*, que monologam incessantemente, sem produzir qualquer efeito de comunicação.

O'Neill é autor de várias peças autobiográficas; muitas delas baseadas em mitos e tragédias gregas, como *Desejo sob os Olmos* (*Desire under the Elms*) e *Electra Enlutada* (*Mourning Becomes Electra*). De O'Neill, Jorge Andrade certamente extraiu seu caráter trágico, que observamos em *Pedreira das Almas*, *A Moratória* e *Vereda da Salvação*, por exemplo.

Miller, que Jorge conheceu pessoalmente, é sem dúvida uma influência marcante. São evidentes os ecos de *Todos Eram Meus Filhos* (*All My Sons*) em *Vereda da Salvação*: o enriquecimento de alguns à custa do sacrifício de muitos é tema da primeira e está presente na segunda. Mas *Vereda* e também *Pedreira das Almas* contêm referências ainda mais diretas à obra de Miller: ambas as peças apresentam cenas forjadas de vidência e histeria coletiva, à maneira de *As Feiticeiras de Salem* (*The Crucible*). Finalmente, é possível ver no Joaquim de *A Moratória* alguma semelhança com o Willy Loman, de *A Morte do Caixeiro Viajante* (*Death of a Salesman*).

Resta falar sobre Brecht. Entendemos que a influência do dramaturgo alemão se estende por toda a obra de Jorge Andrade. Os procedimentos épicos usados pelo autor paulista realizam, em boa parte, o que Brecht imaginou teoricamente e efetuou parcialmente em suas montagens. (Não cabe aqui discutir se Brecht falhou ao implementar no palco toda a sua teoria do teatro épico. Hans-Thies Lehmann, por exemplo, defende que o teatro brechtiano só foi possível com o advento de Heiner Müller e Robert Wilson. Mas essa é outra tese.) De todo modo, é claro, para quem assiste às montagens de peças de Jorge Andrade, que o autor, ao justapor, na mesma cena, acontecimentos distantes no tempo e no espaço, cria o efeito de estranhamento (*Verfremdungseffekt*) imaginado por Brecht.


## Pai versus Filho

*O Sumidouro* conta a história do bandeirante Fernão Dias e de seu filho mameluco, José Dias, do ponto de vista de Vicente--Jorge Andrade. A traição de José Dias levou o bandeirante a

FIM DO CICLO 173

enforcar seu próprio filho, durante a bandeira em que ambos estavam procurando esmeraldas nas matas de Minas Gerais. Vicente está escrevendo uma peça teatral que relata esses acontecimentos e, a todo instante, traz Fernão Dias ao palco, para dentro do seu escritório, a fim de mostrar-lhe que José Dias amava o pai e, por isso mesmo, o traiu. O tema recorrente em *O Sumidouro* é a procura: das esmeraldas, por Fernão Dias; do amor do pai, por José; da serenidade, por Vicente. Elas se confundem constantemente: na prática, as buscas de Fernão e José Dias metaforizam a de Vicente. Exemplo disso surge já no início de peça:

LAVÍNIA (*compreendendo que ele* [Vicente] *já está perdido no trabalho*): Todo mundo aprende as mesmas coisas.

(*Ilumina-se o fundo da cena, transformando o palco em imensa clareira de uma mata. FERNÃO DIAS SE DESTACA DO MEIO DAS ÁRVORES E PARA, ADMIRANDO ALGUMA COISA EM SUAS MÃOS.*) (p. 533)

Mais à frente, Vicente materializa uma cena que havia escrito por meio de um recurso bem simples: ele procura, encontra e lê uma folha de papel. Vejamos:

VICENTE: Está certo. (*Já perdido.*) Desejei escrever esta peça a vida inteira. Vai ser a última. Prometo a você.
LAVÍNIA: Acho até graça quando fala que não vai escrever mais. Pra que isto?
VICENTE: Porque é verdade.
LAVÍNIA: Você não é diferente dos outros. (*Saindo.*) Vai procurar até o fim.
VICENTE (*grita*): Não deixe Marta entrar aqui.

(*Vicente volta a mexer em sua mesa, procurando, aflito, um papel. Quando começa a ler, Garcia Pais, acompanhado de dois Capitães, aparece entre as árvores e, preocupado, observa Fernão Dias. Subitamente, Vicente olha Fernão Dias, fascinado.*) (p. 535)

Vicente subverte a ordem dos acontecimentos, faz que personagens apareçam em cenas das quais eles de fato não participam, isto é, manipula o espaço-tempo de modo a criar diversos planos narrativos justapostos. Por exemplo, na cena descrita anteriormente, em que Fernão Dias recebe seu filho legítimo e os dois capitães, ele lhes implora:

174    JORGE ANDRADE: UM DRAMATURGO NO ESPAÇO-TEMPO

FERNÃO DIAS: Em nome de Nosso Senhor Jesus Cristo, jurem que as pedras são verdadeiras.

CAPITÃO 1: Fernão Dias. As pedras...

GARCIA PAIS (*corta*): Não. Não diga nada.

FERNÃO DIAS: Afirmem, por onde passarem, que vimos e tocamos em pedras verdadeiras.

(*José Dias se destaca das árvores e se aproxima.*)

JOSÉ DIAS: E chegamos na serra que brilha mais que o sol.

FERNÃO DIAS: E chegamos na serra que brilha mais que o sol. (*Torturado.*) Jurem em nome de Deus... e se em qualquer tempo disserem o contrário, que sejam malditos para sempre. Jurem! Onde não existe crença, tudo deixa de existir. (*José Dias se volta e sai.*) Repitam comigo: às margens do Sumidouro. (p. 536)

A essa altura dos acontecimentos, José Dias está morto. É a mente de Vicente que o traz à cena, não como personagem que executa uma ação, mas como uma espécie de alucinação de Fernão Dias. Portanto, é o bandeirante que evoca o (ou é assombrado pelo) fantasma do filho que ele mesmo mandara matar.

Após jurarem o que Fernão Dias lhes ordena, Garcia Pais e os Capitães saem de cena. O bandeirante fica só, ajoelhado. Vicente, então, dirige-se a ele, ao mesmo tempo censurando seus atos e convidando-o a reviver sua vida – dentro da peça que está escrevendo – ou, pelo menos, os acontecimentos que determinaram sua tragédia. Vicente é o narrador onisciente, mas também participa das cenas, de tal modo que as personagens que ele apresenta a Fernão Dias (o rei português Afonso VI, por exemplo) reagem às suas observações e comentários. Fernão Dias torna-se personagem e espectador do próprio drama. Fosse Vicente também personagem da peça que está escrevendo, estaríamos, talvez, diante de um drama analítico, como *Édipo Rei* ou certas peças de Ibsen (como *Rosmersholm* e *O Pequeno Eyolf*).

Momentos de pura narrativa não faltam em *O Sumidouro*, um deles é o resumo que Vicente faz da trajetória do rei Afonso VI e da sua rainha (ele morreu louco, preso em uma ilha; ela casou-se com Pedro, irmão de Afonso). A personagem dramaturga tem tal domínio do material histórico que chega a criar expectativa ao prometer, para dali a algumas cenas, explicações sobre fatos históricos.

FIM DO CICLO

Fernão Dias desempenha, portanto, três papéis: o de personagem histórica e os de personagem e espectador da peça de Vicente (vale dizer, de Jorge Andrade). Quando aceita o convite de Vicente para reviver parte de sua vida, surge o bandeirante:

(As personagens saem do fundo do palco e rodeiam Fernão Dias. Este se transforma, como se Vicente deixasse de existir. A severidade e a dignidade têm uma união perfeita em sua expressão. Vicente observa-o com admiração. Fernão Dias olha à sua volta, procurando alguém.) (p. 543)

Para, logo em seguida, reaparecer a personagem de Vicente--Jorge Andrade:

FERNÃO DIAS: [...] mas também o da minha palavra. (*Vira-se para sair.*)
VICENTE: Fernão Dias!
FERNÃO DIAS (*para, enquanto os outros desaparecem.*) (p. 543)

Fernão Dias também opera na construção da narrativa de Vicente, mediado por este. Motivado por uma fala de um colono, que lembra José Dias da transitoriedade do pai como caçador de tesouros, o bandeirante evoca uma personagem que o traiu:

(*Ilumina-se a ante-sala do palácio português, onde um nobre está à espera. Ele tem a arrogância da nobreza espanhola. Mais distante, percebemos Pedro II. Subitamente, como se lembrasse, Fernão Dias se volta e observa o nobre. Vicente, sorrindo, procura ver a expressão de Fernão Dias.*)

VICENTE: Dom Rodrigo de Castel Blanco! Desta vez foi você quem se lembrou. Esta, sim, foi uma traição. Mas, é ainda um pouco cedo para este personagem entrar em cena. O vigarista espanhol que entendia de tudo e não entendia de nada.

(*Castel Blanco caminha e desaparece em direção de Pedro.*) (p. 545)

Como se vê, Vicente manipula de tal forma suas personagens que por vezes empresta-lhes seu próprio papel. Chega a perguntar a Fernão Dias no que está pensando quando são projetados sobre o palco filmes de índios – em danças guerreiras, carregando fardos, em posição de combate etc. Um canto triste, lamentoso, gritos e cantos guerreiros reverberam pelo espaço de representação. Por meio desses recursos, Vicente conduz o pensamento, a memória e as ações do bandeirante:

176 JORGE ANDRADE: UM DRAMATURGO NO ESPAÇO-TEMPO

VICENTE: Seus filhos estão à sua espera. Vá. Os capitães precisam de você. A ameaça contra o sonho de vocês aumentou. É necessário que um índio seja morto e que os primeiros sinais de violência apareçam. Mais tarde, ela fará os homens viverem nas entranhas da terra, como toupeiras. Ou à beira dos rios, com pernas e braços de lodo.

(*Fernão Dias se dirige para a sala, acompanhado por José Dias e Garcia Pais. Fernão Dias se transfigura numa expressão de grande segurança. Embora seus sentimentos ainda sejam confusos, José Dias demonstra controle e desprezo pelos presentes, embora seja evidente a admiração que sente pelo pai. Garcia Pais, entre quatorze e quinze anos, lembra a mãe, tendo, porém, a determinação de Fernão Dias. É loiro, contrastando com José Dias.*) (p. 548)

Aqui, Vicente antecipa uma cena que, aliás, está no passado histórico: a execução de um índio, cujo plano de assassinar Fernão Dias fora descoberto por soldados, antes da partida da bandeira. Garcia Pais é ainda um adolescente. As cenas "comandadas" por Vicente são invariavelmente representadas por personagens de carne e osso, ou melhor, por atores presentes no palco, executando as ações determinadas pelo dramaturgo. Já as lembranças de Fernão Dias surgem, em geral, em projeções, indicando que essas lembranças pertencem a uma memória que falha – talvez, de propósito – e que, portanto, precisam estar registradas para não se apagar. Exemplo disso é a rememoração do dia em que Fernão Dias conheceu a mãe de José, filha do cacique Nhenguiru:

(*O fundo do palco é iluminado pela projeção de um filme: do meio das árvores enormes, sai uma índia de extrema beleza, esguia e ágil. Ela vai se aproximando até ficar em primeiro plano. Vemos, no filme, um braço se erguer e abaixar uma arma apontada para ela. Lentamente, a índia se ajoelha de frente para a plateia, como se ajoelhasse diante de Fernão Dias. José Dias caminha para o primeiro plano, dominado por sua amargura.*)

FERNÃO DIAS: Depois de termos lutado duas semanas, perdendo e ganhando cada palmo de chão, cada árvore... subitamente ela saiu do meio da mata e caminhou em minha direção, como se tivesse certeza de que ninguém a mataria. Ninguém ousaria! Parou diante de mim, olhou-me... e lentamente caiu aos meus pés... a filha de Nhenguiru!... por mim chamada Marta! (*O filme desaparece lentamente, tornando as figuras imprecisas, como se a memória fosse se apagando.*) (p. 551)

FIM DO CICLO

Segue-se a essa cena projetada um diálogo entre Fernão Dias, José Dias e Garcia Pais. Um a um, os filhos saem do palco; o bandeirante permanece, estudando o mapa da região que irá explorar em breve. É então que, sem solução de continuidade, Vicente começa a falar com Fernão Dias. Não há ruptura: Vicente sempre esteve ali. Os dois homens conversam com séculos de separação. E aproximam-se para observar a longa conversa entre o papa Inocêncio XI e um cardeal jesuíta acerca das finanças da Igreja e da necessidade de apoiar a bandeira de Fernão Dias, a despeito dos perigos que ela representa para as missões jesuíticas no Brasil. Entremeiam a conversa alguns comentários de Fernão Dias, que Jorge Andrade faz dialogar com as falas dos dois religiosos: são fatias do espaço-tempo, muito distantes entre si, que se interpenetram no palco andradiano.

Efeito similar ocorre logo que o cardeal e o papa desaparecem. Ansioso, Fernão Dias vadeia pelo palco e Vicente tenta adivinhar-lhe os pensamentos. A uma fala de Vicente,

(Fernão Dias se volta, enquanto o fundo do palco é iluminado em diversos lugares, aparecendo: José Dias, perdido em pensamentos; Garcia Pais, debruçado sobre mapas; Maria Betim e as filhas Maria, Catarina e Mariana, costurando numa atmosfera quase irreal. Fernão Dias caminha na direção delas, numa angústia crescente. As expressões das mulheres são serenas e contidos os movimentos, revelando, porém, grande preocupação interior.) (p. 556)

A expressão "quase irreal" não é gratuita: as mulheres não pertencem ao universo dos bandeirantes. São reprodutoras, mantenedoras da casa (na qual os bandeirantes raramente permanecem), suportam resignadas a ausência dos maridos, pais e irmãos e, à sua maneira, alicerçam as expedições ao servirem de contraponto moral e afetivo dos desbravadores. Todavia, era "incontrastável a autoridade do pai de família sobre a mulher, a prole, os escravos e também os agregados ou familiares [...] Compete-lhe em todos os assuntos o voto decisivo"[6].

Autor minucioso, Jorge Andrade não deixou escapar essa forma de patriciado tão em voga à época dos bandeirantes. Sua maneira de expressar a condição feminina da época foi colocar

6    A. Machado, *Vida e Morte do Bandeirante*, p.153.

178     JORGE ANDRADE: UM DRAMATURGO NO ESPAÇO-TEMPO

a esposa e as filhas de Fernão Dias em um espaço-tempo intangível. Porém, o autor paulista não deixou de conferir a Fernão Dias algum traço mais leve, menos severo: ele reparou, pela primeira vez, que as filhas eram bonitas.

Vemos, nessa cena, um Fernão Dias observador e, digamos, um pouco terno com relação à sua família. Mas basta que se encerre a conversa entre Maria Betim e as filhas para que Fernão Dias dê um "salto quântico" e se materialize na sala de sua casa, senhor de si, como sempre: "(Subitamente, Fernão Dias entra na sala. Ao perceberem o pai, as filhas saem, sem que Fernão Dias repare nelas.)" (p. 557)

Que ironia: olhando retrospectivamente para a sua família, ao lado de Vicente, o bandeirante consegue até apreciar a beleza das filhas; porém, sem a devida distância, estando no mesmo espaço-tempo delas, sequer é capaz de notá-las.

Antes que se conclua o primeiro ato, que Jorge Andrade chama de primeira parte, há uma sequência rápida de ações, durante a qual as diversas fatias do espaço-tempo se misturam, dando lugar a uma cena bastante representativa de *O Sumidouro*:

FERNÃO DIAS: [...] Ou trarei essas pedras, ou não me verás mais.

(*Nesse instante, ouve-se um relógio carrilhão dando as horas. Fernão Dias e Vicente se voltam, escutando. Vicente corre à porta da biblioteca para ouvir melhor. Fernão Dias e Vicente se voltam simultaneamente.*)

FERNÃO DIAS: Adeus, senhora.

MARIA BETIM: Senhor...

FERNÃO DIAS (*obcecado*): Ainda que estivesse na Santa Unção, assim mesmo haveríamos de ir.

(*Maria Betim recua, profundamente ferida. Fernão Dias caminha para o centro do palco. Garcia Pais e José Dias se voltam com resolução e acompanham o pai. Dezenas de bandeiras e estandartes surgem de todos os lados. Padres e pessoas do povo entoam cantos religiosos, entrando em procissão.*)

FERNÃO DIAS (*transfigurado*): Podemos partir!

(*Todos saem. A fisionomia de Fernão Dias vai se contraindo, até se transformar numa máscara de dor. Lentamente, cai ajoelhado. Há um grande silêncio.*)

VICENTE: Eu disse que a dor seria maior. [...] Tem razão em ter procurado a vida inteira, Fernão Dias; em ter pago todos os

FIM DO CICLO 179

preços. [...] Mas, que sol da Terra é este [...] É por ele que precisa ver tudo, que terá que mergulhar na sua dor. Ela é o seu filho mameluco... como a dele é você. Vamos continuar a descida? Conheço os caminhos! (p. 559)

Fernão Dias está preso na "armadilha" proposta por Vicente: um passado real, ainda existente no espaço-tempo, e um presente simbólico, inventado pela personagem dramaturga. É nesse mesmo clima que se inicia a segunda parte de *O Sumidouro*, na qual Jorge Andrade repete, diversas vezes, os procedimentos empregados na primeira parte, isto é, faz Fernão Dias transitar entre os planos narrativos da peça.

A certa altura, Vicente desempenha o papel de narrador de acontecimentos que não podem ser mostrados, tal qual um mensageiro das tragédias gregas. Eis o trecho:

*(As filhas de Fernão Dias são iluminadas, costurando em grande solidão. Fernão Dias caminha na direção delas, numa angústia crescente. As expressões das mulheres são serenas e contidos os movimentos. Maria Betim passa e observa as filhas. Fernão Dias tem um gesto de irritação.)*

VICENTE: Por que se irrita? Sua mulher fez o que mandou. (*Observa, caminhando à volta da mesa.*) Dias, meses, anos... sentadas à volta da mesa, transformando fios em desenhos delicados. Que paciência! Nem uma palavra! Nem um gesto de carinho! E elas esperando, ao alcance de suas mãos. Quantas pedras vamos deixando ao longo do caminho! Não bordaram para marido e filhos, mas para a sua bandeira... sumidouro de todas as coisas.

*(Maria Betim e as filhas levantam-se e evoluem entre as pessoas que vão se reunindo na praça, com toalhas e lençóis abertos nos braços, parecendo suplicantes. Um escravo, carregando o mostrador de um relógio, acompanha Maria Betim.)*

FERNÃO DIAS: Que estão fazendo?
VICENTE: Está numa das cartas: vendem em praça pública o que mandou que vendessem.
FERNÃO DIAS: Minha mulher? Minhas filhas?
VICENTE: E quem esperava que fosse?
FERNÃO DIAS (*violento*): Para que servem os escravos?
VICENTE: Já foram vendidos. Só lhe restam a família e a procura!
FERNÃO DIAS: Então ainda tenho tudo. (p. 577)

É interessante observar que Jorge Andrade repete termos de uma rubrica anterior, do início da peça, quando da primeira

180 JORGE ANDRADE: UM DRAMATURGO NO ESPAÇO-TEMPO

aparição de Maria Betim e de suas filhas: *"As expressões das mulheres são serenas e contidos os movimentos."* Certamente, Jorge não o fez gratuitamente; ao repetir a frase, a impressão que se tem é a de um tempo que não passa, de uma ação que não termina. Como as tias de Vicente em *Rasto Atrás*, as filhas de Fernão Dias permanecem presas a um não lugar, a um não tempo, a uma fatia do espaço-tempo de onde podem ser observadas sempre que os dramaturgos Vicente e Jorge Andrade desejarem. O seu drama se repetirá noite após noite, como o drama das *Seis Personagens à Procura de um Autor*, de Pirandello. Vicente, de início, resume os "dias, meses, anos" de resignação das mulheres em uma única cena e em meia dúzia de frases; é o que basta para exasperar Fernão Dias, que, ao final da cena, desesperado por ver todos os seus queridos objetos vendidos, grita às mulheres que saiam. E elas saem.


*A Deserção*

Cena importante de *O Sumidouro* é a deserção dos capitães da bandeira. Nessa altura, a peça já mostrou a vilania do rei Pedro II (que sucedeu o irmão), as articulações da Igreja e o decreto de Castel Blanco, administrador das minas, que coloca todas as bandeiras sob a sua jurisdição. Acontece, então, a cena em que o rei de Portugal negocia as minas de ouro e de esmeraldas com um enviado do papa Inocêncio XI. Dá-se o seguinte:

(*O rei e o arcebispo saem. Maria Betim e as filhas voltam, repetindo o coro: "comprem, por favor". Dois capitães entram e olham Fernão Dias, com certo receio.*)

FERNÃO DIAS: Não fale! Deixe que eu vá até o fim. Não tenho mais tempo.

VICENTE: Eu sei.

FERNÃO DIAS: (*Olha os capitães e volta-se, retesado*)

CAPITÃO 3: Já vamos partir.

CAPITÃO 4: Deseja alguma coisa?

CAPITÃO 3: Algum recado para sua mulher?

CAPITÃO 4: Quer que a gente explique a situação à Câmara?

CAPITÃO 3: Não nos deseja sorte? Estamos juntos há seis anos!

CAPITÃO 4: Não podemos continuar. Não pode compreender?

FIM DO CICLO

181

CAPITÃO 3: Abandonamos tudo para segui-lo. Precisamos ver como estão nossas famílias.

FERNÃO DIAS (*explode*): Como deixaram! Não estamos procurando para que não continuem pobres como estão? Desde que Matias Cardoso partiu que não têm pensado em outra coisa: voltar. Partam também. Todos! Não preciso de ninguém.

[...]

CAPITÃO 3: Sabe o que estão dizendo?

CAPITÃO 4: Que está ficando caduco.

CAPITÃO 3: E deve ser verdade, para condenar o filho como condenou!

FERNÃO DIAS: Ele pelo menos teve coragem de trair. [...]

[...]

CAPITÃO 3 (*aterrorizado*): Vamos! (*Saem.*)

VICENTE: Pouco a pouco, vai ver que só você e José Dias procuraram... e procuraram a mesma coisa.

(*José Dias entra e fica à espera, ouvindo Fernão Dias.*)

FERNÃO DIAS: Fiz tudo para compreender! (*Com amargura.*) Era meu sangue, e não tinha nada meu. Quando vi, estava diante de um estranho, de um inimigo. E dizer que foi meu braço direito! Prendeu nossos passos como visgo, fazendo a bandeira dar voltas e mais voltas... aqui neste lugar. (*Contrai-se.*) Estava sempre com aquela arma... até que...! (*Subitamente, volta-se para José Dias, desligando-se de Vicente.*) Não me engana mais com palavras. (*Exaltado.*) Quero saber por que não foi ao combate! Estamos sem braços!

JOSÉ DIAS: Não vim aqui apresar índios. (p. 580-581)

A cena é complexa: inicia-se com um comentário de Jorge Andrade ao contraste entre o rei coberto de ouro (Pedro II) e o povo da colônia, representado pela família de Fernão Dias, na miséria. Depois, Fernão Dias, no presente da peça, fala rapidamente com Vicente antes de encarar seus capitães, que estão prestes a abandonar a bandeira. Assim que estes saem, Vicente logo intervém, enquanto entra José Dias, no passado, e fica a escutar a fala do pai, no presente. Finalmente, Fernão Dias, no meio de sua fala, desliga-se de Vicente e volta-se para o filho. Curioso é que a cena da conversa entre pai e filho surge, na peça, *depois* que os capitães informam ao espectador e ao leitor que José havia sido condenado pelo bandeirante – e enforcado, como já sabemos. O presente e vários "passados" se interpenetram, tal como ocorre nos planos da memória e da imaginação.

182 JORGE ANDRADE: UM DRAMATURGO NO ESPAÇO-TEMPO

A cena do atentado de José Dias contra o pai surge logo depois do diálogo cujo início acabamos de apresentar. Os dois começam a discutir por causa da ausência de José no combate contra os índios e termina quando o rapaz acusa a bandeira de ser um amontoado de mentiras.

(*Fernão Dias dá uma bofetada em José Dias. Enfurecido, José Dias ergue o tacape sobre a cabeça de Fernão Dias. Por um momento, os dois se enfrentam. O rosto de Fernão Dias se contrai numa expressão de dor. Subitamente, o tacape cai ao chão. Entram dois capitães e prendem José Dias, saindo depois.*) (p. 582)

Esse "salto entre planos" ainda ocorrerá mais uma vez, pelo menos, antes do final de *O Sumidouro*. Ele acontece em uma longa resposta de Fernão Dias a Vicente, sobre os motivos pelos quais ele, Fernão Dias, nunca desistiu da sua procura, mesmo tendo fraquejado em certas ocasiões. No meio dessa resposta, o bandeirante, subitamente, desliga-se de Vicente e dirige-se a um padre franciscano que vai interpelá-lo e apelar pela vida de José Dias. (p. 582)

A viagem de Fernão Dias rumo à iluminação sofre uma breve interrupção porque seu guia, Vicente, também é interrompido em seus pensamentos. Essa pequena perturbação tem lugar ao final da dura discussão que Fernão Dias trava com o padre franciscano. O padre insiste na salvação do bandeirante, no que é repelido. A conversa toma rumos maniqueístas: de um lado, Fernão Dias, com sua obstinada procura pelas pedras preciosas; do outro, o padre, recriminando essa atitude materialista e imputando crimes a Fernão Dias, crimes que ele ainda está por cometer. Ouve-se, então, o som do relógio carrilhão da casa de Vicente:

(*Enquanto ouvimos o som do relógio carrilhão, Fernão Dias e Vicente caem de joelhos. Fernão Dias anda de quatro, procurando. O padre, aterrorizado, volta-se e sai correndo.*)

FERNÃO DIAS: Alguém precisa arrancá-las do chão. Sinto que estão à minha volta... como se tivessem nascido comigo. Estão aqui... eu sei que estão...

VICENTE: Estamos presos para sempre... à nossa procura!

(*Fernão Dias apoia a cabeça no chão. Ilumina-se a biblioteca de Vicente, desaparecendo Fernão Dias. Lavínia entra, acompanhada por Marta,*

# FIM DO CICLO

*que carrega bandeja com café. Marta põe a bandeja sobre a mesa e olha Vicente com expressão impenetrável. Depois observa à sua volta, com sorriso enigmático. Marta é grisalha, alta, magra, com cara de águia. Observa Vicente e Lavínia e sai ereta, sem olhar para trás.)*

> LAVÍNIA *(entrando)*: Beba o café antes que esfri... e... Que foi?
> VICENTE *(procurando)*: Deixei cair minha caneta. Estou sempre perdendo as coisas.
> LAVÍNIA *(pegando da mão de Marta)*: Não é esta?
> VICENTE: É. Pensei que tivesse caído. (p. 584-585)

Está claro que Fernão Dias e Lavínia – e Marta – não podem habitar a mesma fatia do espaço-tempo. Toda a construção da peça que Vicente está a escrever, e que surge no palco sob forma de diálogo entre dramaturgo e personagem, sai da cabeça do primeiro. Se Vicente fosse esquizofrênico, diríamos que Fernão Dias seria seu amigo imaginário. A entrada de Lavínia e Marta é o choque de realidade que interrompe o pensamento de Vicente e faz Fernão Dias desaparecer. Assim, é possível conjecturar que Vicente "distribui-se" por dois espaços-tempos diferentes: o da realidade/atualidade e o da história/memória – assim como Jorge Andrade, no ciclo "Marta, a Árvore e o Relógio".

Essa "divisão" quase expressionista de Jorge Andrade em diversas personagens – Vicente, José Dias etc. – fica clara em um trecho da conversa entre Vicente e Lavínia:

> LAVÍNIA: [...] E eu? Devo agradecer você, a quem?
> VICENTE: Gostaria que fosse a José Dias. Não sou, como ele, um homem sem rosto, com o rosto de cada um? Não vivo dividido em mil pedaços? (p. 586)

Da mesma forma, José Dias representa os massacrados, o povo humilhado e os mártires do Brasil Colônia, subjugado pela ânsia de riqueza da corte portuguesa:

> *(Fernão Dias se volta, enquanto é projetado um filme sobre o palco: um homem com o rosto de José Dias sendo amarrado à cauda de dois cavalos. Quando os cavalos saem, surge José Dias vestido de branco, subindo em um patíbulo.)* (p. 592)

O primeiro homem que José Dias representa é Felipe dos Santos Freire, tropeiro que, em 1720, liderou a Revolta de Vila

184 JORGE ANDRADE: UM DRAMATURGO NO ESPAÇO-TEMPO

Rica contra a cobrança do quinto (impostos sobre a produção aurífera)[7]. O segundo é Tiradentes.

*O Sumidouro* aproxima-se de seu desfecho. Fernão Dias está mais perto da verdade e vê, projetados no palco, os acontecimentos que recusava-se a assumir como ocorridos de fato: a agonia dos trabalhadores das minas, a escravização de índios, a execução pública de homens que discordavam do tratamento dado à colônia, a distribuição da riqueza brasileira às casa reais que apoiavam Portugal. Em meio a isso, o sofrimento da mulher e das filhas de Fernão Dias e a execução de seu filho José. Jorge Andrade expõe tudo isso em uma cena frenética, semelhante em ritmo àquela de *Rasto Atrás*, em que os Vicentes jovens cercam o pai, João José:

(*Os filmes de Felipe dos Santos e Tiradentes são substituídos por outros que mostram diversos galeões partindo, centenas de índios e negros carregando pedras, sendo chicoteados, arrastados, mergulhados na água; colonos presos e maltratados. Enquanto Fernão Dias recua horrorizado, entram o rei, a rainha, Inocêncio XI, Afonso VI, Antonio de Conti, Maria Betim e as filhas, falando todos ao mesmo tempo. Fernão Dias passa a mão pelo corpo, como se se defendesse, delirando de febre.*)

REI: Os olhos cansados pela velhice.
RAINHA (*entra rindo.*)
PAPA: Rainha Cristina da Suécia: doze mil escudos.
AFONSO VI: Meu amigo. Protegei-me.
CONTI: Sou vosso escravo. (*Afonso VI e Conti beijam-se.*)
RAINHA (*rindo*): Espatifou-se em mil pedaços.
REI: Eu, o príncipe, como regente dos reinos de Portugal...
PAPA: Príncipe de Castiglione: trinta mil florins.
MARIA BETIM: Comprem, por favor!
FILHAS: Comprem, por favor!
REI: ... faço saber a vós, Dom Rodrigo de Castel Blanco...
AFONSO VI (*continua beijando Conti.*)
PAPA: Duque de Massa: mil dobrões de ouro.
MARIA BETIM: A bandeira está sem recursos!
FILHAS: Meu pai precisa de ajuda!
REI: ... fidalgo de minha casa...
RAINHA (*ri, ainda mais safada.*)
PAPA: Toscana: cem mil libras de pólvora.
REI: Faço saber a vós, Dom Rodrigo de Castel Blanco...
MARIA BETIM: Comprem, por favor!

7 Cf. V. Faria, *Revolta de Vila Rica*.

FIM DO CICLO 185

FILHAS: Comprem, por favor!
PAPA: Cardeais de Roma: 41.700 escudos.
REI: ... fidalgo de minha casa...

(*A rainha ri, rodopiando em volta de Afonso VI e Conti, que continuam se beijando. Fernão Dias corre atrás, desesperado.*)

FERNÃO DIAS: Saiam! Saiam daqui! Deixem-me em paz!

(*As visões e os filmes desaparecem, enquanto Vicente se aproxima. Fernão Dias encolhe-se no meio do palco, tremendo, indefeso. Olha para cima com os olhos marejados.*)

VICENTE: Não é a primeira, nem será a última vez, que a mentira de uns será a agonia de tantos. Muitas luas passaram desde que seu filho morreu... e ele ainda é a coisa mais viva nesta mata. Você já começou a roer raízes que apenas conservam um resto de vida. Se encontrou as pedras, por que não volta? O que procura ainda?
FERNÃO DIAS: Esta árvore é minha casa... e será meu túmulo.
(p. 592-593)

Fernão Dias delira quando entram Garcia Pais e dois capitães. Garcia Pais proíbe os capitães de dizerem a verdade – que as pedras achadas eram turmalinas de pouco valor. E assim o bandeirante termina sua participação em *O Sumidouro*, em uma cena de alta carga emocional que emula o encontro de Vicente e João José em *Rasto Atrás*:

FERNÃO DIAS (*erguendo-se com grande esforço*): Ajoelhem-se.
GARCIA PAIS: Que foi, pai? Por que está assim?
FERNÃO DIAS: Em nome de Nosso Senhor Jesus Cristo, jurem que as pedras são verdadeiras. Jurem! Todos!
CAPITÃO 1: Fernão Dias. As pedras...
GARCIA PAIS: Não. Não diga nada.
JOSÉ DIAS (*surge ao fundo e troca um olhar com Fernão Dias. Uma expressão de amor profundo domina seu rosto.*)
FERNÃO DIAS: Afirmem, por onde passarem, que vimos e tocamos em pedras verdadeiras.
JOSÉ DIAS (*aproximando-se*): E chegamos na serra que brilha mais que o sol, pai!
FERNÃO DIAS: E chegamos na serra que brilha mais que o sol! Jurem em nome de Deus [...] Repitam comigo: às margens do Sumidouro... Repitam!
TODOS (*menos José Dias*): Às margens do Sumidouro...
[...]
FERNÃO DIAS (*agonizando*): Procurar... procurar... procurar... que mais poderia ter feito? (p. 593-594)

186 JORGE ANDRADE: UM DRAMATURGO NO ESPAÇO-TEMPO

A alucinação de Fernão Dias dá lugar ao trabalho de Vicente, que no presente da peça está a fundir realidade e ficção, mito e história:

(*Vicente – no limite das suas forças, mas com libertação – escreve à máquina as últimas palavras de Fernão Dias. As personagens saem. Fernão Dias fica deitado no chão, ainda agarrado à pedra. Lentamente, Vicente debruça-se sobre a máquina e, vencido pelo cansaço, dorme. Marta entra, examina o escritório e começa a apagar as luzes. Aproxima--se da mesa e observa Vicente com sorriso enigmático. Tira a folha de papel que está na máquina e lê, enquanto ouvimos o som do relógio carrilhão.*)

MARTA: Procurar... procurar... procurar... que mais poderia ter feito?

*Marta apaga a última lâmpada, enquanto*
CORRE O PANO (p. 594)

O ciclo encerra-se com Marta ecoando Fernão Dias, personagem mais querida de Vicente, no que parece ser a imbricação de mito e história empreendida por Jorge Andrade no ciclo. Marta lê o papel como uma leitora comum (uma improvável crítica de teatro?). No entanto, é a personagem histórica que o autor inseriu nas dez peças, um dos fios condutores do ciclo. Jorge Andrade fê-la transitar por todos os planos (fatias do espaço-tempo) de "Marta, a Árvore e o Relógio", como sua companheira de narração. Só ela poderia concluir o ciclo que leva seu nome.

# Universos Paralelos

O espaço-tempo de Minkowski e Einstein não é, obviamente, um instrumento de análise dramatúrgica. Porém, sua apreensão conceitual revelou-se útil para compreender a dinâmica das peças do ciclo "Marta, a Árvore e o Relógio". Sobre a habilidade de Jorge Andrade de manipular tempo e espaço parece não haver dúvida. Resta mostrar como o conceito de espaço-tempo auxilia a pesquisa de um teatro tão cheio de meandros.

Antes, porém, tomo emprestadas algumas palavras de Hans-Thies Lehmann. Para o professor alemão, os elementos constituintes do teatro – pessoas, espaço e tempo – estavam, até a modernidade, relacionados de uma determinada forma, e essa forma explodiu, proporcionando autonomia aos elementos. Consideremos o tempo e vejamos como Lehmann o analisa no teatro contemporâneo.

Na *Poética* de Aristóteles, pode-se projetar a noção de unidade de tempo. Essa ideia de unidade de tempo implica que, para o espectador, o tempo desaparece. Ele não pensa sobre o tempo e vê-se completamente envolvido pela progressão do drama sem pensar na progressão do tempo. É através (*sic*) dessa construção do drama que a arte teatral adquire sua unidade. No teatro moderno, ao contrário, os autores se colocaram a tarefa de apresentar justamente o que seria essa progressão do tempo, o

188      JORGE ANDRADE: UM DRAMATURGO NO ESPAÇO-TEMPO

que é o tempo. Não o tempo fora do drama, mas o tempo como tema, justamente, do drama. [...] o tempo sempre foi uma coisa importante para o teatro, mas, com essa autonomia dos elementos, virou uma categoria com existência própria que pode ser dramatizada de forma própria e não dentro da unidade que ela costumava constituir no drama.[1]

Lehmann afirma que o mesmo se dá com os demais constituintes do drama (espaço e pessoas). De fato, é o que se observa cada vez com mais frequência nos palcos e nos espaços teatrais não convencionais. Em seu livro sobre o teatro pós-dramático, Lehmann apresenta o tempo como um "bolo" em camadas, a saber: tempo textual, tempo do drama, tempo da ação fictícia, tempo da encenação, tempo do texto na performance. Distingue também os diversos tipos de espaço (dramático, centrífugo, centrípeto). A partir da obra do pesquisador alemão, aqui tomada como exemplo, e de outras pessoas que refletem sobre e produzem o teatro, poderíamos estabelecer um modelo satisfatório de análise das peças de Jorge Andrade. Contudo, ao pensar na unidade de ação de Aristóteles (na qual estão embutidas as unidades de tempo e de lugar), esse modelo contemporâneo de análise não parece, a princípio, resolver inteiramente o teatro andradeano. (Digo "não parece" porque trata-se de uma impressão: dado que meu aporte teórico, nesta obra, foi a Teoria da Relatividade, quaisquer outros referenciais tornaram--se-lhe acessórios. Assim, por não ter trilhado os caminhos de Lehmann nem os de outros estudiosos na análise do ciclo andradeano, não sei que resultados trariam tais tentativas.)

Voltando ao assunto: Aristóteles afirmava que não é possível suprimir ou modificar a ordem das partes de um todo sem alterá-lo, desfigurá-lo, pois o que não faz falta ao todo não lhe pertence. Todavia, Jorge Andrade o fez e não se perdeu o todo de sua obra, que é, essencialmente, *dramática*. Onde está a chave?

Vimos, páginas atrás, que o autor paulista imbricou mito e História no ciclo. Fiel, rigoroso mesmo, aos fatos, Jorge coloca a História brasileira e paulista ora como pano de fundo dos acontecimentos familiares, ora como parte indissociável do mito (*O Sumidouro* é o maior exemplo). Porém, ao rigor histórico,

---

1    Teatro Pós-Dramático e Teatro Político, em J. Guinsburg, S. Fernandes (orgs.), *O Pós-Dramático*, p. 236.

UNIVERSOS PARALELOS

Jorge acrescenta *a sua própria memória*, e é aí que, a meu ver, outros modelos de análise dramatúrgica revelam-se insuficientes para dar conta do ciclo "Marta, a Árvore e o Relógio". Porque a memória humana, diferentemente da memória de um computador, é mutável de acordo com as circunstâncias. Explicando melhor:

memória é a capacidade de repetir uma performance. O tipo de performance depende da estrutura do sistema no qual a memória se manifesta, pois a memória é uma propriedade do sistema. Assim, a memória no sistema nervoso é uma propriedade *dinâmica* [grifo meu] de uma população de neurônios. Nos computadores, a memória depende da especificação e armazenagem de bits de informação codificada. [...] este não é o caso do sistema nervoso.[2]

*Grosso modo*, o parágrafo anterior significa o seguinte: mantidas as condições de armazenagem e conservação, a memória de um computador tende a manter-se inalterada (estática) por um longo tempo. Os dados nela contidos podem, então, ser reutilizados muitas vezes sem que se perca informação. O desempenho (performance) da máquina permanecerá o mesmo, ainda que se adicionem dados à sua memória. Isso não acontece com a memória humana. Por ser dinâmica, a memória do homem acumula os dados provenientes de cada instante vivido e, com eles, realiza novas conexões neuronais (sinapses). Resultado: o homem aprende e se transforma. Mais do que isso, ao se transformar, o homem reavalia o seu espaço-tempo (passado, presente e futuro) e o modifica. Exemplo extremo: uma pessoa com doença nervosa degenerativa (mal de Alzheimer é uma delas) confunde acontecimentos passados com fatos do presente e acaba criando – e acreditando em – histórias absurdas. Seu espaço-tempo foi modificado, ainda que por força de uma doença.

Segundo Gerald Edelman, em um sistema nervoso humano (animal), a lembrança nunca é estereotipada. Influenciada por contextos em contínua transformação, ela própria se transforma, da mesma forma que a estrutura e a dinâmica dos neurônios envolvidos na categorização original. Ou seja: ao construirmos

2   G.M. Edelman, *Bright Air, Brilliant Fire*, p. 102.

190  JORGE ANDRADE: UM DRAMATURGO NO ESPAÇO-TEMPO

a memória de um acontecimento (um acidente, por exemplo), criamos o que Edelman chama de categoria (a dos acidentes). Ao relembrar determinado acidente, a memória ativa algumas, mas não necessariamente todas, as porções do sistema envolvidas na edificação dessa categoria. Explicam-se assim respostas semelhantes para acontecimentos ou situações semelhantes, mas não idênticas. Porém, é importante dizer, os elementos que contribuem para respostas semelhantes raramente são os mesmos, porque nosso comportamento e o acúmulo de informações acabam alterando as próprias estruturas da memória. Assim:

Se as categorias de percepção não são imutáveis e são alteradas pelo comportamento [do homem], a memória, desse ponto de vista, resulta de um processo de contínua recategorização. Por sua natureza, a memória [...] envolve atividade motora contínua e repetições em diferentes contextos. Por causa das novas associações que nascem nesses contextos, por causa de *inputs* e estímulos em constante mutação e também porque diferentes combinações de grupos de neurônios podem dar origem a uma resposta similar, uma determinada resposta da memória pode ser obtida de diversas maneiras. Diferentemente da memória do computador, a memória cerebral é inexata, mas é também capaz de altos graus de generalização.[3]

Ora, em um teatro marcado pela insistente recorrência à memória, é natural que o modelo escolhido para sua análise baseie-se em um ponto de vista externo e privilegiado, isto é, que abarque o todo e cada parte da obra. Considero que o conceito do espaço-tempo e a Teoria da Relatividade são adequados a Jorge Andrade porque, afinal, a matéria essencial do seu teatro – tempo e espaço, especialmente – foi transformada, segundo Hans-Thies Lehmann, em tema do próprio teatro ("categorias com existência própria"). E, para resgatar o tempo, Jorge Andrade precisou recorrer à sua memória inexata.

O tempo e o espaço nas peças do ciclo "Marta, a Árvore e o Relógio" são o tempo e o espaço da memória. Eles formam um bloco do espaço-tempo descontínuo, mas único. As unidades aristotélicas são preservadas, a despeito das idas e vindas das personagens no espaço-tempo das peças. Tomemos *A Moratória*, por exemplo. A ação principal de todas as personagens

3  Ibidem.

permanece a mesma nos dois planos, de 1929-fazenda e de 1932-cidade. O superobjetivo de Joaquim é viver na sua fazenda até o dia de sua morte; ainda que seus atos se revelem inúteis – cobrar seus devedores, brigar com o cunhado, comprar sementes, ler os jornais diariamente, aceitar Olímpio como seu advogado –, todos visam à permanência ou a volta à fazenda. Já Lucília busca sua emancipação: faz curso de costura, enamora-se de Olímpio, costura vestidos para sustentar a família empobrecida, recusa-se a aceitar convites e mesmo a pequena ajuda da tia rica. Marcelo, o deslocado, deseja achar seu lugar no mundo; para isso, até aceita emprego "degradante" em um frigorífico. Os acontecimentos têm lugar nos dois planos, ora simultânea, ora alternadamente, mas *a ação principal é a mesma*. Não há ação secundária ou transversa. Os planos comentam-se mutuamente, mas o que acontece em um deles não interrompe nem prejudica o que acontece no outro. De antemão, sabemos o que acontecerá com a família de fazendeiros; ao observarmos o plano de 1929, ficamos conhecendo as razões da situação encontrada em 1932.

Vejamos o problema de outra forma. O que encontramos em 1932 é um estado de coisas: a família está empobrecida e sobrevive do trabalho de Lucília. Surge a notícia de que o governo dará uma moratória de dez anos para os agricultores pagarem suas dívidas. A família se reanima: Joaquim compra sementes, Lucília cobre a máquina de costura etc. A alegria dura pouco, pois logo vem a notícia de que Joaquim perdera o processo. A fazenda está definitivamente perdida e Lucília volta a trabalhar na máquina de costura. Então, o que acontece realmente no plano de 1932? Praticamente nada. Ao final, postos diante da derrota, pai e filha "conformam-se". O drama ganha contornos trágicos. Por esse prisma, o plano de 1932 não é tanto uma sequência de acontecimentos derivados dos erros cometidos em 1929: mais justo seria considerá-lo o retrato da situação em que a família ficou *desde* 1929. E, à medida que assistimos aos acontecimentos de 1929, maior é o drama das personagens em 1932, pois vemos Joaquim (os proprietários rurais) cometendo os erros que conduziriam a família (a classe dos proprietários rurais) à derrocada.

Independentemente da abordagem escolhida, *A Moratória* é um bloco único de espaço-tempo. No plano de 1929, estão as ações que aniquilaram a família; no de 1932, o resultado do aniquilamento. A meu ver, um encenador que pretenda montar a peça se beneficiará caso empregue o conceito de espaço-tempo na sua empreitada. Ele e seu elenco compreenderão que a impossibilidade de mudança é o elemento trágico mais forte da peça; que os erros do passado pesam sobre Joaquim mais do que sobre qualquer outro; que Joaquim pode até ser visto como herói trágico, com um respeitável catálogo de falhas (a educação de Marcelo, a soberba nas negociações, a confiança desmesurada na terra, no café e nas condições econômicas, o orgulho de ainda ser o que fora no passado); que a moratória negada arrasa o resto de esperança e dignidade da família (não foi Fernando Pessoa que disse que o homem que se afoga se agarra a uma palha?).

Em *O Telescópio*, os problemas familiares são parecidos, mas o tratamento dado por Jorge Andrade é diferente. Como se se situassem em dois universos paralelos, jovens e velhos desempenham seus papéis quase sem estabelecer comunicação uns com os outros. Os velhos fazendeiros olham para o passado e querem que a fazenda seja mantida inteira, como está no presente da peça; seus filhos só conseguem ver o futuro, com cada um ocupando a parte que lhe cabe naquele latifúndio, sem dar a mínima para os irmãos e para o desejo dos pais. Um grupo no passado, outro no futuro, sem possibilidade de comunicação: eis com que o espectador se depara em uma encenação de *O Telescópio*. Se levarmos em conta o conceito do espaço-tempo, podemos dizer que cada conjunto de personagens está em planos muito distantes entre si e são incapazes de se enxergarem tais como são; qualquer tentativa de compreensão, mútua ou unilateral, fracassará. Por isso, desse ponto de vista, talvez *O Telescópio* seja ainda mais terrível que *A Moratória*: nesta, a família permanece unida na sua desgraça; naquela, o tecido familiar se esgarçará até o rompimento total, formando grupos de realidades irreconciliáveis – cada filho por si, os pais abandonados por todos, a fazenda desmembrada e a classe dos latifundiários desmantelada.

Na leitura de *O Telescópio*, notamos que cada personagem toma a si próprio como referencial privilegiado. Assim, apesar de os velhos preocuparem-se com seus filhos, o interesse maior reside na preservação da propriedade e da linhagem começada com a vinda dos antepassados mineiros que haviam partido de Pedreira das Almas. Já os filhos não parecem dar importância ao que pensam seus pais; a partilha das terras, com a consequente briga pelo melhor pedaço, se dá na presença dos ainda proprietários, Francisco e Rita. Tal atitude pode parecer cinismo ou falta de sensibilidade, mas ocorre que os jovens estão mergulhados em outra dimensão: nem lhes passa pela cabeça que o seu direito a um pedaço de terra (o melhor, claro) é alienável. Na sua fatia do espaço-tempo, o futuro já chegou.

*Rasto Atrás* tem uma estrutura espaço-temporal um pouco mais complicada, pois Jorge Andrade fez as diversas fatias do espaço-tempo se comunicarem. Retomando a imagem do pão de forma do espaço-tempo, em *Rasto Atrás* as fatias não estão mais paralelas, mas dispostas de maneira que umas encontrem as outras nos mais diversos ângulos. Por isso, Vicente não só vê o seu passado como sua memória faz com que lugares e tempos diferentes se choquem no não lugar que é o palco vazio. Porém, considerando o palco como o centro da memória de Vicente, tudo o que acontece nele respeita as unidades de ação, tempo e lugar. É importante reforçar que tudo o que Vicente faz na peça é buscar as razões do desencontro para, enfim, reconciliar-se com o pai.

Em *Rasto Atrás*, os dois universos antagônicos, de Vicente e de João José, não divergem tanto como se imagina – soubemos disso pelas palavras de Mariana e de Etelvina, que não diferenciam as fugas dos dois homens para os livros e para o mato, respectivamente. Eles caminham paralelamente e acabam por se harmonizar na cena do encontro, perto do fim da peça. Se organizássemos *Rasto Atrás* em outra ordem, colocando os acontecimentos tal como se deram cronologicamente, chegaríamos ao mesmo desfecho, mas o resultado cênico não seria o mesmo. O caminho tortuoso da memória de Vicente, indo várias vezes do presente ao passado distante e do passado distante ao passado menos remoto e voltando, rouba-nos a possibilidade de adivinhar o passo seguinte. *Rasto Atrás* prende atenção do espectador porque emula a sua própria memória, reproduz o processo de categorização que a memória executa. E esse processo não obedece à evolução do espaço-tempo tal como a vivemos.

Há ainda outro aspecto a ressaltar aqui: *Rasto Atrás* contém muitos elementos autobiográficos de Jorge Andrade. Escrever

194 JORGE ANDRADE: UM DRAMATURGO NO ESPAÇO-TEMPO

sobre si mesmo implica alguns inconvenientes: falta de distanciamento crítico, autoindulgência, expurgo de fantasmas, traumas, tentativas, deliberadas ou não, de esquecer certas passagens. São todas questões psicológicas que interferem na construção do universo narrativo. Daí o aparecimento de lacunas nessa narrativa. Uma delas, por exemplo, é o tratamento dado à prostituta Jupira, em *Rasto Atrás*. Na cena em que Vicente, 15 anos, e seu amigo Marcelo saem abraçados com Jupira (p. 510-511), Jorge Andrade atribui o adjetivo "humilhante" à recordação, tanto que faz com que o Vicente de 43 anos se contraia. O texto indica que essa seria a primeira relação sexual de Vicente; descontado o nervosismo de um adolescente diante da sua primeira mulher, qual a razão de a situação ser "humilhante"? A presença do amigo Marcelo no mesmo quarto? O fato de Jupira ser uma prostituta? A impessoalidade da relação? Tudo isso junto? A questão é que Jupira é personagem muito importante nesse momento da vida de Vicente e sua lembrança ocupa muito pouco de *Rasto Atrás*. Afinal, quem deu o dinheiro a Marcelo para pagar os serviços da prostituta foi João José. Ele temia que seu filho fosse um homossexual – ou tivesse tendências a sê-lo (algumas insinuações ao longo da peça demonstram isso). Por que Jupira foi quase apagada da memória de Jorge Andrade? Terá o autor vivido tal experiência? Jamais saberemos a resposta, mas penso que a personagem é crucial no desenvolvimento de Vicente e há somente traços dela na peça.

Outra mulher importante em *Rasto Atrás* é Maria, a moça de quem Vicente foi noivo por dois anos. Sua cena acontece logo após Vicente, 15 anos, Marcelo e Jupira deixarem o palco. E é curioso que a inadaptação de Vicente, agora aos 23 anos, ao jogo amoroso permaneça: a essa altura, Vicente e Maria já se relacionaram sexualmente ("Já fui sua!", ela diz), mas o rapaz não se realiza com ela. Pior: a mantém fora do seu universo. Várias de suas falas nessa conversa com a noiva indicam que o espaço-tempo de Vicente constitui uma realidade que não se comunica com o mundo real:

Deve haver um meio de escapar, de lutar, de ser alguém. […] quero p'ra você um mundo que seja meu, que só eu posso conquistar. Um mundo diferente deste que nos rodeia, que não tem mais sentido. […]

um homem que não encontrou a verdade dele? [...] Por que não aceitar esse mundo como ele é? [...] Quem sou eu? Quem? (p. 512)

Maria é uma mulher do mundo real. Quer casar, ter filhos, comida na mesa e dinheiro no banco. Ela não espera mais de Vicente, mas o rapaz crê que isso seja insuficiente para sua futura família. Ele quer dar a ela o *seu* mundo, que, aliás, ainda não conquistou. É o Vicente de 43 anos quem dá a resposta a Maria: "Eu tinha necessidade de saber, Maria! Precisava ler todos os livros do mundo... [...] O conhecimento da verdade...!" (p. 512). Uma verdade que ele buscaria em outro lugar e colocaria no palco.

Nas peças em que as cenas se encadeiam de maneira convencional, sem *flashbacks* nem idas e vindas no espaço e no tempo, o que se observa é uma espécie de "embate" entre o aqui/agora e o alhures/ontem, embate este centrado nas personagens. Em *Pedreira das Almas*, por exemplo, enquanto Urbana luta para preservar a cidade esgotada e morta – tentando manter a maior parte dos habitantes confinados àqueles rochedos –, seus intentos são burlados pela obstinação de Gabriel de levar o povo para São Paulo e pela intransigência do delegado Vasconcelos, que invade a cidade com suas tropas. A matriarca insiste em guardar seus mortos (passado); Vasconcelos exige a entrega do revoltoso Gabriel, para que se possa puni-lo com a lei (presente); Gabriel, por sua vez, salvo pelo silêncio de Urbana e de toda a cidade, conduz o povo para o planalto paulista (futuro), onde se estabelecerão os fazendeiros que darão origem às peças do ciclo do café. Beirando a alegoria, *Pedreira das Almas* mostra a vitória do progresso e antecipa o espaço--tempo de *O Telescópio* e de *A Moratória*.

Mas o espaço-tempo de *Pedreira das Almas* é o de Urbana. Ela o controla mesmo quando já não tem mais nenhum controle nem sobre si mesma. Somente sua morte livra a cidade da imobilidade. Em uma analogia canhestra, Urbana tem similitude com um freio de partículas ou com um filtro de luz que retém a maior parte da radiação, de modo que só vemos uma réstia esmaecida de luz saindo do filtro. Quando Urbana morre, todos estão livres para ganhar o mundo: Vasconcelos e as tropas, que de início não pertenciam nem jamais pertenceriam àquele bloco do espaço-tempo; Gabriel e os habitantes que desejavam abandonar a cidade; e até mesmo Mariana, filha de Urbana, pôde "escolher" ficar com seus mortos.

Em *Vereda da Salvação*, a luta se trava entre os planos da transcendência e da realidade. Joaquim, o místico, acredita que as contradições do mundo terrestre só se resolverão mesmo no Paraíso. Dolor, sua mãe, mais pragmática, pensa da mesma forma, porém, pelo viés do capitalismo, se é que podemos chamar assim a lógica do explorado: à sua maneira, Dolor compreendeu que ela, seu filho e os demais agregados são moeda de pouco valor; como categoria desorganizada, só valem para o fazendeiro como mão de obra em tempos de vacas gordas – fora desses períodos, continuarão sendo enxotados de latifúndio em latifúndio e permanecerão miseráveis. O fim da penúria só virá com a morte. Do outro lado estão Manoel, Artuliana e Ana. Manoel tem trânsito com os fazendeiros e acredita, erroneamente, ter mais valor por causa da sua liderança; Artuliana deseja constituir família com Manoel; Ana, filha de Manoel, não partilha da fé adventista dos demais agregados. Os três têm os pés solidamente plantados no terreno da realidade. O conflito que se estabelece entre Joaquim e Manoel é, na verdade, o embate do mundo místico contra o mundo real. Ambos sairão derrotados ao final da peça, pois o vencedor é o capital, uma virtualidade que se materializa nos grandes proprietários dos meios de produção, para quem o tempo não passa. Enquanto for possível, eles manterão seu *status quo* e sua realidade imutável.

É interessante observar como Jorge Andrade erige esses dois planos. O plano místico não existe senão na mente daquele que crê. A visão do Paraíso dos agregados certamente difere para cada um deles, mas é a visão de Joaquim que prevalece. Assim, esse plano transcendente constitui-se de fato; na economia da peça, ele ganha materialidade e, assim, pode competir com o plano da realidade, onde vive Manoel. Do ponto de vista da análise que estamos fazendo aqui, o plano místico transforma-se em um bloco de espaço-tempo que "combate" o bloco da realidade (uma clareira cercada por casebres e árvores altas, onde vivem colonos miseráveis) – duas abstrações, o espaço-tempo e o plano místico, que se materializam em Joaquim.

Em *A Escada*, o mundo antigo de Antenor parece um barco à deriva no oceano turbulento do presente. Suas tentativas de reaver os terrenos aos quais acredita ter direito são frustradas pela Justiça e, contra isso, só resta a Antenor esbravejar e xingar os juízes. Antenor e Amélia vivem, de fato, no passado, em um espaço-tempo simbolizado pela escada. Mas eles têm mobilidade: entram e saem dos apartamentos dos filhos, que representam o presente. Infelizmente, para a família, essa mobilidade não se traduz em comunicação plena. Os velhos não entendem em que situação nem em que época estão. Sua fatia do espaço--tempo mal tangencia a dos seus filhos.

Acontece o mesmo com Noêmia, em *Senhora na Boca do Lixo*. Por um breve momento, ela faz emergir o passado faustoso: revive, no casarão que abriga a delegacia, uma grande festa, fato corriqueiro em sua juventude. Mas a triste realidade do presente, trazida pelo lustre empoeirado e cheio de teias que se acende, trata de jogar de novo esse grande passado para debaixo do tapete. Noêmia, tal qual Antenor, vive em um bloco do espaço-tempo diferente do de sua filha, Camila. Enquanto esta tem plena consciência da contravenção da mãe (contrabando), Noêmia acredita não estar fazendo nada de mais, já que, no seu mundo, vale tudo pelo prazer e pela beleza da vida. A descrição que Jorge Andrade faz da delegacia é esclarecedora: no outrora belo casarão, são abrigados punguistas, vagabundos, prostitutas e marginais diversos. O plano onde vivem essas pessoas jamais encontraria o mundo de Noêmia não fora a "visita" forçada da senhora quatrocentona à mansão. Há, portanto, dois graus de separação entre o espaço-tempo de Noêmia (passado, recordações) e a realidade: física – Noêmia não se mistura às classes mais baixas – e simbólica – a ex-ricaça recusa-se a ver o mundo real sem pintá-lo com as cores do passado.

Na comédia *Os Ossos do Barão*, o encontro dos dois universos, o dos fazendeiros empobrecidos e o dos imigrantes bem--sucedidos, é dado de partida. E o elo entre eles são os ossos do barão de Jaraguá: se eles não tivessem sido anunciados, a família de Miguel jamais iria à casa de Egisto. Diferentemente do que ocorre nas outras duas peças urbanas do ciclo, em *Os Ossos do Barão* o passado se mantém vivo graças ao industrial italiano. Ele comprou tudo o que havia pertencido ao barão, seu ex-patrão, exceto o relógio, que vai parar na casa de Vicente, em *O Sumidouro*. E mantém todos os bens tal como eram quando o barão vivia; utiliza-os como decoração. Quando Miguel diz ter a impressão de estar fazendo uma visita ao passado, de fato está, mas a um passado vivo, um passado tornado presente pela manutenção do espaço tal qual ele era na época do barão. Do ponto de vista do espaço-tempo, essa peça é uma das mais representativas do que chamamos anteriormente de tempo espacializado: a perfeita preservação da casa com todos os seus objetos e até os ossos do ex-dono eternizou o passado. É por meio da casa e do seu conteúdo que enxergamos o tempo do barão.

*As Confrarias*, com seus *flashbacks* em *fade-in* e *fade-out*, traz um problema para o pesquisador que leva em conta a questão do espaço-tempo nas peças de Jorge Andrade: a rubrica inicial indica, como cenário, múltiplos lugares. Daí que o tempo mensurável, espacializado, se desfaz, porque iremos lidar com múltiplas porções do espaço-tempo. Tal como no cinema, a chegada de Marta a cada uma das igrejas não se dá de forma linear, cronológica. Ela sai de uma igreja e, rapidamente, se materializa em outra – claro que a economia do texto assim exige, pois nada de importante ocorre, no presente da peça, com Marta e os irmãos das igrejas fora desses templos. Isso dá a impressão de que Marta não é feita de matéria humana: ela desafia os princípios da Física clássica. Ora, a obra de Jorge Andrade lida com mundos que se interpenetram, com universos paralelos que acabam por se encontrar, com tempos e espaços que se deslocam de seu lugar na História e se apresentam todos juntos no palco. Marta, em *As Confrarias*, como personagem e narradora, está livre para viajar por todo esse bloco do espaço-tempo da Inconfidência Mineira.

*O Sumidouro* repete os procedimentos de *Rasto Atrás* e de *As Confrarias*, acrescentando outros. O que marca nesta última peça do ciclo é a presença de duas personagens que viajam pelo espaço-tempo, mas apenas uma delas controla essa viagem: Vicente. A outra é Fernão Dias, cujo mergulho em suas próprias memórias está sob o comando de Vicente. E é o dramaturgo quem determina o que o bandeirante reverá e reviverá – a Fernão Dias só resta aquiescer. Temos, então, o caso singular de um observador que trafega pelo espaço-tempo, ora como protagonista dos acontecimentos, ora como testemunha. Curiosamente, ele vê tudo pelos olhos de Vicente, que não viaja pelo espaço-tempo de Fernão Dias.

Outro aspecto importante de *O Sumidouro* é a introdução da plateia no espaço de representação. A rubrica inicial recomenda que as projeções de filmes e *slides* envolvam tudo o que está no palco e, se possível, toda a plateia. Ora, esse é o espaço-tempo da mente de Vicente-Jorge Andrade e tudo ocorre nele, inclusive a recepção dos espectadores. A quebra da quarta parede não é evidente: os espectadores, mergulhados na cena, convivem com as personagens no mesmo bloco do espaço-tempo.

\* \* \*

Há décadas, físicos e astrônomos especulam sobre a natureza dos buracos negros. Sabe-se que são aglomerados de gases e poeira tão densamente comprimidos que sua força gravitacional suga tudo o que está no seu entorno, inclusive a luz. Todas as galáxias contêm um buraco negro em seu centro, com quantidades inimagináveis de matéria. Ao atingir uma determinada massa, o buraco negro colapsa e passa a expelir violentamente imensas quantidades de energia, originando os quasares. Há um mistério ainda não resolvido relativo aos buracos negros, que se refere à natureza do espaço-tempo no ponto central desses buracos, local onde a densidade da matéria é máxima. De acordo com Brian Greene:

Uma aplicação direta da relatividade geral [...] revela que a enorme quantidade de massa e energia comprimida no centro de um buraco negro provoca uma fenda devastadora no tecido do espaço-tempo, dobra-o radicalmente em um estado de curvatura infinita – perfura-o em uma singularidade espaço-temporal. Uma conclusão tirada pelos físicos a partir desse fenômeno é que uma vez que toda matéria que cruze o horizonte de eventos é inexoravelmente tragada para o centro do buraco negro e como, uma vez lá, a matéria não tem futuro, o próprio tempo chega ao fim no coração de um buraco negro. Outros físicos, que há anos exploram as propriedades do centro dos buracos negros utilizando as equações de Einstein, revelaram a estranha possibilidade de que ele possa ser a porta para outro universo que se liga ao nosso apenas através do centro do buraco negro. Por assim dizer, onde o tempo no nosso universo termina, começa o tempo em outro universo.[4]

4    B. Greene, *O Universo Elegante*, p. 377.

O que essa teoria fascinante tem a ver com o teatro, em especial com o teatro de Jorge Andrade? A meu ver, é a possibilidade de olharmos para o teatro como uma confluência de universos paralelos, nos quais o tempo e o espaço não constituem simples continuações do nosso tempo e do nosso espaço: lá, eles são outros e múltiplos. Em *Seis Personagens à Procura de um Autor*, de Pirandello, o tempo é cíclico: o drama deles será repetido noite após noite, sem possibilidade de redenção. Em *Esperando Godot*, de Beckett, o tempo sequer existe, pois se, de início, nada há a fazer, no final, quando as personagens decidem fazer algo, não se mexem. Em *Os Cegos*, de Maeterlink, as personagens, que já não tinham a noção precisa do espaço, agora perdem a noção do tempo. E no ciclo "Marta, a Árvore e o Relógio", cujos tempo e espaço são projeções da memória de Jorge Andrade, por isso mesmo são inexatos e virtuais.

Creio que a análise dramatúrgica a partir dessa perspectiva pode levar a interpretações instigantes. Considerar que o fantasma do rei Hamlet emerge de um lugar onde a matéria não tem futuro e o tempo chegou ao fim para exigir vingança pode, no limite, influenciar o comportamento do ator que interpreta o príncipe Hamlet. Talvez isso seja uma heresia. Mas o que dizer a respeito dos textos teatrais contemporâneos, que colhem o homem em pleno processo de reificação, de dessubjetivação? Em um texto como o citado *4:48 Psicose*, de Sarah Kane, sabemos que a personagem vai se matar às 4h48, mas quase ao final da peça ela pede para não ser autopsiada e conta ao leitor/espectador como foi que morreu[5]. Trata-se da mesma personagem em universos diferentes, o dos mortos e o dos vivos? Ou sua mente em desintegração antecipa a passagem? Já em *Ici ou Ailleurs* (*Aqui ou Acolá*), de Jean-Luc Lagarce, as personagens, identificadas apenas por números, transitam por um lugar intermediário entre uma estação e uma praia. Mas podem, também, como sugere a rubrica, estar em um "espaço sonoro: ruído de água, ruídos de uma estação, de pássaros, do vento..."[6]. Um espaço sonoro, que não se vê? Que tipo de construção os sons oferecem ao espectador? Até em uma peça

---

5    S. Kane, *Teatro Completo*, p. 330.
6    J.-L. Lagarce, *Théâtre complet I*, p. 156.

de fatura mais convencional, a ideia de um espaço-tempo que conduz a universos paralelos pode funcionar. *Les Iks* (*Os X*)[7], adaptação para teatro do livro *The Mountain People*, de Colin Turnbull, encenado em 1975 por Peter Brook, conta a história de uma tribo ugandesa que viu seu território ser transformado em um parque nacional por decisão do governo de Uganda. Foram proibidos de caçar e colher frutas e legumes da terra: deveriam tornar-se agricultores. Por um decreto, perderam sua identidade, sua terra e seu modo de produção. Viraram os "X". Em que universo eles foram atirados?

Não cabe aqui elencar todos os exemplos. Minha conclusão é que, ao abordar uma dramaturgia complexa como a de Jorge Andrade, que sofreu para encontrar seu lugar no mundo e sua identidade, o conceito de espaço-tempo pode ser útil. Compreender que o espaço-tempo, mais que um conceito da Física, pode ser apreendido filosoficamente (como fez Bergson) é um grande passo para a exegese desse tipo de dramaturgia. Além disso, lembremos que o tempo, o espaço e o espaço-tempo são construções psicológicas, históricas e sociais, isto é, sua percepção varia de acordo com as condições em que cada ser humano se educou e se formou. E, ainda que considerássemos o espaço-tempo apenas do ponto de vista das ciências exatas, ele teria sua utilidade na análise de uma dramaturgia que transita por épocas e lugares que não conhecemos ao vivo e em cores. Afinal, Jorge Andrade por vezes nos faz sentir como Tony Newman e Douglas Phillips, os viajantes da série de TV *Túnel do Tempo*, criada em 1966 por Irwin Allen. Com a vantagem de podermos voltar ao conforto dos nossos lares quando a cortina se fecha.

---

7    Cf. C. Higgins, D. Cannan (adap.), *Les Iks*.

# Bibliografia

ABBAGNANO, Nicola. *Dicionário de Filosofia*. 4. ed. São Paulo: Martins Fontes, 2000.

AGOSTINHO, Santo. *Confissões/De magistro*. 3. ed. São Paulo: Abril Cultural, 1984.

ALBISSU, Nelson. *Em Busca dos Velhos de Jorge Andrade no Ciclo Marta*. Dissertação de mestrado, Escola de Comunicação e Artes, São Paulo, USP, 1997.

ANDRADE, Jorge. *Labirinto*. Barueri: Manole, 2009.

_____. *A Moratória*. Rio de Janeiro: Agir, 1994.

_____. *Marta, a Árvore e o Relógio*. São Paulo: Perspectiva, 1986.

_____. *Milagre na Cela*. Rio de Janeiro: Paz e Terra, 1977.

ARANTES, Luiz Humberto Martins. *Teatro da Memória: História e Ficção na Dramaturgia de Jorge Andrade*. São Paulo: Annablume/Fapesp, 2001.

ARÊAS, Vilma. *Introdução à Comédia*. Rio de Janeiro: Jorge Zahar, 1990.

ARISTÓTELES. *Poética*. São Paulo: Abril Cultural, 1984.

AZEVEDO, Elizabeth F.C. Ribeiro. *Recursos Estilísticos na Dramaturgia de Jorge Andrade*. Tese de doutorado, Escola de Comunicação e Artes, São Paulo, USP, 2002.

_____. O Uso da Rubrica em Jorge Andrade. *Sala Preta*, São Paulo, n. 1, jun. 2001.

BACHELARD, Gaston. *A Poética do Espaço*. 2. ed. São Paulo: Martins Fontes, 2008.

BALL, David. *Para Trás e Para Frente*. São Paulo: Perspectiva, 1999.

BENJAMIN, Walter. *Magia e Técnica, Arte e Política: Ensaios Sobre Literatura e História da cultura*. 7. ed. São Paulo: Brasiliense, 1994.

_____. *Origem do Drama Barroco Alemão*. São Paulo: Brasiliense, 1984.

BERGSON, Henri. *Matéria e Memória: Ensaio Sobre a Relação do Corpo com o Espírito*. 4. ed. São Paulo: WMF Martins Fontes, 2010.

204 JORGE ANDRADE: UM DRAMATURGO NO ESPAÇO-TEMPO

_____. *O Riso: Ensaio Sobre a Significação da Comicidade*. 2. ed. São Paulo: Martins Fontes, 2007.

_____. *Duração e Simultaneidade: A Propósito da Teoria de Einstein*. São Paulo: Martins Fontes, 2006.

BRANDÃO, Junito de Souza. *Mitologia Grega*. v.1, v. 3. 14. ed. Petrópolis: Vozes, 2000.

BRECHT, Bertolt. *Teatro Completo*. v. 6. 2. ed. Rio de Janeiro: Paz e Terra, 1991.

BUNGE, Mario. *Caçando a Realidade: A Luta pelo Realismo*. São Paulo: Perspectiva, 2010.

CALTECH ASTRONOMY. Welcome to the Website of the Palomar Observatory. Disponível em: <http://www.astro.caltech.edu/palomar/>. Acesso em: 21 abr. 2015.

CÂNDIDO, Antonio. Vereda da Salvação. In: ANDRADE, Jorge. *Marta, a Árvore e o Relógio*. São Paulo: Perspectiva, 1986.

CARLSON, Marvin. *Teorias do Teatro: Estudo Histórico-Crítico, dos Gregos à Atualidade*. São Paulo: Unesp, 1997.

CHEVALIER, Jean; GHEERBRANT, Alain. *Dictionnaire des Symboles*. Paris: Robert Laffont/Jupiter, 1982.

DELEUZE, Gilles; PARNET, Claire. *Diálogos*. Lisboa: Relógio D'Água, 2004.

_____; GUATTARI, Félix. *O Que É a Filosofia?* 2. ed. São Paulo: Editora 34, 1997.

DORT, Bernard. *O Teatro e Sua Realidade*. 2. ed. São Paulo: Perspectiva, 2010.

DYSON, Freeman. *Infinito em Todas as Direções*. São Paulo: Companhia das Letras, 2000.

EDELMAN, Gerald Maurice; TONONI, Giulio. *A Universe of Consciousness*. Nova York: BasicBooks, 2000.

EDELMAN, Gerald Maurice. *Bright Air, Brilliant Fire: On the Matter of the Mind*. Nova York: BasicBooks, 1992.

ELIADE, Mircea. *Mito e Realidade*. 6. ed. São Paulo: Perspectiva, 2010.

EINSTEIN, Albert. *A Teoria da Relatividade Especial e Geral*. Rio de Janeiro: Contraponto, 1999.

FARIA, Vanderlei. *Revolta de Vila Rica*. Disponível em <http://www.historiabrasileira.com/brasil-colonia/revolta-de-vila-rica/>. Acesso em: 21 abr. 2015.

FERNANDES, Ismael. *Memória da Telenovela Brasileira*. 4. ed. São Paulo: Brasiliense, 1997.

FRAGA, Eudinyr. *O Simbolismo no Teatro Brasileiro*. São Paulo: Art & Tec, 1992.

FRIED, Michael. *Absorption and Theatricality*. Chicago: The University of Chicago Press, 1988.

GAGNEBIN, Jeanne-Marie. Teologia e Messianismo no Pensamento de W. Benjamin. *Estudos Avançados*, São Paulo, v. 13, n. 37, São Paulo, set.-dez, 1999. Disponível em: <http://www.scielo.br/scielo.php?pid=S0103-40141999000300010&script=sci_____arttext>. Acesso em: 21 abr. 2015.

GALILEI, Galileu. *Diálogo Sobre os Dois Máximos Sistemas do Mundo Ptolomaico e Copernicano*. 2. ed. São Paulo: Discurso Editorial/Imprensa Oficial do Estado de São Paulo, 2004.

GARCIA, Clóvis. *Os Caminhos do Teatro Paulista*. São Paulo: Prêmio, 2006.

GONÇALVES, Delmiro. Introdução. In: ANDRADE, Jorge. *Marta, a Árvore e o Relógio*. São Paulo: Perspectiva, 1986.

GÓRKI, Máximo. *Pequenos Burgueses: Peça em Quatro*. São Paulo: Abril, 1976.

GREENE, Brian. *O Tecido do Cosmo: O Espaço, o Tempo e a Textura da Realidade*. São Paulo: Companhia das Letras, 2005.

# BIBLIOGRAFIA

\_\_\_\_\_. *O Universo Elegante: Supercordas, Dimensões Ocultas e a Busca da Teoria Definitiva*. São Paulo: Companhia das Letras, 2001.

GUIMARÃES, Carmelinda (org.); GARCIA, Clóvis. *Clóvis Garcia: A Crítica Como Ofício*. São Paulo: Imprensa Oficial/Fundação Padre Anchieta, 2006.

GUIDARINI, Mário. *Jorge Andrade na Contramão da História*. Florianópolis: Editora da UFSC, 1992.

GUINSBURG, Jacó. *Da Cena em Cena*. São Paulo: Perspectiva, 2001.

\_\_\_\_\_. Um Teatro em Rastro Atrás: Jorge Andrade. In: *Revista USP*, São Paulo, n. 29, mar.-mai. 1989.

GUINSBURG, Jacó; BARBOSA, Ana Mae. *O Pós-Modernismo*. São Paulo: Perspectiva, 2005.

GUINSBURG, Jacó; COELHO NETTO, José Teixeira; CARDOSO, Reni Chaves. *Semiologia do Teatro*. São Paulo: Perspectiva, 1988.

GUINSBURG, Jacó; FERNANDES, Sílvia (orgs.). *O Pós-Dramático*. São Paulo: Perspectiva, 2009.

HIGGINS, Colin; CANNAN, Denis (adap.). *Les Iks*. Paris: Centre International de Creations Theatrales, 1975.

INSTITUTO CAMÕES. Biobliografia de Almeida Garrett. In: *Camões: Revista de Letras e Culturas Lusófonas*, n. 4, jan.-mar. 1999. Disponível em: <http://www.instituto-camoes.pt/revista/bibliografia.htm>. Acesso em: 21 abr. 2015.

JAEGER, Werner. *Paideia: A Formação do Homem Grego*. 4. ed. São Paulo: Martins Fontes, 2001.

KANE, Sarah. *Teatro Completo*. Porto: Campo das Letras, 2001.

KIPPHARDT, Heimar. *O Caso Oppenheimer*. São Paulo: Brasiliense, 1966.

LAGARCE, Jean-Luc. *Théâtre complet I*. Besançon: Les Solitaires Intempestifs, 2000.

LEHMANN, Hans-Thies. Teatro Pós-Dramático e Teatro Político. In: GUINSBURG, J.; FERNANDES, Sílvia (orgs.). *O Pós-Dramático*. São Paulo: Perspectiva, 2009.

\_\_\_\_\_. *Teatro Pós-Dramático*. São Paulo: Cosac Naify, 2007.

LÉVY, Pierre. *O Que É o Virtual?*. São Paulo: Editora 34, 1996.

LINHARES, Maria Yedda (org.). *História Geral do Brasil*. 9. ed. Rio de Janeiro: Elsevier, 1990.

LOPES, Beth. A Performance da Memória. *Sala Preta*, São Paulo, n. 9, 2009.

MACHADO, Alcântara. *Vida e Morte do Bandeirante*. Belo Horizonte: Itatiaia; São Paulo: Edusp, 1980.

MAGALDI, Sábato. *Teatro Sempre*. São Paulo: Perspectiva, 2006.

\_\_\_\_\_. *Cem Anos de Teatro em São Paulo*. São Paulo: Senac, 2000.

\_\_\_\_\_. *Moderna Dramaturgia Brasileira*. São Paulo: Perspectiva, 1998.

\_\_\_\_\_. *Panorama do Teatro Brasileiro*. 3. ed. São Paulo: Global, 1997.

\_\_\_\_\_. Revisão Lúcida. In: FRAGA, Eudinyr. *Qorpo-Santo: Surrealismo ou Absurdo*. São Paulo: Perspectiva, 1988.

MILARÉ, Sebastião. *Antunes Filho e a Dimensão Utópica*. São Paulo: Perspectiva, 2007.

MNOUCHKINE, Ariane. *L'Art du present*. Paris: Editions Plon, 2005.

\_\_\_\_\_. *Les Ephémères – Os Efêmeros*, 2007. Programa da peça.

MÜLLER, Arthur. *A Morte do Caixeiro Viajante*. São Paulo: Abril Cultural, 1976.

O'NEILL, Eugene. *Longa Jornada Noite Adentro*. São Paulo: Abril Cultural, 1980.

\_\_\_\_\_. *Além do Horizonte*. Rio de Janeiro: Letras e Artes, 1962.

_____. *Mourning Becomes Electra*. Nova York: Vintage Books, 1959.

ORTEGA Y GASSET, José. *A Ideia do Teatro*. São Paulo: Perspectiva, 1991.

PAVIS, Patrice. *A Encenação Contemporânea*. São Paulo: Perspectiva, 2010.

_____. *Dicionário de Teatro*. São Paulo: Perspectiva, 1999.

PEREIRA, Ana Carolina Guedes. *Em Torno da Mente*. São Paulo: Perspectiva, 2010.

PIRANDELLO, Luigi. *Seis Personagens à Procura de Um Autor*. São Paulo: Abril Cultural, 1977.

PISCATOR, Erwin. *Teatro Político*. Rio de Janeiro: Civilização Brasileira, 1968.

PRADO, Décio de Almeida. *O Teatro Brasileiro Moderno*. 2. ed. São Paulo: Perspectiva, 2003.

_____. *Teatro em Progresso*. São Paulo: Perspectiva, 2002.

RODRIGUES, Nelson. *Teatro Completo I: Peças Psicológicas*. Rio de Janeiro: Nova Fronteira, 1981.

ROSENFELD, Anatol. *Teatro Moderno*. São Paulo: Perspectiva, 1997.

_____. *O Mito e o Herói no Moderno Teatro Brasileiro*. São Paulo: Perspectiva, 1996.

_____. *Visão do Ciclo*. In: ANDRADE, Jorge. *Marta, a Árvore e o Relógio*, São Paulo: Perspectiva, 1986.

RUTHVEN, K.K. *O Mito*. São Paulo: Perspectiva, 2010.

RYNGAERT, Jean-Pierre. *Ler o Teatro Contemporâneo*. São Paulo: Martins Fontes, 1998.

SANT'ANNA, Catarina. *Metalinguagem e Teatro: A Obra de Jorge Andrade*. 2. ed. revista e ampliada. São Paulo: Perspectiva, 2012.

SARRAZAC, Jean-Pierre. *O Futuro do Drama*. Porto: Campo das Letras, 2002.

SCHILLER, Friedrich. *Teoria da Tragédia*. São Paulo: EPU, 1991.

SOCHA, Eduardo. A Invenção da Duração. *Revista Cult*, São Paulo, n. 153, dez. 2010.

SOUZA NETO, Juvenal de. *Jorge Andrade: Um Autor em Busca de Si Mesmo*. Dissertação de mestrado, Escola de Comunicação e Artes, São Paulo, USP, 1987.

STANISLAVSKI, Constantin. *A Criação de um Papel*. 5. ed. Rio de Janeiro: Civilização Brasileira, 1995.

STEINER, George. *A Morte da Tragédia*. São Paulo: Perspectiva, 2006.

SZONDI, Peter. *Ensaio Sobre o Trágico*. Rio de Janeiro: Jorge Zahar, 2004.

_____. *Teoria do Drama Burguês*. São Paulo: Cosac Naify, 2004.

_____. *Teoria do Drama Moderno (1880-1950)*. São Paulo: Cosac Naify, 2001.

TCHEKHOV, Anton. *As Três Irmãs*. São Paulo: Abril Cultural, 1976.

TELES, Gilberto Mendonça. *Vanguarda Europeia e Modernismo Brasileiro*. 7. ed. Petrópolis: Vozes, 1983.

UBERSFELD, Anne. *Para Ler o Teatro*. São Paulo: Perspectiva, 2005.

VV.AA. *Os Cientistas*. v. 3. São Paulo: Abril Cultural, 1972.

VERNANT, Jean-Pierre. *Mito e sociedade na Grécia Antiga*. 3. ed. Rio de Janeiro: José Olympio, 2006.

_____. *Entre Mito e Política*. 2. ed. São Paulo: Edusp, 2002.

_____. *O Universo, os Deuses, os Homens*. São Paulo: Companhia das Letras, 2000.

VERNANT, Jean-Pierre; VIDAL-NAQUET, Pierre. *Mito e Tragédia na Grécia Antiga*. São Paulo: Perspectiva, 2005.

WILLIAMS, Raymond. *Drama em Cena*. São Paulo: Cosac Naify, 2010.

_____. *Tragédia Moderna*. São Paulo: Cosac Naify, 2002.

## TEATRO NA PERSPECTIVA

Sentido e a Máscara
  Gerd A. Bornheim (D008)
Tragédia Grega
  Albin Lesky (D032)
aiakóvski e o Teatro de Vanguarda
  Angelo Maria Ripellino (D042)
Teatro e sua Realidade
  Bernard Dort (D127)
miologia do Teatro
  J. Guinsburg, J. T. Coelho Netto e Reni C.
  Cardoso (orgs.) (D138)
atro Moderno
  Anatol Rosenfeld (D153)
Teatro Ontem e Hoje
  Célia Berrettini (D166)
icina: Do Teatro ao Te-Ato
  Armando Sérgio da Silva (D175)
Mito e o Herói no Moderno Teatro Brasileiro
  Anatol Rosenfeld (D179)
tureza e Sentido da Improvisação Teatral
  Sandra Chacra (D183)
os Teatrais
  Ingrid D. Koudela (D189)

Stanislávski e o Teatro de
Arte de Moscou
  J. Guinsburg (D192)
O Teatro Épico
  Anatol Rosenfeld (D193)
Exercício Findo
  Décio de Almeida Prado (D199)
O Teatro Brasileiro Moderno
  Décio de Almeida Prado (D211)
Qorpo-Santo: Surrealismo ou Absurdo?
  Eudinyr Fraga (D212)
Performance como Linguagem
  Renato Cohen (D219)
Grupo Macunaíma: Carnavalização e Mito
  David George (D230)
Bunraku: Um Teatro de Bonecos
  Sakae M. Giroux e Tae Suzuki (D241)
No Reino da Desigualdade
  Maria Lúcia de Souza B. Pupo (D244)

*A Arte do Ator*
Richard Boleslavski (D246)
*Um Vôo Brechtiano*
Ingrid D. Koudela (D248)
*Prismas do Teatro*
Anatol Rosenfeld (D256)
*Teatro de Anchieta a Alencar*
Décio de Almeida Prado (D261)
*A Cena em Sombras*
Leda Maria Martins (D267)
*Texto e Jogo*
Ingrid D. Koudela (D271)
*O Drama Romântico Brasileiro*
Décio de Almeida Prado (D273)
*Para Trás e Para Frente*
David Ball (D278)
*Brecht na Pós-Modernidade*
Ingrid D. Koudela (D281)
*O Teatro É Necessário?*
Denis Guénoun (D298)
*O Teatro do Corpo Manifesto: Teatro Físico*
Lúcia Romano (D301)
*O Melodrama*
Jean-Marie Thomasseau (D303)
*Teatro com Meninos e Meninas de Rua*
Marcia Pompeo Nogueira (D312)
*O Pós-Dramático: Um conceito Operativo?*
J. Guinsburg e Sílvia Fernandes (orgs.)
(D314)
*Contar Histórias com o Jogo Teatral*
Alessandra Ancona de Faria (D323)
*Teatro no Brasil*
Ruggero Jacobbi (D327)
*40 Questões Para um Papel*
Jurij Alschitz (D328)
*Teatro Brasileiro: Ideias de uma História*
J. Guinsburg e Rosangela Patriota (D329)
*Dramaturgia: A Construção da Personagem*
Renata Pallottini (D330)
*Caminhante, Não Há Caminho. Só Rastros*
Ana Cristina Colla (D331)

*Ensaios de Atuação*
Renato Ferracini (D332)
*A Vertical do Papel*
Jurij Alschitz (D333)
*Máscara e Personagem: O Judeu no Teatro Brasileiro*
Maria Augusta de Toledo Bergerman (D334)
*Teatro em Crise*
Anatol Rosenfeld (D336)
*João Caetano*
Décio de Almeida Prado (E011)
*Mestres do Teatro I*
John Gassner (E036)
*Mestres do Teatro II*
John Gassner (E048)
*Artaud e o Teatro*
Alain Virmaux (E058)
*Improvisação para o Teatro*
Viola Spolin (E062)
*Jogo, Teatro & Pensamento*
Richard Courtney (E076)
*Teatro: Leste & Oeste*
Leonard C. Pronko (E080)
*Uma Atriz: Cacilda Becker*
Nanci Fernandes e Maria T. Vargas (orgs.)
(E086)
*TBC: Crônica de um Sonho*
Alberto Guzik (E090)
*Os Processos Criativos de Robert Wilson*
Luiz Roberto Galizia (E091)
*Nelson Rodrigues: Dramaturgia e Encenações*
Sábato Magaldi (E098)
*José de Alencar e o Teatro*
João Roberto Faria (E100)

*Sobre o Trabalho do Ator*
M. Meiches e S. Fernandes (E103)
*Arthur de Azevedo: A Palavra e o Riso*
Antonio Martins (E107)
*O Texto no Teatro*
Sábato Magaldi (E111)
*Teatro da Militância*
Silvana Garcia (E113)
*Brecht: Um Jogo de Aprendizagem*
Ingrid D. Koudela (E117)
*O Ator no Século xx*
Odette Aslan (E119)
*Zeami: Cena e Pensamento Nô*
Sakae M. Giroux (E122)
*Um Teatro da Mulher*
Elza Cunha de Vincenzo (E127)
*Concerto Barroco às Óperas do Judeu*
Francisco Maciel Silveira (E131)
*Os Teatros Bunraku e Kabuki: Uma Visada Barroca*
Darci Kusano (E133)
*O Teatro Realista no Brasil: 1855-1865*
João Roberto Faria (E136)
*Antunes Filho e a Dimensão Utópica*
Sebastião Milaré (E140)
*O Truque e a Alma*
Angelo Maria Ripellino (E145)
*A Procura da Lucidez em Artaud*
Vera Lúcia Felício (E148)
*Memória e Invenção: Gerald Thomas em Cena*
Sílvia Fernandes (E149)
*O Inspetor Geral de Gógol/Meyerhold*
Arlete Cavaliere (E151)
*O Teatro de Heiner Müller*
Ruth C. de O. Röhl (E152)
*Falando de Shakespeare*
Barbara Heliodora (E155)
*Moderna Dramaturgia Brasileira*
Sábato Magaldi (E159)
*Work in Progress na Cena Contemporânea*
Renato Cohen (E162)

*Stanislávski, Meierhold e Cia*
J. Guinsburg (E170)
*Apresentação do Teatro Brasileiro Moderno*
Décio de Almeida Prado (E172)
*Da Cena em Cena*
J. Guinsburg (E175)
*O Ator Compositor*
Matteo Bonfitto (E177)
*Ruggero Jacobbi*
Berenice Raulino (E182)
*Papel do Corpo no Corpo do Ator*
Sônia Machado Azevedo (E184)
*O Teatro em Progresso*
Décio de Almeida Prado (E185)
*Édipo em Tebas*
Bernard Knox (E186)
*Depois do Espetáculo*
Sábato Magaldi (E192)
*Em Busca da Brasilidade*
Claudia Braga (E194)
*A Análise dos Espetáculos*
Patrice Pavis (E196)
*As Máscaras Mutáveis do Buda Dourado*
Mark Olsen (E207)
*Crítica da Razão Teatral*
Alessandra Vannucci (E211)
*Caos e Dramaturgia*
Rubens Rewald (E213)

*Para Ler o Teatro*
Anne Ubersfeld (E217)
*Entre o Mediterrâneo e o Atlântico*
Maria Lúcia de Souza B. Pupo (E220)
*Yukio Mishima: O Homem de Teatro*
*e de Cinema*
Darci Kusano (E225)
*O Teatro da Natureza*
Marta Metzler (E226)
*Margem e Centro*
Ana Lúcia V. de Andrade (E227)
*Ibsen e o Novo Sujeito da Modernidade*
Tereza Menezes (E229)
*Teatro Sempre*
Sábato Magaldi (E232)
*O Ator como Xamã*
Gilberto Icle (E233)
*A Terra de Cinzas e Diamantes*
Eugenio Barba (E235)
*A Ostra e a Pérola*
Adriana Dantas de Mariz (E237)
*A Crítica de um Teatro Crítico*
Rosangela Patriota (E240)
*O Teatro no Cruzamento de Culturas*
Patrice Pavis (E247)
*Eisenstein Ultrateatral: Movimento Expressivo e*
*Montagem de Atrações na Teoria do Espetáculo*
*de Serguei Eisenstein*
Vanessa Teixeira de Oliveira (E249)
*Teatro em Foco*
Sábato Magaldi (E252)
*A Arte do Ator entre os*
*Séculos XVI e XVIII*
Ana Portich (E254)
*O Teatro no Século XVIII*
Renata S. Junqueira e Maria Gloria C.
Mazzi (orgs.) (E256)

*A Gargalhada de Ulisses*
Cleise Furtado Mendes (E258)
*Dramaturgia da Memória no Teatro-Dança*
Lícia Maria Morais Sánchez (E259)
*A Cena em Ensaios*
Béatrice Picon-Vallin (E260)
*Teatro da Morte*
Tadeusz Kantor (E262)
*Escritura Política no Texto Teatral*
Hans-Thies Lehmann (E263)
*Na Cena do Dr. Dapertutto*
Maria Thais (E267)
*A Cinética do Invisível*
Matteo Bonfitto (E268)
*Luigi Pirandello: Um Teatro para Marta Abba*
Martha Ribeiro (E275)
*Teatralidades Contemporâneas*
Sílvia Fernandes (E277)
*Conversas sobre a Formação do Ator*
Jacques Lassalle e Jean-Loup Rivière (E278)
*A Encenação Contemporânea*
Patrice Pavis (E279)
*As Redes dos Oprimidos*
Tristan Castro-Pozo (E283)
*O Espaço da Tragédia*
Gilson Motta (E290)
*A Cena Contaminada*
José Tonezzi (E291)
*A Gênese da Vertigem*
Antonio Araújo (E294)
*A Fragmentação da Personagem no Texto Teatral*
Maria Lúcia Levy Candeias (E297)
*Alquimistas do Palco: Os Laboratórios Teatrais*
*na Europa*
Mirella Schino (E299)
*Palavras Praticadas: O Percurso Artístico de*
*Jerzy Grotowski, 1959-1974*
Tatiana Motta Lima (E300)
*Persona Performática: Alteridade e Experiência*
*na Obra de Renato Cohen*
Ana Goldenstein Carvalhaes (E301)

*omo Parar de Atuar*  
   Harold Guskin (E303)  
*etalinguagem e Teatro: A Obra de Jorge Andrade*  
   Catarina Sant Anna (E304)  
*1asios de um Percusro*  
   Esther Priszkulnik (E306)  
*unção Estética da Luz*  
   Roberto Gill Camargo (E307)  
*ética de "Sem Lugar"*  
   Gisela Dória (E311)  
*tre o Ator e o Performer*  
   Matteo Bonfitto (E316)  
*Missão Italiana: Histórias de uma Geração Diretores Italianos no Brasil*  
   Alessandra Vannucci (E318)  
*ém dos Limites: Teoria e Prática do Teatro*  
   Josette Féral (E319)  
*mo e Dinâmica no Espetáculo Teatral*  
   Jacyan Castilho (E320)  
*Voz Articulada Pelo Coração*  
   Meran Vargens (E321)  
*ckett e a Implosão da Cena*  
   Luiz Marfuz (E322)  
*orias da Recepção*  
   Claudio Cajaiba (E323)  
*Dança e Agit-Prop*  
   Eugenia Casini Ropa (E329)  
*Soldado Nu: Raízes da Dança Butô*  
   Éden Peretta (E332)  
*atro Hip-Hop*  
   Roberta Estrela D'Alva (E333)  
*cenação Como Prática Pedagógica*  
   Joaquim C.M. Gama (E335)  
*ge Andrade: Um Dramaturgo no aço-Tempo*  
   Carlos Antônio Rahal (E336)  
*Campo Feito de Sonhos: Inserção e Educação avés da Arte*  
   Sônia Machado de Azevedo (E339)

*Do Grotesco e do Sublime*  
   Victor Hugo (EL05)  
*O Cenário no Avesso*  
   Sábato Magaldi (EL10)  
*A Linguagem de Beckett*  
   Célia Berrettini (EL23)  
*Idéia do Teatro*  
   José Ortega y Gasset (EL25)  
*O Romance Experimental e o Naturalismo no Teatro*  
   Emile Zola (EL35)  
*Duas Farsas: O Embrião do Teatro de Molière*  
   Célia Berrettini (EL36)  
*Giorgio Strehler: A Cena Viva*  
   Myriam Tanant (EL65)  
*Marta, A Árvore e o Relógio*  
   Jorge Andrade (T001)  
*O Dibuk*  
   Sch. An-Ski (T005)  
*Leone de'Sommi: Um Judeu no Teatro da Renascença Italiana*  
   J. Guinsburg (org.) (T008)  
*Urgência e Ruptura*  
   Consuelo de Castro (T010)  
*Pirandello do Teatro no Teatro*  
   J. Guinsburg (org.) (T011)  
*Canetti: O Teatro Terrível*  
   Elias Canetti (T014)  
*Idéias Teatrais: O Século XIX no Brasil*  
   João Roberto Faria (T015)  
*Heiner Müller: O Espanto no Teatro*  
   Ingrid D. Koudela (org.) (T016)

*Büchner: Na Pena e na Cena*
J. Guinsburg e Ingrid Dormien Koudela (orgs.) (T017)
*Teatro Completo*
Renata Pallottini (T018)
*Barbara Heliodora: Escritos sobre Teatro*
Claudia Braga (org.) (T020)
*Machado de Assis: Do Teatro*
João Roberto Faria (org.) (T023)
*Luís Alberto de Abreu: Um Teatro de Pesquisa*
Adélia Nicolete (org.) (T025)
*Teatro Espanhol do Século de Ouro*
J. Guinsburg e N. Cunha (orgs.) (T026)
*Tatiana Belinky: Uma Janela para o Mundo*
Maria Lúcia de S. B. Pupo (org.) (T28)
*Peter Handke: Peças Faladas*
Samir Signeu (org.) (T030)
*Dramaturgia Elizabetana*
Barbara Heliodora (org.) (T033)
*Um Encenador de si Mesmo: Gerald Thomas*
J. Guinsburg e Sílvia Fernandes (S021)
*Três Tragédias Gregas*
Guilherme de Almeida e Trajano Vieira (S022)
*Édipo Rei de Sófocles*
Trajano Vieira (S031)
*As Bacantes de Eurípides*
Trajano Vieira (S036)
*Édipo em Colono de Sófocles*
Trajano Vieira (S041)
*Agamêmnon de Ésquilo*
Trajano Vieira (S046)
*Antígone de Sófocles*
Trajano Vieira (S049)

*Lisístrata e Tesmoforiantes*
Trajano Vieira (S052)
*Os Persas de Ésquilo*
Trajano Vieira (S55)
*Teatro e Sociedade: Shakespeare*
Guy Boquet (K015)
*Alda Garrido: As Mil Faces de uma Atriz Popular Brasileira*
Marta Metzler (PERS)
*Caminhos do Teatro Ocidental*
Barbara Heliodora (PERS)
*O Cotidiano de uma Lenda: Cartas do Teatro Arte de Moscou*
Cristiane L. Takeda (PERS)
*Eis Antonin Artaud*
Florence de Mèredieu (PERS)
*Eleonora Duse: Vida e Obra*
Giovanni Pontiero (PERS)
*Linguagem e Vida*
Antonin Artaud (PERS)
*Ninguém se Livra de seus Fantasmas*
Nydia Licia (PERS)
*Sábato Magaldi e as Heresias do Teatro*
Maria de Fátima da Silva Assunção (PERS)
*Vsévolod Meierhold: Ou a Invenção da Cena*
Gérard Abensour (PERS)
*Nissim Castiel: Do Teatro da Vida Para o Teatro da Escola*
Debora Hummel e Luciano Castiel (orgs.) (MP01)

*) Grande Diário do Pequeno Ator*
    Debora Hummel e Silvia de Paula (orgs.)
    (MP02)
*)m Olhar Através de... Máscaras*
    Renata Kamla (MP03)
*)erformer Nitente*
    Adriano Cypriano (MP04)
*) Gesto Vocal*
    Mônica Andréa Grando (MP05)
*r-3*
    Teatro da Vertigem (LSC)
*)om os Séculos nos Olhos*
    Fernando Marques (LSC)
*)icionário de Teatro*
    Patrice Pavis (LSC)
*)icionário do Teatro Brasileiro: Temas, Formas*
*) Conceitos*
    J. Guinsburg, João Roberto Faria e
    Mariangela Alves de Lima (coords.) (LSC)
*)istória do Teatro Brasileiro, v. 1:*
*) as Origens ao Teatro Profissional da Primeira*
*)etade do Século XX*
    João Roberto Faria (DIR.) (LSC)

*História do Teatro Brasileiro, v. 2:*
*Do Modernismo às Tendências Contemporâneas*
    João Roberto Faria (DIR.) (LSC)
*História Mundial do Teatro*
    Margot Berthold (LSC)
*O Jogo Teatral no Livro do Diretor*
    Viola Spolin (LSC)
*Jogos Teatrais: O Fichário de Viola Spolin*
    Viola Spolin (LSC)
*Jogos Teatrais na Sala de Aula*
    Viola Spolin (LSC)
*Léxico de Pedagogia do Teatro*
    Ingrid Dormien Koudela; José Simões de
    Almeida Junior (coords.))
*Meierhold*
    Béatrice Picon-Valin (PERS)
*Queimar a Casa: Origens de um Diretor*
    Eugenio Barba (LSC)
*Rastros: Treinamento e História de Uma Atriz*
*do Odin Teatret*
    Roberta Carreri (LSC)
*Teatro Laboratório de Jerzy Grotowsky*
    Ludwik Flaszen e Carla Pollastrelli (cur.)
    (LSC)
*Últimos: Comédia Musical em Dois Atos*
    Fernando Marques (LSC)
*Uma Empresa e seus Segredos: Companhia*
*Maria Della Costa*
    Tania Brandão (LSC)
*Zé*
    Fernando Marques (LSC)

Este livro foi impresso na cidade de São Bernardo do Campo,
nas oficinas da Bartira Gráfica e Editora, em outubro de 2015,
para a Editora Perspectiva.